裏切りの王国

ルポ・英国のナショナリズム

毎日新聞　前欧州総局長
服部正法

白水社

裏切りの王国
ルポ・英国のナショナリズム

目次

第1部 ブレグジット以前

第2部 ブレグジット以後

凡例

・本文中に登場する人物の年齢や肩書きは、基本的に取材時のものである。
・本文中に登場する人物の敬称を一部省略した。
・本文中の書名については、邦訳のあるものは邦題のみを、ないものは逐語訳に原題を初出時のみ併記した。
・本書に掲載した写真のうち、クレジットがないものは毎日新聞社の提供によるものである(©毎日新聞社)。

キングスクロス駅
テンプル
パーラメントスクエア
バッキンガム宮殿
テムズ川
バタシー
0
5km
ラーウィック
サーソー
ダーネス
ウィック
ストーノウェイ
北海
インヴァネス
アバディーン
スコットランド
フォート・ウィリアム
大西洋
パース
ダンディー
オーバン
スターリング
マッセルバラ
グラスゴー
エディンバラ
英　国
ロンドンデリー
デリー
キャリックファーガス
ダラム
ハートルプール
ベルファスト
ビショップオークランド
アイルランド島
北アイルランド
イングランド
グレートブリテン島
リーズ
ヨーク
アイリッシュ海
マンチェスター
フェザーストーン
ダブリン
リヴァプール
ドンカスター
アイルランド
ボストン
ウェールズ
バーミンガム
ケンブリッジ
オックスフォード
ロンドン
ヒースロー空港
カーディフ
左上拡大図
ドーバー
エクセター
サウサンプトン
ブライトン
プリマス
N
0
200km
フランス

プロローグ

英国の首都ロンドン。街を西から東へと横切るテムズ川の北の畔にウェストミンスター地区がある。英国を訪れたことがない人でも耳にしたことがあるだろう観光名所のトラファルガー広場や、エリザベス女王が長年住んだバッキンガム宮殿などが位置する町の中心部だが、「ウェストミンスター」という響きには、英国人にとって単なる地域を指す名前を超えた特別な意味がある。

ロンドン名物の時計塔「ビッグベン」が併設されているウェストミンスター宮殿は、英議会である。このため、ウェストミンスターという言葉は日本で言う「永田町」と同じく、議会や政界、広く政治を指す言葉として用いられる。ウェストミンスター宮殿の前からトラファルガー広場へと延びる道路沿いには英政府の各省庁の建物が並ぶ。このため、英国の官界はこの通りの名前から「ホワイトホール」という別称で呼ばれることがある。日本の「霞が関」に当たる呼び名だ。ホワイトホールから少し脇に入ったところ、住所地で言うと「ダウニング街一〇番地」が英首相官邸である。

「七つの海を支配する」と言われた大英帝国時代も、経済停滞にあえぎ「英国病」と揶揄された時代も、英国政治の中心は常にこのエリアであった。産業革命以降の近代、時に世界をリードし、また、抜きん出てリードする立場を降りた後も国際秩序の形成に強い影響力を及ぼしてきたのが、欧州の端に位置するこの小さな国であり、その小さな国のダイナミックな政治力が、この歩いて数分程度の狭いエリアから発信されてきたことを考えると不思議なような気もするし、また、なんとも言えないある種の感慨を抱く。

二〇一九年五月二十四日。朝の陽光が照らす首相官邸の扉を開け、真っ赤なスーツ姿の女性が現れた。テリーザ・メイ首相、六十二歳。官邸前に置かれたマイクを前に国民に向け、与党・保守党の党首を辞任し、首相を退く意向を表明した。

一六年六月に行われた欧州連合（EU）からの離脱の是非を問う国民投票で、離脱支持が五一・九パーセント、EU残留支持が四八・一パーセントと、離脱支持が多数となったことで、時のデイヴィッド・キャメロン首相が辞任。後任となったメイ氏は離脱問題のかじ取りを担ってきたが、議会の取りまとめに難航し、最終的には足元の保守党内の離脱強硬派から、自身が提案した方針が猛反発を受け、退陣を迫られる結果となった。

「（EU離脱という）人びとの選択を成就するのが（首相の）義務で、私はベストを尽くした。離脱協定に議員の支持を得るためにあらゆることを行ったが、残念ながらかなわなかった。新たな首相が（今後の）取り組みを主導するのが国益にかなう」と辞意を明らかにしたメイ氏。感情を表に出さず、超然とした態度から「氷の女王」というニックネームでも知られてきたが、この日は様子が違った。「私は（サッチャー元首相に次いで）二人目の、そして『最後の』ではない、女性首相という名誉ある職をまもなく離れる。恨みではなく、愛する国に奉仕できた機会への大きな感謝とともに去る」。最後は涙声になった。

ＥＵ離脱という国民の意思が投票で示されてから、ほぼ三年。英国政治はこの間、揺れに揺れた。離脱実現の方向性も定まらなければ、離脱を撤回する決断もできないままで、混乱の渦中にあった。「British」と「exit（出口、退場する）」とを組み合わせた新語で英国のＥＵ離脱を指す「Brexit（ブレグジット）」という言葉は連日メディアを賑わせたが、状況は一向に動かなかった。

「議会制民主主義の祖」として世界中の民主国家から敬意を払われてきた英国政治だったが、英国はどこへ行くのか。英国政治はどうなってしまったのか——。そんな失望感がこのころ国内外を問わず広がった。そしてそれが最高潮に達した瞬間が、このメイ氏の辞意表明だったろう。

私は一九年四月、毎日新聞の欧州総局（ロンドン）に総局長として赴任することになった。ブレグジットをめぐる英議会での議論や動きが激しくなった三月中旬に英国入りすると、すぐさま渦中に放り込まれ、その二カ月後には「首相辞任表明」という混乱の極みに直面することになった。私自身もこのとき「いったい英国はどうなるのだろう」と、先の見えない英国を憂える気持ちになった。

だが、先に結果を言うと、この約八カ月後の二〇年一月三十一日、英国はＥＵを離脱し、さらに二〇年十二月三十一日には移行期間も終了、ブレグジットは完遂した。そこに至るまでには未曾有の混乱がまだまだあり、それは本書で詳しく述べる。そして、この経緯を取材するなかで、私は、主権とは何か、政治とは何か、民主主義とは何か——などについて深く考えさせられることになった。

私はこの時期、取材で英国の知識人や政治家などに会うたびに、「ブレグジットの turmoil（混乱）」に日々振り回されていると話し、彼らからはしばしば、苦笑交じりに深い同情の念を示された。だが、混乱ゆえに学べたことはあまりに多かった。平穏なときではうかがい知ることができない、英国政治の本質に触れる機会に恵まれたと感じている。

そんななか、英国の「国のかたち」や、「かたち」の根幹にある思想などを考えるうちに、私の心の中でより重みを持ち始めた術語《ターム》が、ナショナリズムである。

ブレグジットの根幹にある考え方については、これまでもいろいろなタームで説明されてきた。ポピュリズム（大衆迎合主義）、保守主義、右派・右翼思想、排外主義――どれもある面で当たっているが、ブレグジット全体をどれか一つのタームで説明しきることはできない。

私がとくに注目するナショナリズムというタームもまた然《しか》りだ。だが、ブレグジットという現象を、近年世界で起きてきたさまざまな事象と並べて考えたり、そういった事象が一連のある流れの中で起きているととらえたり、あるいはブレグジットそれ自体を長期的な歴史の上に位置づけて考えようとしたりすると、ナショナリズムの側面に注目するのが、最も「しっくりくる」ように思う。昨今起きているさまざまな事象がナショナリズムという普遍性でつながると感じるし、また、ブレグジットの背景にあるナショナリズムを分析・考察することは、世界で起きている他の事象を考えるのにも役立つはずだ。

それは、ロシアのウクライナ侵攻についてもまた然りである。


ブレグジットとは何だったのか――。本書では、ここを入り口に、ナショナリズムの現在について考えてみたいと思う。

タイトルの「裏切りの王国」の「裏切りの」には、二つの意味を込めたつもりである。日本語の「裏切りの」は曖昧で、英語にすると「betray（裏切る）」と「betrayed（裏切られた）」のどちらとも取れる。ここではこの両方を意味している。

ブレグジットによって英国が欧州を「裏切った」とも言えるし、欧州の単一市場のみに参加したつもりだった英国民の多くが、政治統合の動きを見せるEUに対して「裏切られた」と感じたことも含む。また、英国を超えて欧州全体に敷衍《ふえん》して、ベルリンの壁崩壊後に欧州の「理想」への参画をめざした中・東欧の国々で、その理想に「裏切られた」と感じている人たちが一定以上おり、そう思う人たちが政治的モメンタム（勢い）を得ているという現実も示唆したつもりだ。さらに踏み込めば、現在戦争状態にあるロシア、ウクライナ双方とも、欧州や欧州の「理想」に対して、それぞれまったく異なった意味で「裏切られた」というような複雑な思いを抱いているかもしれない。

この「裏切り」という言葉は、ブレグジットを含め欧州のさまざまな事象を考えるうえで私が多くの示唆を受けてきた東欧ブルガリアの政治学者、イワン・クラステフ氏が論考の中でしばしば用いるタームである。

> 移民の流入に直面し経済的な不安定さにつきまとわれて、多くの東欧の人びとは、EUへの参加によってすぐに繁栄がもたらされ危機に満ちた生活が終わる、という希望が裏切られたと感じている。
>
> 多くの点において、今日、欧州で極右に投票する人びとは、アルジェリア独立戦争の時にアルジェリアを去らなければならなかったアルジェリア生まれのフランス人（pied noir）の感情を共有している。双方ともに急進的で、裏切られたという気持ちを共有している。
>
> （イワン・クラステフ『アフター・ヨーロッパ』庄司克宏監訳）

タイトルを考える際に「裏切り」が浮かんだのは、おそらく氏の論考から私の脳裏に刻まれたからだと思う。私は取材するなかで、クラステフ氏がここで言う「裏切られた」という思いは、ブレグジットを支持した人びとにも共有されているものだとの感を強くしたし、本書の端々からにじみ出てくる感覚だと思う。いずれにせよ、「裏切り」は現代欧州を語る際、さまざまな事象に対して有効であり、また暗喩的な言葉である。

また、「王国（Kingdom）」は、取材時にはエリザベス女王を、そして現在はチャールズ国王を冠する連合王国（The United Kingdom）である英国を表しているが、単に語呂がいいからとか響きのいいレトリックとして選んだわけではない。ブレグジットをもたらした英国のナショナリズムの源をたどると、そこには二十一世紀の今日でも王国であることと密接な関係があることがわかってくるからだ。王国であることがなぜブレグジットにつながるのか。この辺りものちほど詳しく述べたい。

最後に、私自身のことに少し触れたい。幼少期や思春期、欧州の小説や映画を楽しんではきたものの、実際に現地を訪れたり住んでみたりという直接的な体験において私は欧州に縁遠い人間だった。若いころから旅をする目的地と言えばアフリカや中東、東南アジアなどがメインで、文化人類学への関心が強かったこともあり、「途上国志向」が強かったためだ。記者としてもアフリカ特派員として主に「辺境」の紛争やテロを追ってきたので、国際政治の「中心」とも言える英国での取材には当初戸惑いも多かった。

だが、結果的には世界の「辺境」で養ってきた見方が、欧州の現場においてとりわけナショナリズムの問題を考察することに役立ったと今は思っている。途上国の紛争現場を這い回ることがなかったら、ナショナリズムに着目するようにはならなかったかもしれない、とも思う。尊敬する文化人類学者の川田順造氏が自身の日本、アフリカ、フランスでの研究や生活の体験から、文化を比較する「三角測量」の重要性を指摘されている。氏には及ぶべくもないが、そのひそみにならいたい思いもある。

ナショナリズムの問題を敷衍して考えるため、欧州各地でもっと取材を行いたかったが、残念ながら私の現地取材はほぼ英国に限られた。これは私の赴任時期のほとんどが新型コロナウイルス禍の最も激しい時期で、英国外への移動が困難だったことが大きい。だが、綿密に準備して万難を排して行えば効果的な国外取材はできたわけで、そこまでしなかったのは私自身に責任があり、反省している。だが、繰り返しになるが、ブレグジットとそれに伴って露呈したさまざまな英国の問題は、欧州や他の地域と隔絶したものではなく、多くの共通性を持つ。そしてそれはナショナリズムというタームでつながっている。それをできる限り、提示できたらと考えている。

もとよりナショナリズムはすぐれてアカデミズムの扱うべきテーマであり、浅学の身には重すぎる課題ではある。学者や専門家の言説を気取るつもりは毛頭なく、あくまで記者として確かめたことの積み重ねを提示していくことで、いま起きている事象を考えるきっかけとなればと考えている。

何がブレグジットをもたらしたのか――。まずは、これを探る「旅」に、読者のみなさんをお連れしたい。

第1部

ブレグジット以前

1　移民という「記号」

ロンドン（二〇一九年三月）

私が英国に降り立った二〇一九年三月中旬、英政界はブレグジットをめぐる大きな正念場を迎えていた。目前に近づく三月二十九日が離脱日として設定されており、メイ首相率いる英政府はそれまでにEUとの間で結んだ「離脱合意案」を英議会で可決しなければならなかったが、議会で多数派の激しい反対に遭い、離脱日までの議会通過が困難となった。

合意案が議会承認を得られないまま離脱期限を迎えると、英国とEUの間で離脱条件に関する取り決めがない状態で時間切れのまま英国が離脱するという、いわゆる「合意なき離脱」となってしまう。そうなると、物流や人流に大きな障害が突如生まれて、経済や市民生活が大混乱に陥ることが危惧された。このため、英政府は離脱期限を延期する動議を下院に提出。下院はこれを可決して、メイ政権はEUに延期を申請した。

一方、EU側は離脱期限の延期は認めたものの、離脱合意案の英国側の早期批准を求め、三月中の英議会の採決で合意案が可決されれば五月下旬、否決されたら四月十二日を新たな離脱の期限とする、と条件をつけた。つまり、即、「合意なき離脱」となる目前の危機は回避されたものの、早めに議会採決ができなければ、その二週間後には再び「合意なき離脱」の危機に直面することになる。差し迫った状況に変わりはなかった。

そんなさなか、英国に到着した私が最初に取材をしたのは、離脱に反対しEU残留を求める人たちの側だった。

国民投票の結果、離脱支持が過半数を上回り、離脱するという方向性が出たものの、それから三年近く経とうとしても離脱実現の道筋はつかない。そういった状況下、EU残留派が力を盛り返してきていた。英議会のウェブサイトに寄せられた離脱撤回を求める署名はそのころ四八〇万人分を超えていた。時間を巻き戻し、国民投票で示された離脱という民意をなかったことにしたい――そんな思いが英国内で強くなっているようにも、そのときの私には思えた。

三月二十三日、ロンドン中心部では離脱反対派の大規模なデモ行進が行われた。赴任後、現場での初取材となった私は、EUの旗などを手に街を埋め尽くすデモ隊とともに歩いた。

ある街角では、大柄でお腹がやや出たかっぷくのいいスーツ姿の白人の男性が、デモ隊に「ソーリー、ソーリー」と大きな声で謝罪を繰り返すそぶりをしていた。金髪の髪の毛は整えられておらずボサボサ。ズボンの裾からはだらしなくシャツがはみ出ている。彼が「ソーリー」と謝るたびに、デモ隊からは笑いが起きた。

男性は、国民投票で離脱派の「顔」となったボリス・ジョンソン氏の服装や髪型に寄せて真似をしているのである。

私のせいでこんなことになってごめんなさい――「ソーリー」にはそんな意味が込められている。

与党保守党のホープで次代のリーダーの一人と目されていたジョンソン氏は、離脱を問う国民投票で、当時のデイヴィッド・キャメロン首相や党主流派とたもとを分かち、離脱陣営の中心人物となった。離脱強硬派のジョンソン氏はメイ政権発足と同時に外相に就任したが、メイ氏の離脱方針がEUに対して妥協的であると批判し、一八年七月に外相を辞任した。最終的には、大きな混乱と紆余曲折の末、このジョンソン氏が離脱を実現に導くのだが、それはまた後の話である。離脱反対のデモのさなか、「そっくりさん」が現れて場が盛り上がることでもわかるように、ジョンソン氏はEU残留派にとって、格好の標的だった。

デモの主催者側はこのデモへの参加者を一〇〇万人以上と推計した。人数の正確さは不明だが、中心部の路上を埋める人びとの波は壮観だった。多くの参加者らが国民投票を再度行い、今度はEU残留が多数を占めて、最初の国民投票の結果である離脱を撤回させる、「第二の国民投票」実施を求めていた。

参加者の何人かに話を聞いてみた。会社員のポール・フェルディナンドさん(59)は「(離脱問題の)解決のため指導力を政権は発揮できていない。穏健な人びとの声を聞くべきだ」と国民投票の再実施を求めた。「EUは、(欧州を)隣国との戦争の歴史から平和の歴史へと変えた」としみじみとした表情で話した元教師のダニエル・ベンさん(43)は、「私の妹は今スウェーデンに住んでいる。次の世代でもそういったことが当たり前であってほしい」と述べ、欧州統合の歩みを評価した。

日本から来たばかりの私にとって、デモ参加者の思いは非常にわかりやすく、すとんと腑に落ちた。日本から英国のブレグジット騒動を見ていると、なぜそれほどEUから出て行きたいのか、離脱支持派の気持ちがいまひとつよくわからない。日本ではEUそれ自体のイメージがいいこともあるだろう。ベンさんが言及したように二十世紀前半に二度も世界大戦の主戦場となった欧州は、その反省から欧州統合の道を選んだ。もう二度と隣国、周辺国と戦火を交えず、共生していく道を希求する。その思いの発露と具現がEUだった。そしてその努力が欧州に恒久的とも見える平和をもたらし、結果としてEU自体にノーベル平和賞（二〇一二年）が与えられもした。また、一連の欧州統合によって加盟国間の国境はほぼ有名無実化し、自由に往来ができ、単一の欧州市場で多くの人びとが恩恵を受けてきた。だから、デモの際に聞いたEU残留派の人たちの話はとても理解がしやすかったし、反面、いったい何が、離脱派の人びとをそれほどまでかき立てているのか、ますますわからない気がした。

メイ氏は離脱後に首相辞任する意向を示し、首相の座と引き換えに離脱合意案に賛成するよう、保守党内の離脱強硬派に訴えたが、強硬派はメイ氏の願いを聞き入れなかった。三月二十九日、英政府の離脱協定は下院で反対多数で否決。実に否決は三度目である。下院議員の構成が現状のままで、協定の内容も現状のとおりで変わらなければ、何度採決しても否決されるのは明らかだった。

メイ氏は「合意なき離脱」の混乱を防ぐため、三月二十九日から四月十二日へと延期された離脱期限について、再び延期を要請。EUは十月三十一日までの延期を容認した。

離脱の行く末は読めないが、離脱期限が半年先になったことでとりあえず時間の猶予はできた。英国赴任以来ここまで、議会での離脱合意案をめぐる動きと英-EUの交渉の推移にばかり追われてきたが、離脱派の人たちの思いを聞くときがようやく来たと思った。

なぜ、あなたはそんなにもEUからの離脱を望むのですか？　そんな質問をするために、私は離脱支持派の市民が多いイングランド北部へと旅立つことにした。

ハートルプール（二〇一九年四月）

ロンドン中心部にあるキングスクロス駅は、イングランド北部やそのさらに北に位置するスコットランドとロンドンとをつなぐ長距離列車の発着駅。パリやブリュッセルに向かう国際特急ユーロスターの出発駅のセントパンクラス駅も隣接しており、いつも旅行客で賑やかだ。「ハリー・ポッター」のファンには、魔法学校のあるホグワーツに行くための特急電車がキングスクロス駅の架空のプラットフォーム「九と四分の三」番線から出発する設定となっていることでも有名だ。

私は二〇一九年四月下旬、この駅からイングランド北東部サンダーランド行きの長距離列車に飛び乗った。離脱派の人たちを取材するために私が選んだイングランド北東部のハートルプールという港町に向けてである。

ロンドンから鉄道で約三時間。北海に面した人口約九万二〇〇〇人のこの地方都市は、一六年のEU離脱の是非を問う国民投票で離脱支持が六九・六パーセントを占めた。全国の自治体のなかでも有数の離脱支持の割合が高かった町だ。

ハートルプールの周辺はかつて英国内でも有数の石炭産出地だった。石炭は英国にとって特別な意味がある。石炭は、イングランド北・中部、スコットランドの平野部、ウェールズの各地などで採掘され、燃料として用いられていたが、十八世紀初頭にダービー父子が石炭から作ったコークスを用いた製鉄法を開発したことで、鉄鋼の大量生産への道を開いた。

一方、十八世紀後半にはスコットランド出身のジェームズ・ワットが蒸気機関の改良に成功したことで、鉄道や蒸気船の開発につながり、石炭はそれらの燃料として用いられるようになる。それまでの木炭と比べて工業での生産力向上が一気に進み、動力源として交通・輸送機関の発展にもつながり、画期的なエネルギー革命をもたらした。そして大量の石炭が産出される英国は大きなアドバンテージを手にする。一七〇〇年の段階で欧州の石炭生産量の八割がイングランドで生産されたものだったとの統計記録もある。その結果、英国は産業革命の場となる。

重工業をいち早く発展させた英国は、世界最強の海軍力を背景に「日の沈まない国」と言われた大英帝国の興隆を迎える。英BBCテレビのニュース番組の元司会者として著名なジャーナリスト、ジェレミー・パックスマン氏は著書『ブラック・ゴールド――英国をつくった石炭の歴史（*Black Gold: The History of How Coal Made Britain*）』の中で、海軍評論家のアーチボルド・ハードが一八九八年に著したこんな記述を紹介している。

「石炭が国家の運命を支配する。帝国にとって必要不可欠な第一は石炭だ」

石炭は、大英帝国の覇権を支え「パックス・ブリタニカ（英国による平和）」の国際秩序の形成に大きな影響を与えたと言っても過言ではない。

ハートルプールはそんな石炭を産出する一大炭鉱地帯に位置していた。さらに、港は造船業でも活気があった。造船も英国の屋台骨を支えた産業であり、世界をリードした。その造船業の拠点がイングランド北東部とスコットランドのグラスゴー周辺だった。石炭だけでなく造船業という産業から見ても、ハートルプールは英国の興隆を象徴する町だと言ってよかった。

だが今のハートルプールには残念ながら活気は感じられない。駅前は人通りも少なく、目抜き通りも閑散としている。

駅に降り立った私はまず、かつて造船ドックが賑わった港湾部のヘッドランド地区に向かうことにした。タクシーをつかまえて乗り込み、四十代ぐらいの運転手の男性にさっそく話しかけてみた。

「国民投票のとき、どっちに入れましたか。リーブ（離脱）、それともリメイン（残留）？」

運転手はひと言「リーブ」。当然だろ——と言いたげな雰囲気だ。「なぜリーブに入れたのですか？」「移民さ」と彼はきっぱり言った。

国民投票では移民問題が争点に浮上した。離脱支持者の割合が全国トップの七五・六パーセントだったイングランド中部ボストンでは、中・東欧諸国がEUに加盟した二〇〇四年以降、中・東欧出身者を中心とした移民が急増し、英統計局によると、人口に占める英国外生まれの住民の割合が全国平均の約一四パーセントを大きく上回る三一パーセントにのぼった。

だが、ハートルプールではこのとき、英国外生まれの住民の割合が四パーセントにすぎなかった。「この辺は移民が少ないのでは」とタクシー運転手に重ねて訊いてみると、「この町がというわけではない」としたうえで、国内の状況について「移民は野火のように広がっている」と表現した。

ヘッドランド地区で降車し、街中を歩いて一軒のパブに入ってみた。中はそれほど混み合っておらず、店を取り仕切る中年の女性と数人の地元男性たち。この辺りでは見慣れない東洋人が入店してきたことにもそれほど表情は変えない。注文したパイントグラスのビールをカウンターでちびちび飲みながら、自分が日本の記者であること、離脱を支持する人たちの町で地元の人たちの話を聞きたいことなどを説明すると、みな気安く対応してくれた。

イングランド北部は住民の訛《なま》りがきついことで有名だ。女性や客の言葉を聞き取ろうと集中するが、理解するのはなかなか難しい。ただ、やはり移民らへの感情が厳しいものであることはわかった。

女性は言った。「外国人は冷蔵庫から何から与えられ、英語が話せないから通訳もつけてもらっている」。少しやっかんだような表情だった。女性が指すのは内戦を逃れてきた中東シリアなどからの難民のことだ。だが、英国での難民申請者の数は一七年で言うと、ドイツの六分の一弱、イタリアの四分の一強と周辺国と比べてもけっして多いとは言えない。

移民問題がEU離脱と結びつくのは、主にはEUが中・東欧に拡大されて以降、急激に英国で増えた中・東欧諸国からの移民への抵抗感があったためだ。一方で、シリアやイラク、アフガニスタンなどから約一〇〇万人が欧州にたどり着いた二〇一五年の「欧州難民危機」を通じ、中東などから大量に流入した難民の増加についても、移民と結びついてネガティブなイメージで語られる場合がある。

ハートルプールを訪れる少し前、私は移民問題と政治の関係に詳しいロンドン大学バークベック・カレッジのエリック・カウフマン教授に話を聞いた。

カウフマン教授は、離脱を決めた国民投票について「離脱支持者の約四割が、移民問題を最重要課題ととらえていました」と指摘した。そして、こういった移民問題を重視した人びとはメディアの報道などを通じて得た移民に関する情報をもとに「(自分たちが住む)地域の問題よりも、おのおのがイメージする国家像に沿って意思を決めたのです」と述べた。個別の各地域の具体的な移民問題というより、「国について考えているのです。今この国が向かっている方向でいいと思うのか、ということです」と言う。つまり、移民増加に伴う「国のあり方」の変化への思いが投票行動につながったとの分析だ。

ブレグジットを論じる際、とかく移民問題が前面に出てくるきらいがある。このためとくに英国の外から見ていると、ブレグジットの根底にあるのは移民排斥の感情や排外主義のように思える。だが、本当にそうなのか、どうもしっくりこない感じがする。

というのも、米シンクタンク「ピュー・リサーチセンター」の調べによると、移民が国家の「お荷物」になると考える人の割合は、調査対象の一八カ国のなかで英国は最低レベルなのだ。EU主要国の仏独に比べてもかなり低い。英国が他の国と比べて移民に対してとくに差別意識が強いとか、排斥感情が強いというわけではなさそうなのである。では、なぜ人びとは移民に不満を募らせるのか。そして、それがどう離脱支持につながるのか。わかったようでわからない感じが拭えない。

私を挟むかたちでの店の女性や常連客らの会話はやがて、往事の町の様子への懐旧となった。女性は言った。「昔は、町はいつも賑わっていたし、職を探したければ金曜に応募して翌週の月曜から働けたものよ」。羽振りのいい炭鉱労働者が町へと繰り出し、造船業も他の製造業も堅調で町には活気があった。しかし、それはどう考えても、もう過去のことだ。

「地域が衰退した原因は結局何なのですか?」私がそう問うと、吐き捨てるような、いくつもの声がぴたりとそろって響いた。「マーガレット・サッチャー!」

一九七九年に女性初の英国首相となったマーガレット・サッチャーは辞任する九〇年までの一一年間の長期政権で、競争力強化と自由化推進を大胆に進める「サッチャリズム(サッチャー革命)」によって「英国病」とまで呼ばれた経済の停滞を打破した。その改革は英国の復活を国際的に印象づけるものとなり、世界的にはサッチャー氏を評価する声も強い。

だが、ここハートルプールを含むイングランド北部の炭鉱地帯や工業地帯では、今も「マーガレット・サッチャー」は、忌むべき名前として人びとの心に深く刻みつけられている。サッチャー氏は不採算の炭坑を閉鎖に追い込み、製造業から金融などサービス業への産業転換を進めた。この結果、地域を衰退させた元凶と認識され、恨まれ続けている。

経済的地盤沈下が進んだハートルプールは、二〇一二年公表のある調査によると、イングランド三二六自治体のうち、貧困リスクが高い自治体として四番目に位置づけられている。

翌日、再度ヘッドランド地区に足を運んだ。

「地区の図書館や病院が閉鎖された」と近年の公共サービスの低下を嘆いたのは、地区選出のティム・フレミング市会議員だった。失業率も高いと言う。

美容院を経営する女性、ケルダ・ヘイズさん（48）は、自身の病気について明かしたうえで、公立病院で実際に治療を受けられるまで相当時間がかかる、医療サービス衰退の現状などを訴えた。そして「この辺りでは金属くずなどを集積場から拾って売る貧しい人もいる」と貧困状況を説明し、「EUに分担金を払うより、彼らのための政策に使うべきだ」と言った。

街の通りで出会った元学校講師の女性（68）は「この辺りの人たちは、ロンドン（の政府）から無視されてきたという怒りを正当化したいの。その抗議が国民投票」と地域の声を代弁した。自身は「EU残留」に票を投じたが他の人たちの気持ちは想像できるのだ。「この街に移民は多くないけど、国の個性が変わってしまうという恐れを持っているのね。それと、英国人であることを誇りたいのよ」。この女性の意見は、自分たちの住む地域の実情よりも自分たちが考える「国のあり方」という視点から移民を批判的にとらえ、離脱に票を投じた——というカウフマン教授の分析とぴったり重なるものだ。

もう少し、ハートルプールの人びとの声に耳を傾けてみよう。

離脱派のポール・ニコルズさん（57）は「おれはレイシスト（人種差別主義者）ではないし、どの民族の移民がどうのこうのと言っているわけではない。ただ、彼らは何も持たずにこの国にやってきて、ここですべて与えられる」と不満を口にした。そして「（ＥＵの共通漁業政策によって）英国の海からフランスの船が魚を捕っていく。おれたちはＥＵなしで生きていける。ＥＵへの分担金は無駄だ」と強調した。そして「おれは労働者階級だからずっと労働党に入れてきた。でももうあの党はおれたちの階級の党ではない」と、明確に離脱支持を打ち出せない野党第一党・労働党への嫌気をあらわにした。

キース・フレッチャーさん

港には漁船も係留されている。波止場ではしごを修理していたキース・フレッチャーさん（68）は長年漁師をしてきたが、最近引退して陸に上がった。国民投票では離脱支持に投じた。「ここら辺の海には外国の船が入ってきて、魚を盗んでいくのさ」。ＥＵが主導する共通の漁業政策によって、英国の海域には多数の外国船がやってきて漁獲を行う。英国の漁師にはこの点への不満が強く、フレッチャーさんが指摘しているのもこれだ。先述のニコルズさんも同じことを言っていた。「ＥＵが英国の魚を奪う」というネガティブイメージは沿岸地域で定着しているようだ。以前は選挙の際、保守党か独立系の候補に入れてきたというフレッチャーさんだが、「次の選挙ではブレグジット党に入れるつもりだ」と言う。

ブレグジット党は、離脱キャンペーンを激しく展開して一時躍進した小党「英国独立党（UKIP）」の党首、ナイジェル・ファラージ氏が一九年一月に旗揚げした新党だ。離脱問題収拾のめどが立たないなか、離脱実現という「ワン・イシュー」を集中的に訴えて、人気を拡大させていた。フレッチャーさんは「大きな政党は議論をしているだけ。口先だけだ」と保守、労働の二大政党をばっさり切り捨て、「民主的な投票で離脱という結果が出たのだから、離脱すべきだろ。離脱しないのは（政治による）独裁じゃないかね」と言う。そして「ファラージは私らに関心を持っている。漁業だけでなく関心を持って、私らのことをなんとかしようとしていると思う。変化が必要だ」と政治の変化に期待を込めた。

港の小屋で作業中だったポール・ウェストモーランドさん（53）は十六歳から炭鉱労働者として働いた。実入りがよく「やりがいのある」仕事だったが、炭坑閉鎖で続けられなくなり、ハートルプールの港を拠点とする漁師に転身した。EU加盟国の外国漁船が近海で操業することには、やはり不満が強かった。「（EUから）ルールを押しつけられるのが嫌だから、離脱がいい」とは思っているが、私に対して、より強調したのは「政治家はこれまでも何もしちゃくれなかった。以前は労働党に投票したが、もう投票には行かない。政治にはもう、うんざり。まっぴらだ」ということだった。

こうやって話を聞いていくと、離脱志向が単純な排外主義にのみ突き動かされたものではないことがわかる。もちろん、他人種や他民族への排外主義や差別感、無理解という面がないわけではない。しかし、移民が中心課題なのだろうか。そう疑問が生じた。むしろ「移民」というのは離脱派の人びとが自分たちの不満や反発を表すときに指し示す一種の「記号」なのではないか。

では表出する「記号」の奥底には何があるのだろう。

自分たちが政府から見捨てられ、取り残されているという不満。EU内で「自決権」を欠いたこの国の政府は、よその国の人びとを受け入れて優遇し、よその国の漁師が魚を捕るのを放置し、自分たちには必要な予算を投下もしてくれず、無駄な分担金を国外に回している。そして既存政党は、自分たちに関心を払わず、議論をするだけで状況を変えようとはしない。いったい英国はどうなってしまったのか——。こんな思いなのではないか。一見、偏狭な「移民嫌い」に見える無骨なハートルプールの離脱支持者たちとの対話の中で、そんなことを感じ取った。移民という「記号」の奥にあるものを探ろうと決意した。

ボール・ウェストモーランドさん

フェザーストーン（二〇一九年五月）

ハートルプールからロンドンに戻った直後、既成政党への不満や嫌悪がかたちになって表れた。五月二日に実施された統一地方選で保守、労働の二大政党がいずれも大幅に議席を減らしたのだ。BBCは、EUからの離脱をめぐる混乱を収拾できない政治に嫌気が差した有権者が二大政党に「罰を与えた」と伝えた。

二大政党を忌避した有権者の最大の受け皿となったのは、親EUの中道政党・自由民主党、環境政党の左派・緑の党、独立系議員らで、それぞれ大幅に議席を増やした。

メイ首相は大勢判明後、「選挙（結果）は保守、労働両党に対する『さっさと離脱を実現しろ』というシンプルなメッセージだ」と述べ、与野党の協議によって離脱合意案の下院通過を図る意向を強調した。労働党のジェレミー・コービン党首も与野党合意に向けて意欲を見せた。一方で、EU残留を掲げる自民党のビンス・ケーブル党首は「自民党への投票は離脱を止めるためのものだ」と気勢を上げた。

そうこうしているうちに、本来の離脱期限の三月二十九日に離脱していれば、英国は参加しなくても済んだEUの欧州議会選が五月下旬に迫り、英国も参加せざるを得なくなった。欧州議会選は一般的にその時々の国政への「プロテスト・ボート（抗議の票）」が野党に投じられる傾向があることで知られており、今回は、ハートルプールの引退した漁師、フレッチャーさんが「支持する」と述べた新興政党「ブレグジット党」の人気が急浮上していた。

世論調査会社ユーガヴ（YouGov）が五月十七日に発表した調査では、欧州議会選の投票先として三五パーセントがブレグジット党を挙げた。これに対し、最大野党・労働党は一五パーセント。与党の保守党はなんと九パーセントにとどまった。いくら国政に関係ない選挙とはいえ、これはなかなか衝撃的な数字である。二大政党制と言えば、本家本元は英国ということになるが、その二大政党の保守、労働両党への支持を足しても、ブレグジット党に及ばないということになるからだ。

さらに衝撃的な調査結果もあった。『サンデー・テレグラフ』紙が五月十二日付で掲載した調査では、国政の下院総選挙が実施された場合の投票先として、労働党二七パーセント、ブレグジット党二〇パーセント、保守党一九パーセントと、ブレグジット党が保守党を上回った。下院（定数六五〇）の選挙制度（単純小選挙区制）を踏まえると、この調査予測によるブレグジット党の獲得議席予測数は四九にとどまるが、保守党はブレグジット党に票を奪われることによって第一党の座を追われることになる可能性が強い。

議院内閣制による政権交代可能な二党という意味で言うと、英国の二大政党制は十九世紀半ばを起点とするが、その源流となっている議会内の「トーリー対ホイッグ」の二党派の争いとなると、十七世紀の清教徒革命の直後にまでさかのぼる。歴史は古いのだ。

トーリー党は現在の保守党の前身で、ホイッグ党はのちに自由党となる。地主層などを基盤とした保守党に対し、自由党は都市の商工業者に支持を広げたリベラル勢力だった。しかし、一九二〇～三〇年代、労働組合が強くなり社会主義が広がるにつれ、労働者階級に一気に支持を広げた新興の労働党が、自由党に取って代わって二大政党の一角を占めるようになった。自由党の衰退は、労働党の躍進のほか、党内分裂や保守党がそれまでにリベラル側にウイングを伸ばしていたことも要因としてあったと見られる。

離脱派の「顔」だったファラージ党首のアピール力の強さから欧州議会選における「台風の目」となったブレグジット党。人気の急上昇を受けてファラージ氏は「自由党が消えたようなことが、保守党にも起こり得る時だ」と気炎を上げた。あり得ないことではないと思えた。

ブレグジット党は本当に英国の政界地図を塗り替えるのか。その動向と支持の広がりを探るため、私はイングランド中部の小さな町、フェザーストーンに向かった。

「二大政党は、離脱の国民投票の結果を尊重するといい、議会も離脱交渉を承認し期日も決めた。

それなのに議員たちは離脱をストップさせている」

欧州議会選を二週間後に控え、フェザーストーンで開かれたブレグジット党の集会で、ファラージ氏はそう声を張り上げた。さらに「これは離脱の問題以上に民主主義と信頼にかかわる問題だ。二大政党制はもはや機能しない」と続けると、白人の中高年を中心とした二〇〇人程度の参加者から大きな拍手が起きた。

集会後、会場の外で参加者に話しかけてみた。

農家のサイモン・グリーンさん（59）は「（保守・労働）両党に裏切られた。ナイジェル（ファラージ氏）はおれの思いを代弁してくれている」と評価した。元銀行員の女性、ウルスラ・ウッドさんは、これまで保守党に投票してきたが「二度と保守党には入れない」と言い切り、「英国は主権国家。自分たちで法律を作って（国の方向性を）決めていくべきで、ＥＵ官僚がつくろうとしている『欧州合衆国』の一部にはなりたくない」と話した。

会場で代わる代わる話をする弁士たちや話を聞いた人たちの口からは、「betrayed（裏切られた）」「traitor（裏切り者）」という言葉がたびたび出た。そして、「sovereignty（主権）」「take back control（管理権を取り戻す）」という言葉も端々にちりばめられていた。国民投票という民意で決めたＥＵからの「主権回復」がなされないことを、民衆に対する政治の「裏切り」ととらえている――。それが正しいかどうかは別にして、そういった離脱派のロジックは、はっきりわかった。

このころ、事態の打開を図るため、メイ首相は「現状の離脱合意案では真の離脱にはならない」と反対する与党・保守党の離脱強硬派を説得するのを諦め、労働党との合意によって多数派を形成することで離脱合意案の議会承認を得て、離脱に持ち込む方向に方針転換していた。

そして、メイ氏は五月二十一日、思い切った手に出た。離脱合意案が下院で可決された場合は、離脱をめぐる「二回目の国民投票」の実施の是非を問う採決を下院で行う意向を表明したうえ、「部分的で一時的に」ＥＵ関税同盟に残留することを容認する意向も示した。「二回目の国民投票」で残留派が多数派となって離脱を帳消しにしたいと考えたり、形式上離脱はしたとしても関税同盟に残ることで事実上の残留という「実」を取りたいと願ったりしている労働党支持者に大きく歩み寄ったかたちだった。

しかし、これは逆効果になった。労働党がこれらの提案には応じなかったうえ、保守党内で猛反発の声が上がったためだ。党内離脱強硬派の代表格のジェイコブ・リースモグ下院議員は「前（の離脱方針）より悪い」と酷評。ドミニク・ラーブ前離脱担当相も「二回目の国民投票や関税同盟のための手段となる法案は支持できない」と明確に反対の意思表示をした。内閣の重鎮、アンドレア・レッドソム下院院内総務は抗議の辞任。この新方針を入れた離脱法案を下院で採決に付した場合、保守党議員五〇人以上が反対に回る可能性があった。メイ氏の進退はついに極まった。

ブレグジット党の党首、ナイジェル・ファラージ氏

そして五月二十四日、辞任表明に追い込ま

れた。

英国内には、欧州大陸側との一体化を望まず、大陸側と一定の距離を取ろうとする「ユーロ・スケプティクス（欧州懐疑派）」が常におり、無視できない勢力として存在する。ユーロ・スケプティクスが、歴史的に見て何に起因するのかについては後述するが、EUに加盟し、欧州統合の流れに英国が乗ってからも、英政権は議会内のユーロ・スケプティクス議員たちの取り扱いに苦慮してきた。最も代表的で要職を担ったユーロ・スケプティクスと言えば、サッチャー元首相である。サッチャー氏が一九八八年にベルギーのブルージュで行った演説は、ユーロ・スケプティクスにとって画期的で、反乱の狼煙《のろし》のようなものとなった。演説の中でサッチャー氏は「連邦化」のような欧州統合に明確に反対し、国家主権の重要性を説いたのである。

ユーロ・スケプティクスは保守党に多いが、労働党にもいる。どの政権も身内にユーロ・スケプティクスを一定程度抱えていることになり、ユーロ・スケプティクスを憤激させると、政権自体の基盤も揺らぎかねない。

近年、欧州統合を進めるEUに対して、政界のユーロ・スケプティクスだけでなく、移民増加の問題などを「入り口」として、市民の間でも不満が募っていた。ファラージ氏が当時党首として率いていた英国独立党（UKIP）はそんな情勢下で徐々に支持を広げ、二〇一四年の欧州議会選では労働、保守両党を抑えて第一党に躍進した。

与党・保守党は大きな危機感を持った。次の総選挙で保守党がUKIPに支持層を切り崩されて野党に転落する懸念が出てきたからだ。UKIPに欧州に懐疑的な保守党支持層の票を持っていかれないようにするため、キャメロン首相は一五年の総選挙で離脱の是非を問う国民投票の実施を公約に掲げた。この策は一定程度、奏功し、キャメロン政権は総選挙で政権を維持。この結果、キャメロン政権は公約どおり国民投票を実施して、政権の予想外に離脱派が勝利してしまった――というわけである。

キャメロン首相をはじめ、政権としては「EU残留」を掲げて臨んだ国民投票で、キャメロン政権の内相だったメイ氏もEU残留を支持していた。だが、メイ氏は、キャメロン氏の辞任に伴う党首選で党内融和が図れる存在として離脱・残留派双方から支持を集め、首相に就任。「離脱の判断は出ており、実行が義務」と明言して、離脱に向け動き出した。

しかしその後、自身の政治判断の結果として生じたいくつもの「誤算」が離脱問題を行き詰まらせ、政治的求心力が低下した。最初の誤算は一七年六月に前倒し実施に踏み切った総選挙だった。EU側との離脱交渉入りを前に、党・政権内の足並みの乱れを一掃するために「強力で安定したリーダーシップを確立する必要がある」として選挙に打って出た。事前の予想は保守党の圧勝だったが、ふたを開けると過半数割れの大敗。現状に不満を抱く労働者層などが国民投票では批判票として「離脱」に入れたものの、総選挙ではもともとの支持政党である労働党に入れたとの指摘もある。このため、英領北アイルランドの地域政党で離脱強硬派の「民主統一党（DUP）」の閣外協力を取りつけざるを得ず、以後、不安定な政権運営に苦しんだ。

政治手法が孤立を深める要因ともなった。夫を含め気心の知れたごく少数の身内を重用し方針を決めているとの指摘があり、「議会との関係を育むのが下手」（『ガーディアン』紙）だった。一九年三月には、離脱合意案の可決見通しが立たない状況で国民向けに「私はみなさんの味方。議会が決断するときだ」と述べたのが、議会を敵視するような発言と受け取られ、いっそう議員の反発を招いた。事態を動かせないメイ氏には、支持者から「史上最弱の首相」（中部フェザーストーンの元党支持者）などと厳しい評価が下された。

最後の「誤算」は、労働党取り込みのために譲歩した五月二十一日の新たな離脱方針だった。欧州議会選でブレグジット党が保守党の支持層を大きく切り崩すと見られるなか、保守党内では強硬な離脱を望む「右バネ」が強まってきていた。そこに、労働党に大幅に妥協する案を出したことで、三月の段階でメイ氏の説得に応じた党内の一部の強硬派も態度を翻すことになってしまった。政治の「風」を読み切れなかったと言える。

「ポスト・メイ」の座に誰が就くのかによって、離脱の行方は大きく左右される。

『タイムズ』紙と調査会社ユーガヴが五月十〜十六日、保守党員八五八人に行った調査によると、次の党首に望ましいと思う人物のトップは離脱強硬派の大物、ジョンソン前外相で三九パーセント。二位は同じく強硬派のラーブ前離脱担当相（一三パーセント）だった。ジョンソン氏はすでにこのころ、次期党首選への立候補意向を表明していた。

ジョンソン氏、ラーブ氏ともに、場合によっては「合意なき離脱」に突入する可能性を否定していない。

メイ氏は保守党党首を六月七日に辞任し、党首選が同十日に正式にスタートすることになった。議員の投票により、候補を二人にまで絞り込み、その後に全党員による決選投票で新党首を選ぶことになる。約二カ月という長丁場の新首相レースが始まった。

2　「保険」としてのEU

ケンブリッジ（二〇一九年六月）

保守党の党首選が事実上始まった直後の五月二十七日、欧州議会選の結果が出た。英国内の各党得票率の最終結果は、第一党がブレグジット党で約三一パーセント。二位はEU残留派の自由民主党で約二〇パーセント。三位に約一四パーセントの労働党が入り、四位は緑の党で約一二パーセント。与党の保守党は緑の党にまで後塵を拝し、約九パーセントにとどまった。きわめて低い保守党の得票率については、一八三〇年代の「結党以来最低」（『デイリー・テレグラフ』紙）と酷評され、ジェレミー・ハント外相は党の「存続の危機だ」と危機感をあらわにした。

ブレグジット党のファラージ党首は、事実上の勝利宣言の場で「もし（離脱期限の）十月三十一日に離脱しないのなら、ブレグジット党の勝利は英国総選挙でも繰り返されるだろう」と意気盛んに言った。

一方、この選挙でEU残留派の受け皿を自民党が担ったのは明白だった。かつて国防相や副首相などの要職を歴任した保守党の重鎮で、親欧州派の雄として欧州懐疑派のサッチャー首相と保守党党首選を争ったこともあるマイケル・ヘーゼルタイン卿が選挙中、異例とも言える自民党への支持を公言したこともあり、親欧州派の支持を集めた格好となった。

膠着したブレグジットの行く末は、与党・保守党の党首に誰がなるかによって変わってくる。逆に七月下旬に保守党の新党首が選出され、この新党首が英国の新首相になるまでは事態は動かない。新首相が決まった後、離脱期限の十月三十一日がヤマ場となる。

ハートルプールで離脱支持派の「心根」に触れた私は、保守党の新党首が決まるまでの、いわば凪《なぎ》の時期を利用して、ブレグジットを歴史的な文脈で掘り下げてみようと考えた。「離脱」や「残留」に至る英国人の「心根」を歴史の大きな流れの中に位置づけて解説してくれる知識人らから話を聞くことにした。


最初に訪れたのはイングランド東部のケンブリッジだった。

ロンドンから鉄道で速い列車なら五〇分程度で着く、十三世紀に設立された名門ケンブリッジ大学の学園都市である。オックスフォード大学とともに「オックスブリッジ」と称される両大学の卒業生は英国各界の指導者層を形成する。世界的にも米国のハーヴァード大学などと並び世界のトップ研究・教育機関に位置づけられていることはご存じの方も多いだろう。オックスブリッジの二校を比べると、オックスフォード出身者のほうが歴代英首相の数に見られるように政界に人材を多数輩出している。一方、ケンブリッジは古くはアイザック・ニュートン、最近ではスティーブン・ホーキング博士が教鞭を執ったことで知られるように自然科学の研究が強いというイメージもある。

オックスフォード大学も同様だがケンブリッジ大学も学内はそれぞれが独立した「カレッジ」によ

って構成され、学生や教員はいずれかのカレッジに属することになる。ケンブリッジ大学には三一のカレッジがあるが、私が向かった先は、一五一一年に創立された由緒あるセントジョンズ・カレッジであった。

芝生に面した古式ゆかしい建物を入り、石のらせん階段を上って目的の部屋のドアをノックすると、白髪の男性が迎え入れてくれた。歴史学者のロバート・トゥームズ名誉教授である。蔵書が積み上げられた研究室で私はトゥームズ氏と向かい合った。

一九四九年生まれのトゥームズ氏はもともと、政治・外交を中心としたフランス近現代史の専門家で英仏関係史の権威だ。しかし、二〇一四年に発表した英国の中のイングランドの通史『イングランド人とその歴史(*The English and Their History*)』が高く評価され、広く人気を博していた。

ロバート・トゥームズ名誉教授

ブレグジットの是非は各界で論争を呼び、「離脱派」「残留派」に分かれて、激しい論戦が展開されてきた。きわめておおざっぱな分け方をすると、いわゆるインテリ、知識層に属する人びとには残留派が多く、庶民層には離脱派が多いということが言える。このため学界には残留派が多く、オックスフォードやケンブリッジのような学園都市では残留派が多数だ。歴史学界も同様で、多くの研究者が残留を支持した。そんななか、明確に離脱を支持した有力な歴史学者の一人がトゥームズ氏だった。トゥームズ氏はこのころ、英メディアでブレグジット批判に対してたびたび反駁する有力知識人として知られていた。

「歴史家としてどうして離脱を支持するのですか。また、英国の過半数の人が離脱を支持するのはなぜでしょうか」

私がこんな質問からインタビューをスタートすると、細身で白髪のトゥームズ氏は、けっして大きくはないが、思った以上に張りのあるよく通る声で「私は常々、欧州プロジェクトに疑念を持っていたのです」と話し始めた。

まず「欧州プロジェクト」という単語自体が日本では耳慣れない言葉である。欧州プロジェクトとは、一九五二年に仏独（当時は西独）伊とベネルクス三国の計六カ国で設立した欧州石炭鉄鋼共同体（ECSC）に始まり、現在のEUまで受け継がれている「欧州の統合」実現の理念とその事業を指す。トゥームズ氏はそもそもこの欧州プロジェクトに疑問を呈しているのだ。

「欧州プロジェクトは明らかに非民主的な部分を含んでいるからです。だが（当初）、私はEUに残留することになるだろうと思っていました。より深化する欧州統合から英国を除外することやある種の移民制限などについて、キャメロン首相は（EUと）交渉すると思っていたのです。しかし、彼は何もできませんでした。でもこの段階でも私は離脱の実現可能性には確信が持てず、どちらの立場（を取るべき）か躊躇していました。私個人は特定の政治的ポジションはありません。ですが、あるケンブリッジの同僚が『今回の国民投票がこの問題に関する最後の投票になるかもしれない』と言ったのです。私は離脱に投じる必要があると思いました」

「多くの人たちと同様に、私も離脱による経済的悪影響を心配していました。しかし、そのころ私は、ノーベル経済学賞受賞者で二十世紀最大の経済学者の一人とも目されるケネス・アローと話す機会があったのです。彼はその後まもなく亡くなってしまいましたが、非常に明晰でした。私は彼にこう尋ねたのです。『離脱すれば大惨事になると思いますか』と。彼は『調整する必要は出てくるが、大惨事にはならない』と答えました。彼の言葉は、離脱に投じるうえで私を強く勇気づけました」

「この二〇一〇年、英－EU間の貿易の重要性は減じ、(英国は) EU以外の世界との貿易が増えています。英国は単一通貨のユーロに加わっていません。EUを擁護する人はEUが『連邦』の度合いを強めるべきだと考えていますが、英国民はユーロへの参加も『欧州連邦』への加盟も支持していません。われわれは欧州との関係を見直すべきなのです」

「多くの政治家や官僚が (離脱を選んだ) 民主的な (国民) 投票 (の結果) に反対するのはとてもショックなことです。だがこういったことは英国だけの現象ではないと思います。政治学者の指摘もありますが、EUに加盟すると政治家や官僚は自身の国でなくEUに目を向け、市民や有権者を厄介者のように見なすようになります。その結果、(各国の選挙で選ばれた政治家が決める) 政治的な選択肢は限られてしまうことになり、多くの人びとはいら立ち、不満を募らせることになるのです」

トゥームズ氏が欧州プロジェクトへの懸念として真っ先に挙げたのが「非民主的」だった。EUの統治はしばしば「(EU本部のある) ブリュッセルの官僚主義」などと批判される。この場合の官僚とは主に、EUの政策を立案し行政執行する「欧州委員会」を指す。約三万人の職員のトップに立つのが欧州委員長で、各国から一人ずつ任命される「欧州委員」(閣僚に相当) が支える。彼らが策定した法案は、加盟国の閣僚で構成される「閣僚理事会」や「欧州議会」に提案され、審議された後に決定される。欧州議会は各国の市民が直接選挙で議員を選ぶものの、法案提出権はない。加盟国の国民の間では、自らの暮らしに関わる政策が選挙で選ばれない欧州委員と官僚の主導で決まるために、民意が反映されていないという不満も少なくなく、「非民主的」と指摘される要因となっている。EU法が国内法に優先されることもたびたび批判の対象となってきた。

「歴史について言うと、（離脱問題について）両極の見方があります。一つは『英国は特殊な国だ』と歴史が裏づけているとするものです。離脱派は『われわれは（他の欧州の国よりも）長い民主主義の伝統を持ち、法体系も違う』などと言います。一方、残留派はしばしば『英国は大英帝国を懐かしんでおり、離脱は過去への郷愁だ』と言います。歴史家の立場から言うと、英国と他のEU諸国との違いはそれほど大きくありません。ただ、明白に違う点は、英国が第二次世界大戦で負けなかったということです。このため、英国民はEUを欧州文明の救い手とは見なしていないと思われます。他の欧州の国に行けば、EUは他の世界の脅威に対する保護者と見られています。ですが、英国ではそんな意見はあまり聞きません」

欧州統合をめざす欧州プロジェクトは、二度の大戦でほぼ全土が戦場となった欧州で再び戦争が起きないようにするという、恒久平和への強い思いがその理念の根幹にある。欧州大陸の多くの国々は一時的にせよナチス・ドイツに屈服を余儀なくされ、占領された。一方で、英国は屈服せずに戦いを続け、占領されず、最終的に盟友の米国とともに連合国側を勝利に導いた。この歴史上の体験の決定的な違いが、欧州プロジェクトに対する欧州各国と英国の考えを明確に分けている——というのだ。恒久平和をもたらすEUこそが「欧州文明の救い手」と考える欧州の他国と、自分たちこそが欧州文明の救い手となったと考える英国との差と言えるかもしれない。ブレグジットの根底にこんな考えの違いがあるという視点は日本では気づきにくい。

「英国民が、欧州以外の世界を異邦とは思っていないこともあるでしょう。世界のかなりの地域で英語が話されているのですから。ドゴール（元仏大統領）が共同市場（欧州経済共同体、ＥＥＣ）への英国加盟を拒絶した際に言った有名な言葉があります。『イングランド（英国）は他の世界とつながっている。それゆえ真の欧州国家とは言えない』というものです。この言葉には真実があると思います。離脱派の議論はグローバリズムの観点からのもので、残留派のほうがむしろ欧州中心主義に見えます」

これも面白い見方だと思った。第二次大戦で「負けなかった」ということと並び、かつて大英帝国として世界に君臨し、欧州を超えたつながりをグローバルに持っているという、他の欧州各国との違いも、ブレグジットに「作用」しているというのだ。ドゴールのエピソードも興味深い。トゥームズ氏は前述の著書『イングランド人とその歴史』の中で、一九六三年に、ドゴールがＥＥＣへの英国の加盟申請を拒絶した際、こう結論づけたと記述する。「イングランド（英国）は真の意味で欧州の一部ではない。それは（島国として）孤絶しているからではない。他の世界とあまりにもつながっているからだ。英国は欧州の中に自らを閉じ込めておくことで、よしとはしないだろう」。隣国英国の「本質」を明確につかみ、言い切るドゴールもすごい。後の世を読み切った予言のようにも思えるほどだ。

二〇一六年の離脱の是非を問う国民投票では、英国という連合王国をかたち作る四つの「国《ネイション》」で、投票行動をめぐって異なる特徴が顕著に出た。英国全体では離脱支持が五一・九パーセントで残留支持が四八・一パーセント。「ネイション」ごとに見ると、英国全体の人口（約六七〇〇万人）の八割以上を占めるイングランド（約五六〇〇万人）では離脱支持が五三・四パーセントで残留支持が四六・六パーセント。一方、人口がイングランドの一〇分の一程度（約五四〇万人）のスコットランドでは離脱支持が三八パーセントにすぎず、残留支持は六二パーセントもあった。またウェールズ（人口約三一〇万人）では離脱支持が五二・五パーセントで残留支持四七・五パーセントを上回ったが、北アイルランド（人口約一九〇万人）では、離脱支持は四四・二パーセントで残留支持の五五・八パーセントを下回る結果となった。イングランド以外の三つの国、とくにEU残留支持が離脱支持を上回ったスコットランドと北アイルランドの事情については、現地取材とそこからの考察を後述するが、トゥームズ氏はここで、「ネイション」ごとの投票行動の違いについて、ナショナリズムに触れながら自身の分析を明らかにした。

トゥームズ氏が俎上に載せたナショナリズムというのは、長年スコットランドでくすぶり続ける英国からの「独立熱」の要因となっているスコットランド民族主義、そしてそれに対置するイングランド民族主義である。スコットランドでは二〇一四年に独立の是非を問う住民投票が行われ、独立賛成が約四五パーセント、反対が約五五パーセントとなり、いったん独立への機運が小康状態になった経緯がある。

「スコットランドには強いナショナリスト運動があります。彼らにとってEUは独立へとつながる道なのです。EUの一つの効果として、各国で分離独立運動が生まれたということがあります。スペイン、ベルギー、イタリア、フランス、そして英国です。なぜなら小国はEUシステムの中にいることで安全だと感じることができるし、実際にそうでしょう。政治家にとってはスコットランドや（スペインからの分離独立をめざす動きが継続してある）カタルーニャが（独立国家になって）欧州委員長のポストを持ち回りで得られることはとても喜ばしいことでしょうし、それは小国にとって地位向上につながります。そういった意味からもスコットランドは、仏独伊やスペインのような国と比べてもずっと『親EU』なのです。実際、EU支持の割合でスコットランドとブルガリアやルーマニアが近いという世論調査を見たことがあります。典型的な西欧の国々のそれではないのです」

「自分を『英国人（British）』というより『イングランド人（English）』と定義する人は、離脱支持派である傾向が強いと言われています。理由を答えるのは難しいですし、さまざまな異なった要因があるとは思いますが、私にはデイヴィッド・グッドハートが著書『どこかへの道（*The Road to Somewhere*）』で挙げた（人びとの）違いが重要だと思えます」

デイヴィッド・グッドハートは『フィナンシャル・タイムズ』紙のドイツ特派員などを経て、一九九五年に政治経済や国際問題を扱う硬派な月刊誌『プロスペクト』を創刊し、長年編集長を務めた。その後、労働党に近いとされるシンクタンク「デモス」のディレクターを経て、現在では保守党に近いシンクタンク「ポリシーエクスチェンジ」の人口・移民問題などの部門のトップを務める。

グッドハートの著書『どこかへの道』は二〇一七年に出版され、ブレグジットにつながった英国人の「心性」に迫った本として評判となった。

「彼（グッドハート）は、人びとは『どこかにの《サムウェア》人びと』と『どこへでもの《エニウェア》人びと』に分けられると言います。サムウェアの人びとは自分が帰属する場所に強い思いを持っています。一方、エニウェアの人びとはどこでも暮らせるし、どこでも楽しくやれると思っています。私自身はエニウェアの人間だと思いますし、おそらくあなたもそうでしょう。ですから私が離脱派なのは珍しいのかもしれませんが、エニウェアの人たちは、EUが自分たちの活動する領域をより広くしてくれると認識するので、親ＥＵの傾向があります。彼らは特定の場所への感情的な結びつきが薄いのです」

「自分のことをイングランド人と思う人たちは、場所に対する結びつきの感情、愛着が強いかもしれません。人びとの場所への強い思いと、国家民主主義や国家主権（を取り戻す）という意味での離脱支持の投票行動とはおそらく関係があると思います」

トゥームズ氏はブレグジットにつながったイングランド人意識をこのように指摘した。そして、そのイングランド民族主義がこれまで抑圧されてきた風潮も指摘した。トゥームズ氏は近年起きた、労働党下院議員が、白地に赤い十字をあしらったイングランドの旗「聖ジョージ旗」を軒先に掲げていた家の写真をツイートして騒動になった件を紹介してくれた。ツイートした言葉では直接の揶揄はなかったのだが、聖ジョージ旗に愛着を示す労働者を見下すような意図がほのめかされているとして、議員は批判を浴びたのだった。

「スコットランドの旗を窓から掲げることはいいことなのに、イングランドの旗を掲げるのはよくないことだと。イングランド性にある種のネガティブなイメージがついてしまっているのです。これはイングランドが大国であるということもあるでしょう。しばしば小国の民族主義はいいもので、大国の民族主義は抑圧的なもので好ましくないと思われます。（その結果）イングランドには自分たちのナショナル・プライド（民族的誇り）を表現することが許されていないと感じる人がいるのです」

「British（英国人、英国的）はいいが、English（イングランド人、イングランド的）はよくないというわけです。一つ例を挙げましょう。一年ほど前に美術史に関するテレビ番組をやっていましたが、スコットランドの芸術家や作家のことは『Scottish（スコットランド人）の』と言うわけです。ところがイングランドの芸術家や作家については『British（英国人）の』と言っていました。イングランド人性についてl人びとは語らない傾向があります。政治的に望ましくないと思われるからです」

私は最後に、「ポスト・メイ」の最有力候補にこのころ躍り出ていたボリス・ジョンソン前外相の印象について、トゥームズ氏に訊いてみた。後述するが、庶民には人気のあるジョンソン氏だが、インテリ層の間の評判はすこぶる悪い。だが、トゥームズ氏は意外にもポジティブにとらえていた。

「一度、短時間だけ会ったことはありますが、彼は知的で、やり手に思えます。人間として大きな信頼は彼に対して持っていませんが、希望は持たねばなりません。彼だけが正しいことを言っている、勝つ見込みのある保守党党首候補のように思えるからです。政治家は状況によってつくられるものです。シェイクスピアは『生まれつき偉大な者もあれば、偉大さを勝ち得る者もあり、偉大さを与えられる者もあります』と言いましたが、もしボリス・ジョンソンが偉大な政治家になるとするなら、今、与えられることによってでしょう」

『十二夜』（河合祥一郎訳）の台詞《せりふ》を引きながら、そうトゥームズ氏は評した。

ロンドン、マンチェスター（二〇一九年六月）

ケンブリッジ大学のロバート・トゥームズ名誉教授からEU離脱派の「心性」の奥にある歴史的な背景などを聞いた私は、次に残留派の知識人らの話を聞こうと思った。大物二人がインタビューに応じてくれることになったが、二人の都合のいい日が奇しくも同じ日で、しかも一人はロンドン中心部、もう一人はイングランド北部マンチェスターに住んでおり、取材当日はたいへん慌ただしい日になった。

最初の人物に会うため、私は朝、英議会や官庁が集まるウェストミンスター地区に地下鉄で到着した。この町の一角、瀟洒なフラットの一室にその人物は迎え入れてくれた。落ち着いた雰囲気の書斎。積まれたハードカバーの本のなかに、最近出版されたばかりの米国外交関係の本もあった。

この家の主は、サー・マルコム・リフキンド氏。一九四六年、スコットランドのエディンバラでユダヤ系リトアニア移民の家庭に生まれ、一九七四年に保守党員として英下院議員に初当選。その後、サッチャー政権でスコットランド担当相、次のメージャー政権で運輸相、国防相、外相と主要閣僚を歴任した。二〇一五年に政界を引退したが、その豊かな実務経験と幅広い知見が知られ、とりわけ国防相と外相を務めたことから安全保障や外交問題で英メディアなどから今もたびたび意見を求められる重鎮だ。

「この四月にロンドンに赴任しまして、ブレグジットの混乱と格闘しています」。そう私が切り出すと、リフキンド氏は「ご同情申し上げます」と言って朗らかに笑った。

リフキンド氏は一六年の国民投票では「EU残留」を支持していた。だが、最近のメディア上での発言を見ると、すでに離脱という結果は受け入れており、離脱後をにらんだ提言へと姿勢を切り替えているように思えた。「残留支持から気持ちを変えたのですか」と訊いてみた。するとリフキンド氏は「いいえ。変えてはいません。説明させてください」と言って話し始めた。

「私には英国とEUの関係に関わってきた歴史があります。サッチャー政権では一九八三～八六年に欧州担当の外務閣外相を務め、九五～九七年には外相でした。政治生活を通じ、私は一貫して英国がEUメンバーであることを支持してきました。しかし、無批判だったわけではありません。常に私(の支持)は利益が不利益よりも多いという、バランスの問題だとの見方をしてきました」

そう説明したリフキンド氏は続けて「外相だったころ、仏紙『ルモンド』が私のことを『穏健なユーロ・スケプティクス〔欧州懐疑派〕』と評したことがあります。いい表現ですね。実際、私はイデオロギー的ではなく現実的ですから」と述べた。

そして、英国の欧州大陸への「距離感」について話題は移っていく。

「七三年の（EU前身の欧州共同体＝EC）加盟以来、英国はずっと『半メンバー』でした。単一通貨にも（域内の国境検問をなくす）シェンゲン協定にも入りませんでした。われわれのEUメンバーシップは常に曖昧な状態だったのです」

リフキンド氏はそして、ケンブリッジ大学のロバート・トゥームズ名誉教授と同様にフランスのドゴールについて触れる。

マルコム・リフキンド元外相

「ハロルド・マクミラン首相のもと、われわれが最初に加盟申請をし、それをドゴール将軍が拒否した際ですが、ドゴールはこう言いました。『英国は欧州の国ではない。欧州とは違った種類の国なのだ』と。日本と似たところがありますね。日本は島国で、他のアジアから遠く離れている。あなた方の文化、歴史、態度はアジアの中心の多くのそれとは異なっています。われわれ英国も島国で、欧州の端に位置します。そういったわれわれの歴史は重要な意味があり、われわれのEUメンバーシップは常に議論を呼んできました」

「人びとの予想を超えた速さで、EU各国の指導者たちは『準連邦制』とも言える、より結束した統合を求めるようになりました。EUが英国の加盟時と同じかたちであれば、国民投票は行われなかったか、行われても（離脱という）同じ結果にならなかったでしょう。英国民は加盟時、欧州内の自由貿易を進める機構、そういった性質のものに参画したのだと思ったのです」

「欧州懐疑派は加盟国の各国にいます。では、なぜ英国だけが先（離脱）へ行ってしまったのでしょうか。歴史的な理由を理解すべきです。EUの創設の要因は二つありました。一つ目はフランスとドイツの戦争を防ぐことと言われています。二つ目に留意すべきは、この共同体に入る国は民主的で法の支配を尊重しなければならないということです。多くの人びとはヒトラーやスターリンらの独裁や共産主義を経験してきました。（このため）官僚的だなどと不満を持ってはいても、EUは戦争再発の防止のためのみならず、民主主義と人権を一夜にして奪われないための『保険』なのです」

「だが、この理屈では英国の世論を説得できません。英国人は保険を必要とは思っていないからです。英国は一〇六六年（のノルマンコンクエスト）以来、（外敵に）占領されていません。また、民主主義と人権が脅威にさらされたことは、一六〇〇年代のクロムウェル（の独裁）以降ありません」

とても面白いと思った。英国以外の欧州の国にとってEUは、外敵に脅かされないため、また、民主主義を守るための「保険」と受け取られているが、歴史的に英国人はそういった「保険」を必要と思っていないというのだ。その歴史的裏づけとして、世界史の授業で習ったノルマンコンクエストやクロムウェルが出てくるのが、興味深い。さらに面白いのは、EU残留に投じたリフキンド氏の分析が、第二次大戦で負けなかったため、EUを「欧州文明の救い手」とは思えないのだと説明する離脱派のトゥームズ氏の認識とかなり似通っていることだ。まさに、英国人はEUのような「保険」を必要とは思っていない――という点においてである。

「私は国民投票でＥＵ残留に票を投じましたが、主たる理由は貿易や経済政策によるものではなく、地政学的な見地からでした。われわれはグローバル化が進む世界に生きており、世界全体を動かす決定に最も影響力を持つのは、米国、中国、インド、ロシアなどの大国です。そういったなかで、外交や気候変動、対中政策などのあらゆる課題に関して、欧州が分裂することで欧州としての一つの『声』が聞き入れられなくなる事態を私は懸念しました。だが、国民は違う道（離脱）を選択しました。そして、メイ首相や各政党指導者は離脱を実行すると言いました。私はこれに同意しました」

「メイ氏は『ＥＵを離脱しても欧州から離脱するわけではない』と言いましたが、そのとおりです。文化的、地理的、歴史的に言ってわれわれが欧州を離脱することはできません。外交の多くの面でわれわれは仏独などとうまくやってきており、問題はありません。米トランプ政権の外交的な取り組みに関しても、イラン核合意や気候変動、多国間貿易交渉などで、英国は米国には賛同せず、仏独や他の欧州諸国と同じ結論に達しています」

ここから、リフキンド氏は「離脱後」に関する独自のアイデアを披歴する。

「英国は（離脱後）ＥＵの外交政策に対して権限がなくなりますが、重要課題でＥＵと英国が結束した一つの声を発していくのは当然のことです。そこで私は『ＥＵプラス１』を提唱しています。これには先例があります。イラン核合意の際、国連安全保障理事会の常任理事国五カ国（Ｐ５）に、経済的にとても重要なドイツを加えた、『Ｐ５プラス１』が知られるようになりましたが、これと似たかたちです」

さらなる欧州統合に向けた議論がされるなか、ＥＵは欧州に米国やカナダを加えた軍事同盟・北大西洋条約機構（ＮＡＴＯ）とは別の、米国抜きの欧州軍事協力に向けて、近年議論を加速させてきた。一七年十二月、常設の軍事協力枠組み（ＰＥＳＣＯ）が正式に発足。英国と、防衛協力で除外規定のあるデンマーク、マルタを除く二五カ国が参加した。ＰＥＳＣＯ構想は以前からあったが、反対していた英国の離脱決定が大きい。また、欧州に防衛費負担の増額を求めるトランプ氏が米大統領に就任し、気候変動問題やイラン核合意など重要課題で欧州と米国の違いが浮き彫りとなるなか、「欧州が他国を当てにできる時代は終わりつつある」（メルケル独首相）と、「米国離れ」の感覚が強まっていることも背景にあるだろう。一九年五月には、米国防次官が書簡でＰＥＳＣＯの進展を批判するなど、米欧間の摩擦が強まっていた。マクロン仏大統領が積極的な提唱者として知られる「欧州軍」構想について、安全保障の専門家としてどう思うか尋ねてみた。

「欧州軍への唯一にして最大の反論は、統一国家なしで統一軍はあり得ないということです。軍隊は国家の主権と独立の最も重要な表れなのです。戦争か平和か、自国の軍をどう用いるかを、ある一つの国際機関内での多数決による決定に委ねることはばかげており、どの国の世論も認めないでしょう。われわれ欧州人は米国の加盟するＮＡＴＯによって冷戦を勝利し、欧州の自由を七〇年守ってきたのです。ＮＡＴＯを弱体化させるようなことは考えられません」

インタビューを終えたところで、私は写真撮影をリフキンド氏にお願いした。いつもだいたいそうするのだが、私は最初に一眼レフのカメラで椅子に座ったリフキンド氏を撮影した後、「もう一つ」と言って、別のコンパクト・デジカメを鞄から取り出し、そちらでも何枚か撮影した。一眼レフでたまにピントがぼけていたり、明るさが足りなかったりするので、「押さえ」としてそうするのである。二つの目のカメラで撮影する私にリフキンド氏は、「そのカメラはあなたの保険だね」と言った。欧州の国々がEUを「保険」と思う一方、英国はEUを「保険」とは思わない、という自身が披歴した喩え話にかけたジョークだ。リフキンド氏も私も顔を見合わせて、笑った。

リフキンド氏のフラットを辞去した私は地下鉄に乗ってキングスクロス駅のそばにある別の鉄道駅ユーストン駅へと向かい、そこからマンチェスター行きの列車に飛び乗った。

イングランド北西部のマンチェスターは産業革命の際、綿織物の生産地として飛躍を遂げ、大英帝国を支えた工業化の象徴的な都市の一つとなった。世界で初めて一般乗客を運ぶ鉄道が敷設されたのは一八三〇年、マンチェスターとリヴァプールの間だった。人気のプロサッカーチーム「マンチェスター・ユナイテッド」の本拠地として世界的にも知られる。

マンチェスターの郊外に住む著名な歴史家が、次のインタビュー相手だ。

サー・イアン・カーショー氏。一九四三年生まれ。ドイツ近現代史の専門家として知られるシェフィールド大学の名誉教授だが、とりわけアドルフ・ヒトラーとナチス・ドイツに関する研究の世界的泰斗として名高い。ケンブリッジ大学のトゥームズ名誉教授は歴史家の立場からEU離脱の正当性を訴えてきたが、同じく歴史家のカーショー氏はメディアから問われるたびに、EU残留支持の主張を披歴していた。近年ではブレグジットの動きやドナルド・トランプ氏の米大統領就任などを指して、大衆を煽動する右派ポピュリズムの興隆と呼ばれることが多い。そういった時代に世界的なヒトラー専門家は何を感じ、どうしてEU残留を主張するのか。ぜひその考察を聞きたいと思った。

約束の時間に自宅に着くと、カーショー氏は裏庭に面した大きな窓から明るい陽光が入るリビングに私を招き入れてくれた。私はまず、EU残留を支持してきた理由を尋ねる質問から切り出した。

イアン・カーショー氏

「私が国民投票でＥＵ残留に投じた理由は明白でして、英国は今日まで約四五年間、ＥＵあるいはその前身の国際機構に加わることで、国として恩恵を受けてきたからです。われわれの経済の強さも欧州経済と密接に結びついてきました。今ＥＵから離脱し、不確かな未来を選ぶのは非合理的だと思います」

だが、結果は離脱支持が多数派となった。

「多くの人が離脱に投じたのには大きく二つの理由があります。まずＥＵ内からの移民の流入を鈍化させたい、止めたいというもの。次にナショナリズムと新自由主義が結びついたものです。だが、主には移民流入の停止や削減を望むことが推進力となったと思います。ＥＵの『四つの自由』（人、モノ、資本、サービスの移動の自由）のもと、ＥＵの国から人びとが英国に働きに来ます。ＥＵに残る限り、これらの人びとの流入を止めたり削減したりすることはできません」

英国では第二次大戦後、旧植民地のインドなどを含む英連邦諸国からの移民が増加した。その後、労働党のブレア政権（一九九七～二〇〇七年）が技能を持つ人材の受け入れなどのために移民政策を緩和したことや、二〇〇四年のＥＵ拡大で東欧からの移民が増えたことなどで、移民流入が急増した。移民問題が大きな問題として反ＥＵと結びつくかたちで表面化してきたのは、中東などから大量の難民が欧州にやってきた一五年の欧州難民危機よりも、一義的には〇四年のＥＵ拡大だった。

「二〇〇五年以降に懸念が広がった移民問題と、EU加盟国である問題とが（人びとの中で）混ざり合いました。『英国は自ら法律を決めるべきだ。（EU本部のある）ブリュッセルの干渉を受けない主権国家であるべきだ』という保守的な心情と移民問題がからみ合い、EUから離脱すべきだというふうになっていったのです」

私はここで、イングランド北東部のハートルプールで取材したことをカーショー氏に話した。つまり、住民に占める移民の割合が平均よりかなり低い地域であるハートルプールで、多くの人が移民への不満を漏らし、離脱支持に票を投じた理由として移民を挙げた不思議さ、それに対して私が感じた驚きについてだ。

「それは、歴史を通じてよく知られる症候群です。反移民になるのに移民は必要ないのです。一九三〇年代のドイツでは、ユダヤ人がいない多くの地域で反ユダヤ感情が広がりました」

ナチス・ドイツの専門家らしいこの説明は、それ以前に私がロンドン大学バークベック・カレッジのエリック・カウフマン教授から聞いた分析とも重なり合う。カウフマン氏は、移民の問題を国民投票時に重要視した人たちは「(自分たちが住む) 地域の問題よりも、おのおのがイメージする国家像に沿って意思を決めた」と述べた。実際に住んでいる地域などで直接的な触れ合い体験から形成されてきた移民への感情よりも、自分たちの抱く国のイメージと移民のイメージの間の違和感みたいなものから生まれた感情が大きかったということだろう。ナチス・ドイツ体制下でも、反ユダヤ感情がユダヤ人の多くないところでも広がったという説明は、移民に対するものと類似しているように思うし、たいへん興味深い。

カーショー氏は二〇一八年、第二次大戦後の欧州の歩みを記した最新刊『分断と統合への試練――

ヨーロッパ史１９５０‐２０１７』を出版したばかりだった。この本の中でカーショー氏は、ＥＵの平和と民主主義などへの貢献を評価したが、「欧州人アイデンティティ」を形成できなかったとも指摘していた。

「米国であれば、一つの国家であるのでナショナル・アイデンティティがあり、英語という国の言語もあります。しかしＥＵは二八カ国あり、国ごとに文化も歴史も異なります。正確な数は知りませんが、言語は六〇ぐらいあるといいます。米国と比べれば、アイデンティティを形成することははるかに難しいのです」

「今日、人びとはグローバル化に直面し、その恩恵も受けるが不利益も被ります。不利益を被ったとき、人びとは、自分たちには制御できない外からの（外圧のような）力を目の当たりにすることで、自分たち固有の国家アイデンティティなどのほうに傾斜していきます。人にはさまざまなアイデンティティがありますが、『欧州人』というアイデンティティがそのなかで最上位になることはまずないでしょう。国家アイデンティティがこれまでも常に、また近い将来も最上位のままでしょう。私はＥＵが政治統合の方向に前進するとは思いません。そういった考えが出てくると、必ず国家レベルでの妨害に遭います」

グローバリゼーションの荒波にさらされ、その結果、いい思いをしていない人たちが、よって立つべきアイデンティティを探し、確認しようとする。しかし、「欧州人」はそのアイデンティティの基盤にまではなっていない。そのとき人は「nation（国家）」のアイデンティティへと向かう――。自身はＥＵ残留支持だが、カーショー氏は人びとの心情とＥＵに欠けている部分を把握している。

ナショナル・アイデンティティがやはり人びとを訴求する力が最も強く、反ＥＵ意識が広がるなかで移民排斥などを唱えるポピュリズムも勢いづいているとしたら、それは第二次大戦前夜の一九三〇年代に似てはいないか。再び、あの道を通る危険はないのだろうか。

「三〇年代の『亡霊』が再び歩いている――というのは簡単ですが、当時と今とを比べれば類似よりも違いのほうが大きいのです。三〇年代には欧州各地の路上で民兵組織による暴力が発生していましたが、近年それはまったくありません。ナショナリストやポピュリストの運動はリベラル民主主義にとっては危険なものではありますが、彼らはファシストではありません。国家間の危険を見ても、フランスとドイツとの間で戦争につながるような危険は現在まったくないのです」

そう述べて、安易な比較を戒めた。

ライムハウス（二〇一九年七月）

テムズ川の水面を渡る薫風《くんぷう》が心地よい。日本で薫風というと五月だが、ロンドンでさわやかな夏の風を感じるのは六月から七月だろう。ちょうどこの時期、テニスの四大大会の一つ、全英オープンがロンドン南郊ウィンブルドンで開かれる。天候が不順なロンドンが陽光にあふれる一年で最も過ごしやすい季節だ。そんな七月上旬のある日、取材先に向かうため私はロンドン東部のテムズ川に面したライムハウス地区を歩いていた。

訪問先は、英国の元外相、デイヴィッド・オーウェン貴族院（上院）議員の自宅である。

「いらっしゃい」。ブルーのワイシャツ姿で迎え入れてくれたオーウェン卿は私に自らコーヒーを淹《い》れてくれながら、私がいつロンドンにやってきたかなどを尋ねた。一九三八年生まれ。私が訪れた日の前日に八十一歳になったところだった。

オーウェン卿はサー・マルコム・リフキンド氏に次いで私が直接会った英国の外相経験者だが、ブレグジットへのオーウェン卿とリフキンド氏の態度は真逆だった。国民投票でEU残留支持に投じたリフキンド氏に対し、オーウェン卿はEU離脱支持だ。面白いのは、比較的離脱支持者が多い保守党の中でリフキンド氏がEU残留支持――本人は「穏健な欧州懐疑派」との仏紙『ルモンド』の評を気に入っているとはいえ――であり、EU残留支持者が多い労働党の元重鎮、オーウェン卿が離脱を支持するという構図だ。これだけを見ても離脱が単純な党派性や、「右」「左」、あるいは「保守」「リベラル」の定義では割り切れない複雑な問題であることがわかる。

オーウェン卿は大学で医学を修め、病院勤務をした後、労働党から下院議員に当選。保健閣外相などを経て、キャラハン政権で一九七七～七九年、外相を務めた。外相就任時は三十八歳という若さだった。将来の労働党リーダーと目され、そのまま行けば首相の可能性もあったと見られるが、保守党サッチャー政権が発足した後の八一年、蔵相やEUの欧州委員長も務めた元労働党副党首、ロイ・ジェンキンスら三人の労働党閣僚経験者とともに――世間は「四人組」と呼んだ――労働党を割って出て、新たに社会民主党を結成した。下野後の労働党が左傾化しているとして党内左派とたもとを分かつ行動だった。社民党結成に向けた「四人組」による文章は、四人がこれを作成したオーウェン卿の自宅の場所にちなんで、「ライムハウス宣言」として英国政治史にその名を刻んでいる。オーウェン卿はのちに社民党党首に就任。しかし、八八年に社民党と自由党が合併し、現在の自由民主党の前身となる社会自由民主党が結党した際には加わらなかった。九二年には男爵に叙され、貴族院議員となった。歴史書を含む多くの著書でも知られる文人政治家である。

「オーウェン卿」と私はここで呼んでいるが、日本語の「卿」は英国に当てはめる場合、爵位を持つ「ロード（Lord）」と呼ばれる貴族の敬称である。本筋からは離れるが、ここで英国の貴族制度の基本的なことを説明したい。戦前の日本の華族制度にもあった公爵、侯爵、伯爵、子爵、男爵という爵位が英国には今もある。ここまでが貴族で、名前を呼ぶ際には「ロード○○」と呼ばれることが多い。階級としてはその下に「準男爵」、さらに下に「ナイト」の称号がある。ナイトは男性なら名前に「サー」、女性なら「デイム」を付けて呼ばれる。先述したマルコム・リフキンド氏、イアン・カーショー氏の「サー」はこれである。

　貴族は世襲の貴族と一代貴族とがあり、オーウェン卿のようにそれまでの功績で男爵に叙されるのが一代貴族である。ナイトは世襲ではなく、一代貴族と同じように各界で功績があった人に授けられる。

デイヴィッド・オーウェン元外相

　ちなみに「ロード○○」と呼ぶ際、「○○」は爵位名である。世襲貴族は姓（家名）とは別に爵位名を持つことがある。たとえば、ヴィクトリア朝時代の首相、ソールズベリーは侯爵で爵位名がソールズベリーだった。このため「ロード・ソールズベリー」であり、日本でもソールズベリー卿と呼ばれたりするが、姓はガスコイン＝セシルである。ただ、一代貴族は姓と爵位名が一般的には同じだ。

オーウェン氏は「オーウェン男爵」なので「ロード・オーウェン」と呼ばれる。一方で「サー〇〇」のほうはフルネームでない場合は姓でなく名を入れるから、日本人にはややこしい。つまりオーウェン卿のことを「ロード・オーウェン」と呼ぶのは正しいが「ロード・デイヴィッド」はおかしく、マルコム・リフキンド氏のことを「サー・マルコム」というのが正しくて、「サー・リフキンド」はおかしいということになる。

英国の国会は庶民院（House of Commons）という下院と、貴族院（House of Lords）という名の上院の二院制。下院議員は定数六五〇を単純小選挙区の選挙で選ぶが、上院議員は選挙では選ばれない。貴族の中から時の首相の助言を受けた国王が任命するかたちだ。任期は終身で定数もない。現在約八〇〇人が現職の上院議員で、多くは、オーウェン卿のように政治への功績などで男爵に叙せられた一代貴族だ。そのほか、一九九九年に九二人との定数制限が設けられた世襲貴族や、二六人の英国国教会の聖職者から構成される。

その昔は、上院の権限が強かったが、名誉革命（一六八八年）と「権利の章典」の制定（一六八九年）で王権の制限と議会政治が確立されたことで、上院に対する下院の優位形成への道筋がつき、一九一一年制定の議会法で、下院の優越が定まった。下院優先を示す近年の実例が、貴族が愛好してきた「キツネ狩り」を主要地区で禁じる法案。下院が可決したものの上院が否決。その後、下院が再度可決して二〇〇四年に成立した。

上院は法案審議や採決、政府の監視など下院と同様の権能を持つが、新税導入などの財政に関する法案など、下院にしか議決権限のない法案もある。

閑話休題。英国のEU加盟（当時はEC）以前から政界で活動をしてきたオーウェン卿には、長年にわたる英国と欧州の微妙な関係と、欧州との関係をめぐって繰り返し混乱してきた英政界の歴史について尋ねることにした。

まず面白いのは、現在はEU離脱派のオーウェン卿は、加盟以前は加盟賛成派だったことだ。

「保守党のハロルド・マクミラン首相が共同市場（欧州経済共同体、EEC）への参加意向を表明したのに対し、一九六二年秋、労働党のヒュー・ゲイツケル党首が、共同市場で済むとは思うな。（共同市場の）創設者たちは『欧州合衆国』をめざしているのだ――と反発しました。その後、エドワード・ヒース首相（保守党）が七一年、EEC加盟の是非を議会に諮りましたが、保守党の相当数の議員と労働党はこれを阻止しようとしました。この際、六九人の労働党議員が（党執行部に反して）加盟に賛成に回りました。私はそのうちの一人で親欧州だったのです」

そう切り出したオーウェン卿は、しかし、こうも付け加えた。

「ただ、外交、国防、通貨の各政策については主権を維持すべきだという立場でした」

複雑なのは加盟の話が持ち上がった当時と現在とでは、加盟への「賛成」「反対」が今の党派性と真逆だったことだ。繰り返しになるが、ブレグジットを推進する勢力は保守党に多く、EU残留を望む勢力は労働党に多い。ところが、加盟時にはEU加盟を推し進めたのは保守党で、加盟に慎重、反対だったのは労働党だったのだ。これはそもそも加盟を持ち出したのが保守党政権だったことが大きく、労働党は保守党への対抗姿勢などから七一年当時、加盟に反対した。

「六二年の段階で労働、保守党間で意見が割れ、また、両党の党内でも意見が割れていました。加盟を法制化した七一、七二年、議会内は激しい闘争となり、亀裂が両党のさまざまなところに出ました」

結果的に、英国はヒース政権の七三年、欧州共同体（EC）に加盟した。しかし、労働党は政権奪取した後の七五年には国民投票を実施した。このEC加盟の是非を問う国民投票では残留支持が六七パーセントと三分の二を占め、残留が決まった。しかし、残留したとしても、英国がすんなり欧州統合を是とするような状況ではなかった。

「（国民投票で残留が決まったが）私のボスのジェームズ・キャラハン首相はわれわれに『（政治統合をめざす）「連邦主義者」にはなってほしくない』と言いました。彼は蔵相を務めた経験から、単一国家でないのに単一通貨を扱うのは困難だとして、通貨同盟には懐疑的だったのです」

加盟をめぐるドタバタ、加盟して二年後の国民投票、残留が決まっても政治統合や通貨統合には懐疑的な首相……。英国はEUとの距離の取り方に苦慮し続けた。

労働党の新党首に九四年、トニー・ブレア氏が就任。オーウェン氏はそのころ新党結成を経て、独立系の上院議員となっていた。

「九六年に会話した際、ブレア氏はユーロ導入を望んでいるように感じました。九七年に彼は総選挙に勝利し、首相に就きました。私は彼がユーロ導入に向かうのを懸念し、導入に反対する超党派のグループを組織しました。ユーロが導入されたら連邦主義者にならねばならなくなってしまいます。私は連邦主義を信じません。豊かな地域が貧しい地域を助けるためには予算を配分する能力を持たねばならず、それはポンドのような（国家の）通貨によって可能になるのです」

オーウェン卿は、ブレア政権がユーロ導入に突き進むのを恐れたが、ブレア氏は米国とともにイラク戦争に参戦したことなどが国内で批判を浴び、人気が低迷。その後、労働党は二〇一〇年の総選挙で下野した。ユーロ導入は結果的に実現しなかったが、それでも英市民の間にはEUの統合深化による「欧州連邦主義」への懐疑は相当深く広がっていたとオーウェン卿は指摘する。

「私の故郷（イングランド南西部）プリマスは港町で国際的ですが、そこであっても国民投票で約六割がEU離脱を支持したことに、私は衝撃を受けました。彼らは離脱支持をもう何年も前から決めていたのです」

「米国におけるトランプ現象に似ています。これは（EUと協調してきた）ウェストミンスター（政界）とシティー（金融・経済界）に対する地方からの反乱なのです。『欧州連邦』には不安を感じ、自分たちの政府からは無視されているという感情が人びとには深く根づいています」

「今われわれが目にしている出来事は『Reformation』です」

オーウェン卿はこうも言った。EU離脱は「ローマ教皇庁による支配」から決別した「Reformation（宗教改革）」と同等の意味があると言うのだ。

ローマ教皇を頂点とするバチカンのカトリックからプロテスタントが分かれた宗教改革は、日本にいるとルターやカルバンら欧州大陸側での動きに目が行きがちだが、オーウェン卿が指摘しているのは、十六世紀に英国王ヘンリー八世が自身の離婚を認めないバチカンとたもとを分かち、国王を頂点とする英国国教会（聖公会、アングリカン・チャーチ）を設立した英国での改革である。

保守党党首を務めた離脱派の重鎮、イアン・ダンカンスミス下院議員も『デイリー・テレグラフ』紙への寄稿で、EU離脱が宗教改革と似ていると指摘。宗教改革で英国がローマの支配から脱したことで、島国家として確立され「他の世界への影響力を強める結果につながった。英国は自由貿易、議会制民主主義、法の支配などあらゆる面で世界をリードする国家になった」と主張した。

欧州大陸全体を統治するものの支配下に甘んじないことが「英国らしさ」の根幹にある――そう言いたげなダンカンスミス氏の文章で、この文脈では、「欧州大陸を統治する」ものとして、過去のローマ教皇庁とEUが並ぶものにされている。欧州大陸の権威と距離を置くことで、かえってその英国の潜在力が世界に解き放たれ、その実力を発揮できる――そんな確信が一定程度、共有されていることは、英国独特と言ってもよいのかもしれない。

ロンドン（二〇一九年七月）

ブレグジットをもたらした英国人の心の奥底を探ろうと、二人の元外相、二人の歴史家への取材を行っている間に、辞意を表明したメイ首相の後釜を決める保守党党首選が進んでいた。六月十日に正式スタートした選挙戦には一〇人が立候補。同党所属の下院議員による投票を繰り返して、下位の候補をふるい落としていき、上位二人を選出。約一六万人の一般党員による決選投票で新党首を選んだ。決選投票で穏健派のジェレミー・ハント外相を破ったのは、離脱強硬派の「顔」、ボリス・ジョンソン前外相だった。ジョンソン氏は党所属議員による投票時から一貫して首位を走り、世論調査でも一位をキープ。決選投票でもハント氏にダブルスコアの差をつけた。

「離脱協定によろうと『合意なき離脱』だろうと、われわれは（離脱期限の）十月三十一日に離脱する」「われわれは党存続の危機に直面しており、十月三十一日までに離脱を実現しなければ（有権者に）許されない。党を勢いづけ、労働党を打ち負かし、保守党の価値観へと人びとをかき立てるには、私が最適任だと信じる」

必ず離脱するという固い決意を表明し、そのためには「合意なき離脱」も辞さない姿勢を明確にするジョンソン氏の言葉は、離脱支持者にとって非常に心地よいものだったと想像できるし、一方で、離脱そのものの是非とは別に、決断できない政治に倦む多くの人びとにとっても、心強く感じられるものだっただろうということは疑いがなかった。議会の反対派を前に何も有効な手が打てず、議会解散という「伝家の宝刀」も抜けない、かといって離脱を白紙に戻すような大胆な転換も打ち出せない――。「最弱の宰相」（フェザーストーンで聞いた元保守党支持者）のメイ首相に対し、多くの有権者が辟易としていたことも、ジョンソン氏への期待につながっているのは明らかに思えた。

だが、ここまでジョンソン氏に対する「待望論」が上がるのは異例のことと言ってもよかった。ジョンソン氏は、多くの英国民が、そのファーストネーム「ボリス」で気安く呼ぶなど知名度は抜群の政治家だ。しかし、一方で言動がしばしば物議も醸す、毀誉褒貶の激しい人物でもある。メディアなどではしばしば、英国の大衆食品「マーマイト」に喩えられる。マーマイトはビール製造の過程で出る酵母が元になっており、英国人はパンに塗って食べる人が多いが独特の風味がある、日本で言うと納豆にも似た位置づけで、好きな人は大好きだが、嫌いな人はまったく受け付けない――そんな政治家という意味合いだ。ジョンソン氏は「首相になることへの強い執着」（『フィナンシャル・タイムズ』紙）や過激な発言、そのアクの強さなどから、同じ保守党の議員のなかにも嫌う人がいる。

だが、欧州議会選を通じ、離脱を実現できない保守党から支持者が離れ、新興ポピュリズム政党のブレグジット党へと票が流れる傾向が浮き彫りになるなか、保守党内では党存続にまで危機感が強まったことで、支持者を取り戻すための「右バネ」が強くなった。このため、離脱強硬派でかつ知名度と発信力でブレグジット党に対抗できるジョンソン氏への期待が党支持者の間で拡大したことが、党首選勝利につながった。言うなれば「ボリスぐらいじゃないと、党がもたない」という感覚と思われる。

「国民投票で離脱支持が多数を占めた。民意はすでに決したのに三年たっても離脱しない政治はおかしい」。そんな、民主主義がないがしろにされているという感覚が強くなっており、多くの離脱派にとって、民主主義の成就としての「離脱」が悲願となっている。市民生活や経済の混乱が予測される「合意なき離脱」の回避は二の次であるかのようにも見える。

このような状態を、歴史家のサー・イアン・カーショー氏は「離脱派の人びとは結果がどうなるか考えずに、とにかく離脱したいと願っている」と、私のインタビューで憂慮した。同じく著名な歴史家のニーアル・ファーガソン氏は「古きイートン校の出身者が、有権者が信じる魅惑的な離脱を約束しようとしている。実際には、離脱は末期患者の配偶者との離婚のように途方もなく費用がかかり複雑だ」(『サンデー・タイムズ』紙への寄稿)と懸念する。

では離脱派の期待を一身に集めたボリス・ジョンソン氏とはどんな人物なのか。

本名はアレグザンダー・ボリス・ドゥ・フェッフェル・ジョンソン。一九六四年生まれで党首選当選の段階で五十五歳。さかのぼると英王室につながる血筋である一方、オスマントルコ帝国の内相も先祖に持つ。父親のスタンレー・ジョンソン氏は元欧州議会議員。本人も英国屈指の名門パブリックスクールのイートン校からオックスフォード大学へ進学と、典型的な上流階級の出身だ。

しかし、イートン校からオックスフォード大学と同じ道を歩んできたキャメロン首相がいかにも「良家の子息」という雰囲気がある一方で、ジョンソン氏は少し違う。無造作に伸びたボサボサの金髪を手でかき、猫背で、時にシャツの裾をズボンから出して歩く姿などが揶揄の対象になることもある。ジョンソン氏の「そっくりさん」がEU残留派のデモに現れたことは前述したとおりだ。こんな雰囲気が「エリート臭さ」を漂わせない気取りのなさ、気さくさと受け取られるのか、大衆的な人気を獲得している。英国の政治家でファーストネームが庶民の口の端に上がるのは異例のことだ。

その経歴も議論を呼ぶ。ギリシャ古典を専攻したオックスフォード大学卒業後、中道右派の高級紙『タイムズ』で記者となった。しかし、ここで取材した人のコメントを改竄して記事にし、退社に追い込まれた。ところが、保守系の高級紙『デイリー・テレグラフ』に採用され、ここではEU本部のあるブリュッセル特派員に抜擢された。そして、ブリュッセル発でEU批判の論調の記事を多数書いて注目を集めるようになる。

その後、保守系週刊誌『スペクテイター』の編集長や保守党下院議員を経て二〇〇八年からロンドン市長を二期務め、一二年のロンドン五輪開催に尽力した。任期中の犯罪抑止対策や住宅供給などの実績を評価する声もある。また、任期中に普及したロンドン市内に設置される乗り捨てのシェア自転車は「ボリス・バイク」の名で知られる。

一六年の国民投票では保守党の主流派に反旗を翻してEU離脱派を牽引。メイ政権では外相に就いたが、メイ氏の離脱方針に反対し閣外に去った。

離婚歴一回で当時は二番目の妻と離婚調停中（その後、離婚し、キャリー・シモンズさんと三度目の結婚）だが、この間、自身の不倫や不倫相手との間の婚外子の存在などがたびたび報じられてきた。また、アフリカ人を差別的な表現で呼んだり、目の部分だけを開けた「ニカブ」姿のイスラム教徒女性を「郵便ポスト」「銀行強盗」に喩えたりと、舌禍・筆禍が絶えない。そのたびに批判にさらされるものの、なぜか政治家として致命傷にまでは至らない。インテリの多くからは蛇蝎《だかつ》のごとく嫌われるが、筆禍や舌禍も、昨今の「ポリティカル・コレクトネス」の風潮を快く思っていない層から受け入れられ、逆に「親しみやすさ」につながっていると思われる。過激な言動とスキャンダルに強い「体質」から、トランプ前米大統領との類似点を指摘する声もある。

ジョンソン氏は第二次大戦時に英国を率いたウィンストン・チャーチルを尊敬し、チャーチルの評伝も書いている。国運を左右するブレグジットの実現に向けたジョンソン氏の発言は、自身を「救国の宰相」とも言えるチャーチルに誇大妄想的になぞらえているとして、たびたび知識層や左派メディアなどから、からかわれてきた。チャーチルも第二次大戦で「英雄」となるまでは、その強烈な個性や言動から、身内の保守党員の中の評価が定まらなかった。ジョンソン氏が自身をチャーチルに投影しているのは明らかである。「合意なき離脱」という極端な方針を捨てないジョンソン氏に対し、警戒が強いのも無理からぬところがあった。

だが、早い段階からジョンソン氏のことを評価した知識人もいた。

国民投票の直後、フランスの著名な歴史人口学者、エマニュエル・トッド氏はジョンソン氏を取り上げて「イギリスでは、最上流のエリート層の一部分が民衆の側について、ネイションの再浮上をマネージメントし得る」（『問題は英国ではない、EUなのだ――21世紀の新・国家論』堀茂樹訳）と評価し、返す刀でフランスのエリートと民衆との乖離を批判した。通貨統合を果たし、政治統合へのプロセスをたどるEUは、「欧州連邦」的な側面が強くなり、加盟国の主権は弱まってきた。しかし、遠いブリュッセルで決まったルールに従うことに不満を募らせた市民の中から帰属するネイション（国家）の主権回復を求める声も出始め、それが各国で「反EU」の主張として表出している。その最も先鋭的な現象であるブレグジットで、ジョンソン氏を含むエリート層が民衆の思いを汲み取った――

という分析だ。

ジョンソン氏は十九年七月二十四日、英首相に就任した。ジョンソン氏はEUに離脱をめぐる再交渉を呼びかける腹だが、EUは応じない姿勢だった。だが、EUも合意なき離脱は望んでおらず、離脱期限の十月末に向けジョンソン氏とEUとの「チキンゲーム」が続く可能性があった。この段階では議会の与野党の構成は変わっておらず、メイ氏が身動きを取れなくなった状態と変わらない。野党がジョンソン氏に不信任決議を突きつけるなど英政界がいっそう紛糾する可能性も否定できない。ケンブリッジ大学のトゥームズ名誉教授がシェイクスピア劇を引用して述べたように、ジョンソン氏がチャーチルのように偉大な宰相になれるかは、これから「与えられる」試練にどう対応するかで決まる、そう思えた。

3　揺れる北アイルランド

ロンドンデリー／デリー（二〇一九年六～七月）

テリーザ・メイ首相がＥＵと結んだ離脱協定が三度も下院で否決され、結果的に首相を辞任せざるを得なくなった経緯をここまで書いてきたが、なぜそれほどまでに議会で協定への反対が多かったのか、私はまだ書いていない。ＥＵ残留派を議員や支持者に多く持つ最大野党・労働党が、保守党政権による離脱協定に反対するのは道理だが、問題は保守党内などの離脱強硬派が「この協定の内容では本当の意味で離脱とは言えない」と、メイ氏の協定に反対を貫いたことがある。

では協定の何がネックになっているのか。最大の懸案は北アイルランドの扱いにあった。

イングランド、スコットランド、ウェールズ、北アイルランドの四つの「ネイション（国）」からなる連合王国の英国にあって、他の地域とは異なる問題をはらんできたのが北アイルランドである。北アイルランドの問題が離脱協定とどう関係するのかを説明する前に、まず、その背景にある北アイルランドの歴史から見てみよう。

北アイルランドはアイルランド島の一部である。イングランド、スコットランド、ウェールズを含み英本土とも言えるグレートブリテン島とはアイリッシュ海によって隔てられるアイルランド島には古来、ケルト系のカトリック教徒であるアイルランド人が住んできた。十六世紀、宗教改革によってローマ教皇庁の支配下を抜け、プロテスタントの一派の英国国教会を設立させた英国王ヘンリー八世は本格的なアイルランド支配に乗り出した。また、十七世紀の清教徒革命時、革命の指導者オリバー・クロムウェルがアイルランドを侵略して占領。こういった過程でイングランドやスコットランドからプロテスタント教徒のアイルランド島への入植が進み、現地ではプロテスタントが上でカトリックが下という階層が形成された。

十七世紀後半の名誉革命時には、カトリック復興を図った英国王ジェームズ二世に対し、英議会に支持されたプロテスタントのウィリアム三世が挑むかたちになる。この際、ジェームズ二世がアイルランドに渡ってカトリック勢力の結集を図ったが、遠征したウィリアム三世の軍勢が「ボイン川の戦い」でカトリック軍勢を鎮圧、アイルランドにおける英国支配を確立した。英国は一八〇一年にアイルランドを正式に併合。英国は「グレートブリテン及びアイルランド連合王国」となった。

その後もアイルランドでは英国支配からの独立をめざす運動や自治権拡大を求める動きなどがあり、アイルランド民衆による武装蜂起もあって英側との戦闘も続いた。この結果、一九二二年、アイルランドは北部六州を除く中部・南部の二六州が「アイルランド自由国」となり、一九四九年に英連邦を離脱して完全な共和国になった。

「アルスター」という地域名でも知られる英領北アイルランドは、独立の際に英国側に残った北部六州のことである。英側に残ったのは、この地域にイングランド、スコットランドからの入植者が多く、アイルランド島の他の地域とは異なって人口の多数派がプロテスタント教徒になっていたためだ。

北アイルランドではその後も、カトリック教徒への差別が続いた。一九六〇年代に入り、黒人らの権利保障を主張する米国の公民権運動が活発化するのに刺激を受け、北アイルランドのカトリック教徒も平等な権利を求めてデモ活動を活性化させていく。

大別すると、プロテスタント教徒は英国統治の継続を望む。こういった人びとを「ユニオニスト（統一主義者）」と称する。一方、カトリック教徒はアイルランドへの併合を願い、彼らは「ナショナリスト（アイルランド民族主義者）」と呼ばれた。ユニオニストとナショナリストの間で緊張が高まるなか、ユニオニストの過激派武装組織（ロイヤリスト＝王党派）とナショナリストの過激派武装組織（リパブリカン＝共和主義者）が相手方の市民に対してテロ攻撃などを行い、その報復合戦が激化した。これが北アイルランド紛争だ。紛争は三〇年間続き、この間合計で約三五〇〇人が死亡した。だが九七年に発足した労働党ブレア政権が積極的に和平協議を進めた結果、九八年に結ばれたベルファスト和平合意で紛争は終結した。

紛争終結から二〇年。プロテスタント教徒とカトリック教徒の平和と和解は進んできた。そこに、平和を危うくしかねないものとして持ち上がったのが、ブレグジットだったのだ。


ベルファスト和平合意は、紛争当事者である北アイルランドのプロテスタント、カトリックの両教徒、そして英国政府とアイルランド政府が互いに譲歩した結果である。和平合意では、北アイルランドは英領でその地位変更は北アイルランド住民の合意なしにはできない。将来の帰属は北アイルランド市民が決める――と定めた。これを受け、アイルランドは憲法を改正して北アイルランドの領有権を放棄した。一方で、北アイルランドとアイルランドの間の国境は検問を廃して、アイルランド島内の自由往来を保証。北アイルランド住民は英国、アイルランド両方のパスポートが持てることになった。

英国がEUから離脱すると、この和平合意に抵触することが出てきてしまうのだ。

英国がEUから離脱すれば、英国はこれまで属していたEU単一市場から抜けることになるので、EUとの間で物流を検査する施設が国境に必要になる。ということは、現在は検問などが何もなく、有名無実化しているEU加盟国のアイルランドと英領北アイルランドとの国境に、何らかの検問施設を造る必要が出てくるのは道理である。これは国境検問を廃した和平合意に抵触し、アイルランドとの一体感を享受してきた北アイルランドのカトリック教徒側にとっては不満が募るだろう。こういった不満をカトリック側の武装組織などが利用しないとは限らず、微妙なバランスの上に成立してきた和平を危うくしかねない。

国境管理の復活が和平を崩しかねないことは、ブレグジット交渉を進めるメイ政権もEU側も承知していた。このため、北アイルランド国境問題については離脱（当初の予定は一九年三月）後の移行期間（二〇年十二月末まで）も話し合うこととし、二〇年七月までに解決策がまとまらない場合は、移行期間を延長するか、期間終了後も北アイルランドを含む英国全体を一時的に事実上のEUの関税同盟にとどめるか判断する――ということでメイ政権とEUは合意した。

だが、これだと問題解決を先送りしたまま、いつまでも英国全体がEU関税同盟にとどまる可能性もある。このため、英国の離脱強硬派は「永遠にEUの規則に縛られる属国となり、主権回復ができない」と猛反発した。この離脱強硬派には保守党の議員のほか、保守党と閣外協力してきた北アイルランドのプロテスタント系政党「民主統一党（DUP）」の議員たちも含まれた。こうして、離脱強硬派を納得させられ、かつ和平合意にも抵触しないという妙案が浮かばないまま、離脱合意の英下院採決は暗礁に乗り上げてしまったのである。

北アイルランドではカトリック教徒の人口の割合が増加しており、二〇一一年の国勢調査ではプロテスタントが四八パーセントに対し、カトリックが四五パーセントまで迫り、二一年の次回国勢調査ではカトリックが多数派になるとも予測されていた（二二年に発表された結果は、カトリックが四五・七パーセント、プロテスタントが四三・四八パーセントで逆転した）。そんななかで行われた一六年の国民投票では、北アイルランドでEU残留を支持した人が五五・八パーセントで離脱支持の四四・二パーセントを一〇ポイント以上、上回った。

離脱をめぐる先行きが見えない不透明感が広がるなか、北アイルランドでは住民の間に不安感も広がっていった。離脱の行く末次第では、二〇年築いてきた平和が再び脅かされる事態になりかねないからだ。

北アイルランドにあるクイーンズ大学ベルファストのデイヴィッド・フィネモア教授（政治学）が出張先のロンドン・ウェストミンスターのホテルロビーで私のインタビューに応じた。

「英国がEUから離脱する場合、北アイルランドの多数派は『合意なき離脱』ではなく、EUとの離脱協定による離脱を望んでいます。合意なき離脱となった場合、アイルランドとの国境管理が必要となることを懸念しているためです」

「政治と切り離されていた国境が、英国のEU離脱で再び政治問題化したのです。両国が同じ関税区域でなくなり、国境管理が復活すれば貿易は壊滅的になるでしょう。農産品などのサプライチェーンに大きな影響をもたらすでしょう。小規模業者が多いため、コスト高は大打撃です。地域経済は脆弱で合意なき離脱を受け入れる余地はありません」

「合意なき離脱になり、国境管理が復活すれば、アイルランドとの併合をめざすカトリック系のナショナリストは英政府に反発するでしょう。一方、英本土との一体化を重要視するプロテスタント系のユニオニストは、英本土と一緒にEUを離脱できたとしても、コスト高を喜ばないでしょう」

「私は、(メイ政権とEUが合意した)国境問題が解決されるまで英国全体をアイルランドと同じEUの関税区域に置く策が唯一の解決方法だと思います。反対する党もありますが、多くの北アイルランドの住民は現状維持に近いこの策でいいと思っています」

「離脱の議論が進むなかで、ナショナリストとユニオニストとの分断が進み、和平合意が機能しなくなるのでは、という疑念が持たれています。合意なき離脱により国境管理が戻れば、ナショナリストにとって国境は再び分断の象徴となり、国境施設は暴力を使う者の標的になるでしょう。過去のような暴力にあふれた社会に戻るとまでは思いませんが、事態がエスカレートしないかと人びとは憂慮しているのです。二〇年間の平和構築が白紙に戻りはしないかと恐れているのです」

実際、私が英国に赴任して一カ月後の十九年四月十八日、北アイルランド住民の不安を増幅させるような事件が発生した。

北アイルランドの第二の都市、ロンドンデリーで、カトリック系住民の住む地域で警察がカトリック系過激派の拠点と見られる住居の家宅捜索に入ったところ、これに反発した者たちが警察側に対し爆発物を投げつけたり、車両に火をつけたりして暴動に発展。暴動を取材していた女性ジャーナリスト、ライラ・マッキーさん（29）が被弾し、死亡した。紛争時に武装闘争を率いたカトリック系武装組織「アイルランド共和軍（ＩＲＡ）」から分派し、今も和平合意に反対して闘争を続ける「新ＩＲＡ」の戦闘員による犯行だった。マッキーさんの死は、紛争とテロの時代の再来を予期させかねないものとして、地元に衝撃を与え、英国内では大々的に報じられた。

私は、議会の動きが落ち着いた六月末から七月初旬、ブレグジットと北アイルランドの関係や今の北アイルランドの状況を探るため、ロンドンデリーに向かった。

ロンドン・ヒースロー空港から約一時間二〇分のフライトで飛行機は北アイルランドの中心都市ベルファストに着陸した。空港そばの駅から鉄道でベルファスト中心部に向かい、中央駅とも言えるベルファスト・ラニヨンプレイス駅で、ロンドンデリー行きに乗り換える。ロンドンデリー駅を示す表記は「Derry/Londonderry（デリー／ロンドンデリー）」。以後、北アイルランドで見かけたロンドンデリーの表記は、ほぼこの二つの名称を併記したかたちだった。町の公式名は「ロンドンデリー」だが、カトリック系（ナショナリスト）はこの町を「デリー」と呼ぶからだ。

ベルファストから二時間程度ののんびりした鉄道の旅。平坦な牧草地が広がる原野に町が点在する。ベルファストを出発してしばらく経つと消える海が、やがて、また視界に入るようになり、海につながった沼沢地が増えてくると、デリーだ。

町の中心部を流れるフォイル川がデリーの市街を分けている。もともとは川の東側がプロテスタント系住民の、西側がカトリック系の居住地域だった。

「ＩＲＡはここにいる！」

道路脇の壁にそんな文言が塗料で書き殴られている。街路灯に目をやると、そこには「警察の密告

屋へ　おれたちはおまえのことを忘れないぞ。ＩＲＡ」と書かれた看板が取り付けられていた。周りの住宅街の一隅では、英国旗「ユニオンジャック」でなく、アイルランド国旗の三色旗がはためいている。ここはロンドンデリーの中心部から丘陵地を上がったところにあるクレガン地区。女性記者、ライラ・マッキーさんが射殺された現場のカトリック系集住地区に広がる光景だ。和平合意後に武装解除したＩＲＡから分派し、今も和平を認めず武装闘争を続ける「新ＩＲＡ」の拠点があるとされる地域で、そんな緊張感が落書きや看板からもひしひしと感じられる。通りすがりの人たちに新ＩＲＡのことを話しかけてみるが、みな当惑したような顔をして言葉少なに立ち去っていった。

「(暴力が)再び路上に戻ってきたことに、町全体が打ちのめされ、怒りを覚えました」。マッキーさん殺害について、そう私にきっぱりと言ったのは、ジョン・ケリーさん（70）だった。

ジョン・ケリーさん

　クレガン地区から再び丘を下り、町の中心部のボグサイド地区を訪れた。クレガン地区にも増して、ＩＲＡ関係の壁画や落書きが多いボグサイド地区では、一九七二年一月三十日、カトリック系住民のデモ隊に英軍部隊が発砲し計一四人が死亡した「血の日曜日」事件が発生した。この事件はカトリック系住民の怒りに火をつけ、これ以後ＩＲＡに参加する若者が増加。紛争本格化のきっかけとなった。この事件の犠牲者の一人がケリーさんの弟マイケルさん（当時十七歳）だった。現場付近に事件の記憶をとどめるために建設された「フリー・デリー博物館」がある。この博物館で、観光客らに住民の抵抗運動の歴史や血の日曜日事件などを伝える活動に従事しているケリーさんが、私の飛び込みの取材に応じてくれたのだ。

英国とEUの交渉が決裂し「合意なき離脱」となれば、北アイルランドとアイルランドの国境管理が復活して和平の前提が崩れる可能性が取り沙汰され、武装勢力の活動活発化が懸念されるなかで、マッキーさんの殺害は起きた。

実際、新IRAと構成員が重なっていると英メディアから指摘されるある政治組織の幹部は事件前、『ガーディアン』紙の取材に「離脱（問題）は大きな助けになる」と話した。

ケリーさんも、今の離脱をめぐる不安定な状況が武装勢力を利するのではと憂慮し「彼らは状況を見ており、チャンスをうかがっています」と警戒する。

ケリーさんはEU残留派で、EUの北アイルランドへの関与を高く評価している。「この博物館にはEUの資金が使われました。EU（関与）によってインフラ整備や平和構築が進んだのです」と話し、多くのカトリック系住民がEU残留を望んでいると述べた。

血の日曜日事件の当時、カトリック系は雇用などの面で差別的な待遇を受け、「二級市民」的な扱いを受けていた。そんななか、カトリック系住民の間で、米国の公民権運動が大きな刺激となった。一方で、プロテスタント系とカトリック系の双方の武装組織のテロや攻撃の活発化にもつながっていた。英当局は取り締まりの一環として、カトリック系武装組織との関連が疑われた住民などを裁判なしに長期勾留する措置を導入。この措置にもカトリック系住民の反発が強まっていた。

こういった状況下で、差別撤廃や長期勾留への抗議のためのデモ行進が行われた。この日は日曜日で、町の中心部、ボグサイド地区に入ったデモ隊に対し、英軍部隊が発砲した。

英軍は事件後、発砲について正当防衛を主張してきた。しかし、紛争終結後の二〇一〇年に公表された調査結果は、デモ隊に参加した人びとが兵士らを脅かすような行為をしていなかったにもかかわらず、警告もなしに兵士が発砲したと結論づけた。これを受けて、キャメロン首相が下院で、英軍の行為について「不当なものだった」と認め、謝罪した。

こういった事件の経緯や、生々しい事件の様子などを多数の展示物で表したのが、ケリーさんが勤務する「フリー・デリー博物館」だ。博物館の目と鼻の先には、事件の慰霊碑があるほか、「あなたはここから自由デリーに入る」と書かれた碑も立っている。私は館内で、事件や紛争に至る歴史などを物語る展示の数々を見るうちに、強烈な既視感を覚え、思わずこんな言葉が口をついて出た。「ソウェトと同じだな」

南アフリカの最大都市ヨハネスブルク郊外にある同国最大のタウンシップ（旧黒人居住区）、ソウェトの「ヘクター・ピーターソン博物館」にいるような気がしたのだった。

ヘクター・ピーターソン博物館は一九七六年に起きたソウェト蜂起を今に伝えており、その名前は、蜂起の最初の段階で警官隊に射殺された十代前半の少年の名前に由来する。二つの博物館の展示が訴えかけ、そして醸し出す、国家による抑圧と暴力の重苦しさとその帰結としての悲劇が、私には同種のように感じられたからだ。

私はアフリカ特派員として支局のあるヨハネスブルクに二〇一二〜一六の四年間住んだ。この間、南アのアパルトヘイト（人種隔離）体制と黒人解放闘争の歴史、今も残るその「傷跡」などを目の当たりにしてきた。アパルトヘイトの苛烈さとこれに対する怒りの深さを象徴的に表すのがソウェト蜂起という事件だが、この事件から得る印象と血の日曜日事件を重ね合わせることで、私は北アイルランドにおけるカトリック系への抑圧をアパルトヘイトとのアナロジーとして理解した。血の日曜日事件とソウェト蜂起の類似点などについては後述する。

ケリーさんは、私にEUの関与が北アイルランド和平に寄与していると明言した。その目に見える好例が、もう一つ町中にあった。

町中を流れるフォイル川に二〇一一年に架けられた「ピースブリッジ」という橋である。アイルランド紙によると、EUの平和プログラムの援助を受け、総工費一四〇〇万ポンドで建設された。「これまでデリーにできたインフラでいちばん重要なものだと思います」。市内のホテルのロビーで、プロテスタント住民で地域の平和構築や和解促進に取り組んできたブライアン・ドハーティーさん（50）が私にそう言った。町はカトリック系が占める中心部とプロテスタント系の住む川の対岸とに分かれていると先に述べた。両地域に住む住民は紛争時、交流がなかった。しかしこの橋によって双方の住民が互いの地域を訪れるきっかけができ、「地域の統合が始まり、町は大きく変わった」。そうドハーティーさんは言う。

プロテスタント系住民の多くがEU離脱を支持したとも言われるが、EUの平和や和解への貢献を評価するドハーティーさんは、一六年の国民投票ではEU残留に投じた。

だが一方で、国民投票以降広がる、プロテスタント系への「レッテル貼り」には不満を覚えている。「離脱派は差別主義者で残留派はリベラルでいい人、プロテスタントは狭量な頑固者で、（カトリック系の）ナショナリストはいい人という『反英国』の言説ばかりです。プロテスタントの若者は悪者扱いされることにうんざりしています」と苦々しげな表情を見せる。ユニオニスト（プロテスタント系）の過激派「ロイヤリスト」組織も今は武装解除しているが、ナショナリストの過激派「リパブリカン」組織の中に「新ＩＲＡ」のようなより過激な分派が存在するのと同じで、ロイヤリスト組織にも過激な分派がいる。「（プロテスタントの）若者たちは、自分たちの文化やアイデンティティが脅威にさらされていると吹き込まれています。ある一線を越えたら、彼らは暴力的になるでしょう」と警告した。

ロンドンデリー中心部から車で一五分も行けば、アイルランドに入る。注意していなければ国境通過に気づくこともなくアイルランド側の村、ドニゴール州マフに到着する。和平合意で国境検問が廃されて自由往来が保証されるようになり、北アイルランドの住民は英国とアイルランド双方のパスポートを持つことができるようになったことは先述した。和平実現直後は物価の安かったアイルランド側に住居を購入したロンドンデリーの人も多い。この村を含めアイルランド側に住む多くの人たちが、近隣の大きな都市であるロンドンデリーに毎日のように通勤したり買い物に行ったりする。マフの村の路上で会話を交わした、近所に住むカトリック司祭のジョージョー・スウィーニーさん（82）は「デリーに毎日通勤している人が多い。アイルランドのなかでも北端のここドニゴール州は孤立しており、失業率も高い。国境管理が復活したら悲惨だよ」と危機感をにじませた。

マッキーさんが殺害されたクレガン地区に再度足を運んだ。地区の若者たちの支援活動を行っている施設に立ち寄ってみた。話を聞かせてくれたスティーブン・マレットさん（48）は北アイルランドの失業率も深刻で、貧困問題が過激主義につながりかねないと指摘する。「新ＩＲＡが出てきたのは離脱問題によってではなく、この二〇年間の政治の失敗によるものです。（カトリックの）若者に職はなく、大口の雇用先と言えば企業のコールセンターぐらいです。貧しく未来が見えない状態です」と嘆息した。そのうえで「もし国境が管理されたら人びとは平和的に抗議デモをするでしょう。しかし若者は（武装勢力などにそそのかされ）過激化させられる可能性もあります」と話した。そして吐き捨てるようにこう言った。「イングランド人は北アイルランドのことなんて気にしていないのです。EUの関与がなくなったら（北アイルランドはイングランドに）指図されるようになります。イングランド人は協働に関心を持っていません」

二〇年続いた平和は、プロテスタント系とカトリック系の間の「溝」を徐々に埋め、和解を進めてきた。ところがブレグジットはその溝をまた掘り返し、亀裂を深めようとしている――そう実感させられた。

ロンドンデリーを去る直前、元IRA戦闘員を名乗る男性（68）が匿名を条件に町の中心部で取材に応じてくれた。「離脱問題は（アイルランドとの）統一問題のふたを再び開けたのだ」と明言し、「われわれには自由がない。自由とは（英領を含むアイルランド島全島の）三二州による統一した社会民主主義的国家だ。自由がない状態であれば紛争の種がなくなることはあり得ない」と述べた。発言からはかつての過激派組織の「教条主義」的なにおいが感じ取れる。そして、かつてIRAの政治部門で、のちに和平に合意し、現在は政党として活動するシン・フェイン党については「裏切り者であり、支持しない」と述べ、新IRAについて尋ねると「武装するいかなるリパブリカン（カトリック系過激派）も、私は非難しない」と支持までは明言しなかったものの、擁護した。過激思想は死に絶えてはいない。そう思った。

4 「カフカ的」な議会攻防

ウェストミンスター（二〇一九年八〜九月）

八月の欧州のバカンスシーズンが終わりに近づくと、十月三十一日の離脱期限までの残り時間がまた気になってくる。ジョンソン英首相は八月下旬、ＥＵのトゥスク欧州理事会常任議長（ＥＵ大統領）、アンゲラ・メルケル独首相、エマニュエル・マクロン仏大統領と相次いで会談し、最大の懸案である北アイルランドの国境問題について、修正協議に応じるよう迫った。

英独首脳会談の席上、メルケル氏は、国境管理の具体策があれば、協定で定めた「具体策がない場合は英国全体をＥＵの関税同盟に残す」案にはこだわらないと明言。「まずは英国の提案を聞きたい」と述べ、代替案を英国が示せば譲歩もあり得るとの考えを示唆した。

ジョンソン氏のキャラクターからすると、本当に「合意なき離脱」に打って出る可能性もないとは言えない――。ＥＵ幹部や各国首脳がそんな恐れを抱いたとしても不思議ではない。前任のメイ氏には得られなかった「修正協議に応じる」とのシグナルを、ＥＵの事実上の盟主とも言えるメルケル氏から得たのだった。そしてこれが、ジョンソン氏とＥＵとの長い戦いの幕開けとなった。

この後、ジョンソン氏は、今度は国内向けに「掟破《おきて》り」となる一手を打った。

八月二十八日、ジョンソン氏はエリザベス女王に、夏休み明けの九月三日に再開される予定の議会を一時閉会するよう要請し、女王は慣例に従いこれを受け入れた。これにより、議会はいったん三日に再開された後、九月第二週に閉会され、次の再開は十月十四日となる見通しとなった。

英国はこれで大騒ぎとなった。ジョンソン氏側はそうとは明言しないが、閉会によって議会の抵抗を封じ込んで政権が独自に離脱の道筋をつけ、十月末までに離脱してしまおうという意図が透けて見えるからだ。

このころ野党側は、ジョンソン氏による「合意なき離脱」を防ぐため、「合意なき離脱」を首相にさせないように強制する内容の法案を上程しようとしていた。この動きに対し、ジョンソン氏側が議会閉会で先手を打った、という図式が浮かび上がった。

しかし、議会制民主主義の祖とも言われる英国で、国の未来を左右するこれほどの議論から議会を排除するというやり方はあり得ないことだ。当然、野党労働党の重鎮からは、「議会に対するクーデターだ」（ダイアン・アボット下院議員）などと非難する声が次々上がった。保守党出身のジョン・バーコウ下院議長も「民主的手続きと議員の権利に反する行為だ」と真っ向から反対した。

直後の八月三十一日、議会閉会を要請した政府に対する大規模な抗議デモがロンドンのほか、マンチェスター、グラスゴー、バーミンガムなど各地で発生した。ウェストミンスターの首相官邸前から議会の周辺にかけて「民主主義を守れ」「クーデターにノー！」などと書かれたプラカードやEU旗を掲げた人びとが気勢を上げた。

現場で話を聞いた参加者のロザリンド・マーチャントさんは「議会閉会は完全に非民主的。ボリス

（ジョンソン氏）は独裁者だ」と憤った。ＥＵ残留方針を明確にしている自由民主党の支持者の男性（45）は「議会の閉会のようなことをしたら、英国のこれまでの名声に傷がつく。二度と他の国を批判できなくなる」と述べた。ある男性（58）は「議会閉会は法律違反だ。（英国では）主権は議会にある。三日に議会に戻ってきた議員たちは閉会を無視し居座るべきだ」と話した。「離脱か残留か、あなたは国民投票でどちらを支持しましたか」との私の問いにこの男性は「国民投票は関係ない」とひと言だけきっぱり言った。男性は離脱支持かもしれない。だが、離脱に賛成か反対かは関係ない。議会閉会は民主主義を左右する問題なのだ――。そんな怒りが声音にこもっていた。

議会再開日となった九月三日、政権と議会の激しい攻防が展開された。野党議員と与党・保守党内の穏健派議員による反ジョンソン勢力は、合意なき離脱を阻止するために、離脱期限を十月三十一日から翌年一月末まで延期するようＥＵに要請することを首相に強いる法案を準備。その前段として、反ジョンソン勢力は三日、議事日程の管理権限を政府から議会に移譲させる動議を提出し、動議は賛成多数で可決された。保守党の二一議員が造反して賛成に回り、この二一議員は党から除名された。

反ジョンソン勢力は翌四日、離脱期限延期を首相に強いる法案を提出。これに対してジョンソン氏は総選挙を行う動議を提出して対抗した。

総選挙に打って出ようとするジョンソン氏の攻めの姿勢の背景には、高い支持率があった。保守党は離脱問題をまとめられないメイ前首相の指導力への不満から、支持率が急落。五月初旬の地方選や下旬の欧州議会選で大敗した。だが、「必ず十月末に離脱する」と繰り返すジョンソン氏が首相となってから支持率はＶ字回復。調査会社ユーガヴと『タイムズ』紙の九月二、三両日の調査では、次期総選挙の投票先として保守党がトップで三五パーセントとなり、労働党（二五パーセント）を大きく引き離した。

だが、首相の決断でできる日本の衆院解散とは異なり、英国では、前倒しで総選挙を実施するには下院の三分の二以上の賛成が必要だ。そもそも過半数で可決できる離脱協定が三度も否決されている議会状況である。「三分の二」の賛成を得て総選挙に持ち込むのは、ジョンソン氏にとってきわめて高いハードルと言えた。

二大政党制の最大野党は本来、総選挙を政権奪取の機会ととらえ「望むところ」と受け止めるべきと思うが、支持率の低さが響いた。労働党のジェレミー・コービン党首は総選挙での政権奪取に意欲を見せていたが、所属議員からは総選挙反対の声が上がっていた。コービン氏は九月三日、離脱延期要請を首相に強いる法案の可決がないままでは総選挙には賛成しない、と表明した。

結局四日夜、野党と保守党造反組の反ジョンソン勢力が出した「EUとの交渉が不調に終わった場合、首相は離脱期限を二〇年一月末まで延期するようEUに要請しなければならない」という、いわゆる「離脱延期法案」が、賛成多数で可決された。一方で、ジョンソン氏が出した総選挙の動議は、下院定数六五〇の三分の二以上となる四三四票を大きく下回る二九八票の賛成にとどまり、否決された。

だが、離脱延期法案を「（EUへの）降伏法案」とまで呼んだジョンソン氏は簡単に白旗を揚げなかった。

翌五日、ジョンソン氏は地方で演説し、「離脱協定を結ぶためにわれわれのプランを進めて十月三十一日に離脱するか、十月三十一日以降もEUに残留することを誰かに委ねるのか、どちらかだ」と述べて、あらためて離脱期限前の総選挙実施に意欲を見せた。離脱期限の延期について訊かれると「野垂れ死にしたほうがましだ」と吐き捨てた。

下院を通過した離脱期限延期法案はこの後、上院も通過して法として成立する見通しが立っていた。そんな状況でも法に従わず離脱期限を延期しない姿勢を首相が見せるのは異例であるし、否決されたばかりの総選挙の動議をまた採決に付すというのも通常はあり得ないことだ。ジョンソン氏の離脱延期をしないという意思がきわめて強いなか、英メディアには、離脱延期法案が上院で可決されても、ジョンソン氏がこの法案を女王に送らないという「奇策」に出るのではないか、などと推測する記事も出ていた。法案は上下両院を通過した後、女王の承認を得て初めて法律として成立するからだ。議会の一時閉会という「奇策」に出たジョンソン氏なのだから、女王に法案を送らないという「奇策」に出ないとも限らない——というわけである。『タイムズ』紙は、EUとの協議が不調に終わった場合、ジョンソン氏がエリザベス女王に辞任を申し出て、労働党のコービン党首を後任に推挙、「コービン首相」に対し、保守党が早期に不信任決議案を突きつけるというシナリオもあると報じた。何が起こるかわからない状況と言えた。

上院を通過した離脱期限延期法案は結果的に九月九日、エリザベス女王の承認を得て、法律となった。これにより、十月十九日までにEUとの離脱交渉がまとまらない場合、首相はEUに翌年一月末までの離脱延期をしなければならなくなった。

議会は深夜にまで及んだ。十日未明、ジョンソン政権が出した二度目となる総選挙実施の動議は再び下院で否決され、同日、議会は閉会した。再開は十月十四日である。ジョンソン政権は一時閉会で議会の反対を抑え込もうとしたのだが、逆に、EUとの協議がまとまらない場合は離脱延期をしなければいけないという「足かせ」をはめられた。奇策は裏目に出てしまったのだ。

私は十日朝、以前に話を聞いたサー・マルコム・リフキンド元外相に電話し、状況をどう見るか尋ねた。

「首相による五週間もの議会閉会は憲法違反ではないが、きわめて異例なことで、大きな怒りを生んだと思います。造反議員を党から除名するというのもばかげたことです」と厳しくジョンソン氏の手法を批判した。そして、首相側の強気の戦術への「反発がその（議会での大差の敗北の）一因となったのです」と分析した。

議会閉会による反対勢力封じ込めというシナリオを描いた中心人物と英メディアが推測したのが、ドミニク・カミングス首相上席顧問。一六年の離脱派キャンペーン戦略を立案した人物で、議会や官僚への強い敵対姿勢で知られていた。だが、議会閉会という「禁じ手」が、ハモンド前財務相ら保守党の穏健派と野党との結束を固め、共闘にはずみをつけた。また、政権への不信感を増幅させ、離脱延期が決まるまでは総選挙にも応じないという異例の態度に野党を追いやったとも言える。政権側の完敗だった。

議会制民主主義をないがしろにしかねない議会閉会は弁護の余地がないと私は思う。一方で、合点がいかないところもあった。野党側が結束して総選挙に応じなかったことは、どう考えればよいのだろうか。

議院内閣制は、選挙の結果、議会で多数を占めた派（与党）が政権を担う。少数派（野党）は政権を批判し、次の選挙で国民に政権を託してもらうよう研鑽を積み、爪を研ぐ。野党は総選挙の機会をうかがい、できるだけ早く政権を奪取できるよう準備するのが常であり、野党が総選挙に「反対」するというのは常道から外れていると言われても仕方ない。

そうであるからこそ、労働党は今回、二度の総選挙実施動議の採決で直接「反対」はせず、「棄権」によって反対の意思表示をした。保守党寄りの論調で知られる『デイリー・テレグラフ』紙は、ジョンソン氏のコービン労働党党首批判を引用しつつ「総選挙を阻止する史上初の野党指導者」になったと酷評した。

労働党は総選挙に応じない理由として、ジョンソン氏が表明した「離脱期限前の十月十五日」という総選挙実施日を「信用できない」としていた。ジョンソン氏が約束を破って選挙期日を離脱期限後に設定したら、合意なき離脱になってしまう——と恐れたというわけだ。

だが、その言い分はうのみにできない。一回目の動議反対の理由としては理解できても、二回目の反対の理由としては納得しにくい。コービン氏は離脱期限延期法成立のめどが立った場合は、総選挙実施に賛同する意向を示唆しており、二回目の動議は法律が成立した直後の採決だった。それでも野党が反対を貫いたのは、ジョンソン氏が批判するように「総選挙で（保守党に）勝てると思えないから」だったと言われても仕方ない。

お騒がせ的なキャラクターが定着しているジョンソン氏の動きばかりに目を奪われると、彼が独断専行で強引に合意なき離脱に持ち込もうとしているように見えるかもしれないが、そうとらえるのは早計に思えた。

忘れてはならないのは、国民投票で多数派となったのは離脱支持であること。また、保守党党首選のときにも明らかになったが、多くの離脱支持者が「合意なき離脱」の可能性含みでジョンソン氏を支持しているのである。そのうえで、離脱と残留それぞれの支持が今も拮抗し、世論は真っ二つに割れている。

では、そんな状況に議会はどう対応してきたか。メイ前政権が下院に問うた離脱協定案は三度否決された。与党がかろうじて過半数を維持するか、状況によっては少数与党になってしまう状態で、国民投票の結果である「離脱」自体を受け入れたくない勢力が一定程度おり、議会の意思を決するのが困難になっている。であれば、総選挙で国民に信を問い、その結果、誕生する安定した与党が事態を動かすべきだと考えることは何ら不自然ではない。そういう観点から言えば、議会を閉会したジョンソン氏だけでなく、これほどの膠着状態に陥りながら選挙に応じない野党も、無責任のそしりを免れないのではないか。

日本から見ると、今回のことで「おや?」と思うのは、解散総選挙が首相の専権事項でないことだろう。日本では首相の「伝家の宝刀」とも言われる解散権。首相にそれを振るう力がなければ、政治の停滞を打破できないのではないかと思うのだが、現にこのように政治が行き詰まってしまっている。

もともとは英国でも首相に解散権があった。解散に下院定数三分の二以上の賛成が必要となったのは、二〇一一年にそう規定した法律が成立したことによる。なぜこのような法律ができたのか。一〇年の総選挙で、保守党が第一党に返り咲いたものの、単独過半数には及ばない「ハングパーラメント(宙づり議会)」となった。保守党がこのときに第三党の自由民主党との連立政権を発足させたことが背景にある。

単純小選挙区制による二大政党制を維持してきた英国では、連立政権は例外的な状態。少数与党政権となった場合、単独過半数の安定政権樹立をねらい、早期総選挙に打って出る例が過去にあった。だが、一〇年の場合、保守党は早期の再選挙で単独過半数をねらうのではなく、自民党との連立維持を選択した。連立政権を安定させるために、この法律で箍《たが》をはめたかたちにしたのだ。

二大政党制の元祖と言われる英国だが、保守・労働両党の合計得票率は以前に比べて低くなっており、自民党を含めた小政党が一定の支持を集めて議席を獲得する傾向が強まっている。これは、現代の多様な民意が二大政党ではすくいきれなくなっていることの証左との指摘もあり、しばしば「二大政党制の黄昏《たそがれ》」も語られる。

こういった「連立政権の時代」の到来に合わせ、政権安定のために作ったとも言える新たな法律が、皮肉なことに今回のようなかたちで、政治の行き詰まりを促進させている面があるのは否めない。『デイリー・テレグラフ』によると、前外務閣外相のアラン・ダンカン下院議員（保守党）は、この法律は一〇年総選挙後の連立政権のための「接着剤」だったが、時限立法にすべきだったとの見解を示し、首相が総選挙に打って出られない法律により「政府と首相が今や『カフカ的な（不条理の）罠《わな》』の中で自由を奪われている」として、早く同法を廃止すべきだと語った。

こうして「カフカ的な」議会がいったん幕を閉じた。

5 極右過激派の台頭

ヨーク（二〇一九年九月）

議会閉会中にまた新たなニュースが飛び込んできた。英最高裁が九月二十四日、ジョンソン首相が行った議会の一時閉会について「違法で無効」と判断したのだ。

これに先立ち、野党議員らが閉会を違法と提訴。イングランドの裁判所が議会閉会は「司法でなく政治が決めるべきもの」として訴えを退けた一方、スコットランドの裁判所は「議会の妨害が目的で、違法」と判断しており、最高裁の判断が待たれていた。

最高裁の判断では一一人の判事が全会一致で、「妥当な理由なしに、議会が憲法上の権能を行使するのを妨げた」として違法と結論づけた。最高裁判断を受け、バーコウ下院議長は「下院は遅滞なく招集されねばならない」と早期の議会再開に意欲を見せ、ジョンソン氏も最高裁の「判断を尊重する」と述べて、翌二十五日に議会を再開することになった。

最高裁判断によって、ジョンソン氏の戦術は政治的にだけでなく「法の支配」のもとでも正当性がないことを認定された格好だ。ジョンソン氏はここまで、議会閉会のみならず、離脱延期法の成立後も延期を要請しない意向を示すなど、法を軽んじるような言動が批判を浴びてきた。だが、波紋を呼ぶ言動を繰り返しながらも世論調査におけるジョンソン氏の人気は引き続き高く、保守党も高支持率をキープしていた。

一方、「敵失」を政権奪取につなげたい労働党も難しい立場に立たされていた。

九、十月は英国の政党にとって党大会の季節である。労働党は最高裁の判断が出る前日の二十三日、EUからの「離脱」「残留」のいずれを支持するか党方針としては決めずに次期総選挙に臨むことを党大会で確認した。次の総選挙で政権奪取し、まずEUとの離脱交渉に着手して新たな離脱協定を結ぶことを模索する。その後、この新たな協定に基づいて離脱するか、あるいはEUに残留するかを問う国民投票を実施する方針という。そして、離脱か残留かの党方針は国民投票に先立つ臨時の党大会で決めるというのだ。

党内ではEU残留派の議員らが結束を固め、残留を明確にした党方針へと今回の党大会でかじを切ろうとしていたが、従来EUに批判的なコービン党首が巻き返し、残留方針でまとめるのを阻止した格好だ。

労働党の支持層は、離脱支持者の多いイングランド中・北部の工業地帯などの労働者層と残留を支持する都市部の中流層とに分かれている。このため、離脱と残留のいずれに決しても一定の支持者離れを招く可能性が強く、党方針を決めにくい状態が続いている。

保守、労働両党とも、うまく状況を打破できないことに不満が鬱積していたのだろうか。二十五日に再開した議会は当初から、離脱派と残留派の舌戦がエスカレートし、荒れた。

「（首相を）投獄しろ」「詐欺師」

議会一時閉会を「違法」とした最高裁判断について所感を述べるジョンソン氏に対し、労働党の議員らから厳しいやじが飛ぶ。

一方のジョンソン氏は、労働党などの野党や保守党の一部の賛成で成立した離脱期限延期法を「(EUへの)降伏法」などと批判して応酬。これに対し、労働党の女性下院議員、ポーラ・シェリフ氏は「われわれの多くが殺害の脅しや嫌がらせに毎日さらされている。(有権者への)裏切りなどという首相の言葉にはうんざりだ」と怒りをぶちまけた。脅迫文が首相の粗暴な言葉を引用していることがよくあるからだ。

さらに、別の労働党女性議員、トレイシー・ブレイビン氏は、二〇一六年の国民投票の直前、極右思想や白人至上主義に感化された男に殺害されたEU残留派の同党女性下院議員、ジョー・コックス氏(当時四十一歳)に言及し、議員たちの安全確保のためにも「穏当な言葉」を使うようジョンソン氏に訴えたが、ジョンソン氏は「コックス氏を追悼し、この国を一つにする最良の方法は離脱を実現することだ」と述べ、残留派の怒りと反発を呼んだ。

警察の集計によると、下院議員を標的とした脅迫や嫌がらせの通報がこのころ増加していた。一七年九月〜一八年八月までの報告件数は二四二件で、前年同期比の二倍以上となった。そして一九年七月までの時点ですでに二三八件に達していた。女性議員やマイノリティーの議員がとくに攻撃対象となっている。再開後の下院での激しいやりとりの後、労働党の大物女性議員、イベット・クーパー氏の娘エリーさんが、コックス氏の事件に触れつつ「同じことが起きないか毎日おびえている」と母親を案じるツイートをするなど、不安が広がっていた。

議会の舌戦を受け、英国国教会の大主教、主教計一一八人が「ここ数日の議会内外での言葉遣いは容認できない。相手への敬意を持って話すべきだ」などとする声明を出し、理性的になるよう強く促した。また、国教会の聖職者トップのウェルビー・カンタベリー大主教は『タイムズ』紙に、問題解決を図るために「怒りを鎮める必要がある」と述べた。

右派ポピュリズム、あるいは過激なナショナリズムの言説は英国だけでなく、欧州の各地で拡大してきた。そして、それに伴って極右の暴力の問題が表面化している。

大規模な無差別テロ事件が相次いで発生してきた欧州では近年、各国の治安当局がテロ予防にとくに労力を傾注してきた。一般的に強い印象を残したテロは、過激派組織「イスラム国（IS）」や国際テロ組織「アルカイダ」などのイスラム過激派やそれらに感化された者が引き起こしたものだが、白人至上主義やネオナチ的思想を背景にした極右過激派のテロが近年増加し、地域的にも拡散している。

私は二〇一二年から四年間、アフリカ特派員を務めた際、アフリカ大陸でテロや紛争を激化させるイスラム過激派の取材に力を入れてきた。このため、安全保障情報が集約されるロンドン駐在になると、すぐに当地のテロ専門家らに話を聞きに行った。もちろん彼らはイスラム過激派の最新の状況に関して知見を積み重ねているわけだが、ある専門家が私に「これからの問題はむしろこっちかも」と指し示してくれたのが、極右過激派の動向だった。

ここで英国のブレグジットを追う流れから少し離れ、欧州の極右動向について語りたい。これは、ブレグジットから離れているようで、その背景にあるナショナリズムとつながっており、欧州のナショナリズムの勃興を語る際、その負の側面として語るべきだからだ。ナショナリストは必ずしも極右ではないし、暴力的なわけでもない。だが、ナショナリズムを曲解したかたちの暴力が存在し、ナショナリズムという思想自体が勢いを強めると、暴力もより顕在化するというのもまた事実だからだ。

テロ情報の集約で定評のあるオーストラリアのシンクタンク「経済平和研究所（ＩＥＰ）」が一九年に発表したまとめによると、テロによる世界の犠牲者は一四年をピークとして、以降四年連続で減少した。これはＩＳなどの弱体化が原因と見られる。ところが、欧米など一九カ国における極右過激派によるテロの発生件数に限ると、過去五年で四・二倍に増えた。

近年の極右テロと言うとまず、一一年七月にノルウェーで与党・労働党の青年部集会が銃の乱射攻撃を受けるなどして七七人が死亡した事件を記憶にとどめている人もいるだろう。殺人などの罪で禁錮二一年の刑が確定したアンネシュ・ブレイビク服役囚は、イスラム系移民や多文化主義から国を守るための「自衛」だと犯行を正当化、移民を受け入れてきた与党を「裏切り者」と見なしていたとされる。

一九年三月にニュージーランドのクライストチャーチのモスクが襲撃されたテロも記憶に新しいだろう。銃乱射で五一人が死亡し、ニュージーランドの裁判所はオーストラリア人のブレントン・タラント被告に仮釈放なしの終身刑を言い渡した。タラント被告も移民を嫌悪していたことが知られている。

さらに、一九年八月には、米テキサス州エルパソで、男が中南米系移民を標的として銃を乱射し二二人が死亡。また、二〇年二月にはドイツ西部ハーナウで、トルコ系移民ら九人が人種差別主義者の男に射殺された。

世界的な動きの中では、それほど目立たないが、英国でも極右の攻撃に対する警戒感は強まっていた。なかでも世界に衝撃を与えたのが、英下院での議論の中でも挙がったコックス下院議員の殺害事件である。EU離脱の是非を問う国民投票の直前、白人至上主義に感化された男がEU残留派のコックス氏を銃撃したうえ、刃物で刺殺した事件だ。

英警察の対テロ部門トップは、英下院で舌戦が繰り広げられていた一九年九月、テロ・暴力事案全体の取り扱い件数に占める極右による事案の割合が上昇したと明らかにし、極右テロについて「最も急速に伸びている問題」だと述べた。

また、英政府が一七年に立ち上げた「対過激主義委員会」は一九年十月、イングランドとウェールズで三〇〇〇人の市民らから聴取した内容をもとにした報告書を発表。この中で、「外国人によって地元住民が人種的・文化的な脅威にさらされている」とする極右の言説が、西洋思想を攻撃するイスラム過激派の言説と並び、地域で拡大・浸透していると指摘した。

極右過激派のテロリストとはどんな人物なのか。彼らにできるだけ近づきたいと思った。そこで、極右の「水先案内人」になり得るだろう、一人の男性に接触することにした。

ロンドンから鉄道で約二時間。ロンドンとスコットランドの中心都市エディンバラまでのちょうど中間辺りにあるイングランド北部の交通の要衝がヨークである。石畳が続く街並みや荘厳な大聖堂を眺めると、まるで中世にタイムスリップしたかのように思える。ヨーク大主教は英国国教会でカンタベリー大主教に次ぐ地位を持つ。また、エリザベス女王の次男、アンドルー王子の称号は「ヨーク公爵」である。それほど大きくはない町だが、英国の伝統や歴史の中では、格式の高い町と言える。そのヨーク駅に私は降り立った。

駅で大柄な男性が迎えてくれた。マシュー・フェルドマン氏。極右やファシズム研究の専門家として知られ、英ティーズサイド大学教授などを経て、現在は英国の調査グループ「急進右派分析センター（CARR）」のディレクターを務める。

私を駅舎そばのホテルのラウンジに連れて行き、資料を広げて早口で説明を始める。また、私の問いに従って、キーパーソンなどもどんどん紹介してくれる。米カリフォルニア州出身と聞いたが、そのおおらかでオープンマインドな態度と親切さが、いかにも米国人という感じだった。

「私は二〇〇九年以来、右翼過激派が起こしたテロ事件について英政府に証言してきました。多くの犠牲者を生むテロのほとんどは組織によるものでしたが、近年はニュージーランド・クライストチャーチでの事件に見られるように、単独容疑者の犯行へと傾向が変わってきたようです。右翼テロの多くは、いわゆるローンウルフ（一匹狼）型で、計画立案、武器入手、犯行声明文の用意という過程を一人で行います」

イスラム過激派によるテロは、ローンウルフ型もあるが、ISやアルカイダの戦闘員による組織的なテロが多い。だが、極右テロは基本的に単独犯行が多いのだという。

そしてフェルドマン氏は、「単独テロの実行と、彼ら（極右過激派）の思想の伝搬を可能にしているのがインターネットです」と断言した。極右過激派は、白人至上主義や人種差別主義、移民への嫌悪など、その拠って立つイデオロギーを「多くの場合、ネットから得ています。第二次世界大戦とホロコースト（ユダヤ人虐殺）の後、『自分はファシストだ』と公言できるような状態ではなくなりましたが、ネットはファシストたちを匿名かつ地球規模でつないでくれるのです。ネットを通じた個人の過激化が起きています」と言う。また、そうした思想面のみならず、「爆弾の製造方法やテロマニュアルなども簡単に手に入る」というネットの影響力が、彼ら単独犯の実際の犯行を容易にしているというのだ。

　伝搬する思想面という観点から、フェルドマン氏は「ジェネレーション・アイデンティティ（GI）」という団体に言及した。フランスで生まれたこの団体は、欧州人のアイデンティティを護持しようと主張するグループで、今では欧州各国に広がっている。フェルドマン氏はクライストチャーチ事件のタラント被告とGIが思想を共有していたと指摘する。英オンライン紙『インディペンデント』は、タラント被告がGIのオーストリア支部に寄付したことがあり、同支部リーダーとメールのやりとりも行っていたと報じている。一方、GIは事件との関連を否定。中東の衛星テレビ局アルジャジーラによると、GIは自団体について非暴力だと主張しているという。

　フランスの作家、ルノー・カミュ氏が生み出した、欧州では欧州人がイスラム教徒や非白人に取って代わられようとしていると主張する思想「グレート・リプレイスメント（大規模な入れ替わり）」に対する共感を示すとされるGIは近年、欧州からの移民排除を訴えている。タラント被告のものと見られているクライストチャーチ事件の犯行声明のタイトルには、まさにこの「グレート・リプレイスメント」が使われていた。エルパソの事件でも容疑者の男は、タラント被告のものと見られる犯行声明への「支持」を表明し、自らのテロ行為について「ヒスパニック（中南米系）の侵略への答えだ。侵略がもたらす文化的、民族的リプレイスメントから国を守る」との声明文を出しており、「グレート・リプレイスメント」への感化が見て取れる。

　「エルパソの事件では、メキシコ系住民がこの思想による（攻撃の）標的となりました。保守派の多くは差別主義者でなく、こんな陰謀論を信じません。しかし、急進右派と右派の主流派が結合し、こういった陰謀論が多数派の考え方に今後ならないか。これが私の最も恐れていることです」

フェルドマン氏との対話を終え、ロンドンに帰る列車の中で、私はアフリカで取材したイスラム過激派のことを振り返っていた。アフリカ特派員時代、私はごく普通の若者たちがイスラム過激派となり、最後はテロリストとして命を落とす過程について取材してきた。彼らの場合も、極右過激派と似ていて、インターネットを通じて過激思想に触れることをきっかけに、徐々に過激化するケースは多く見られる。

だが、違う点もある。イスラム過激思想に感化された彼らをテロリストにする「最後の一押し」は、私が知る限り、「人」であることが多いのだ。これらの若者らを具体的な過激派武装組織・テロ集団に引き入れる仲介者やリクルーター（勧誘者）としてラジカル・プリーチャー（過激派説教師）がいるケースが散見されるのである。

ソマリアのイスラム過激派アルシャバブは、隣国ケニアにも浸透・潜伏。アルシャバブの東アフリカ広域への影響力拡大を恐れたケニアは一一年にソマリアに軍事介入し、ソマリア政府軍とともにアルシャバブ掃討作戦を開始したが、これに反発したアルシャバブはその後、ケニア国内でもテロ攻撃をより頻発させるようになった。

このころよく聞いたのは、ケニア都市部の貧困地帯にあるモスクの中やモスクの入り口付近でこういったリクルーターが若者たちを勧誘しているという情報だった。モスク自体は過激派とは無関係な普通のイスラム教徒や指導者らによって運営され、ラジカル・プリーチャーが排除されているのだが、モスクに足を運ぼうとする若者らを、外から来た過激派関係者がリクルートしてしまうという構図だった。

ソマリア系ノルウェー人のハッサン・アブディ・デュフロー容疑者は一三年九月、アルシャバブがケニアの首都ナイロビで起こし、六七人が死亡した高級ショッピングモール襲撃テロの容疑者の一人。このテロの際に死亡した彼の足取りを、私はケニアやノルウェーでたどった。九歳でソマリアからノルウェーに渡った容疑者は、おじの家で暮らしながら地元の学校で学んだ。ノルウェー語も流暢で地域社会に溶け込んでいるように見え、「将来は医者になってアフリカの人を助けたい」などと近所の人に話すような若者だった。

しかし、高校に入ってから様子が変わり始める。イスラム教関連の複数のウェブサイトの掲示板に多数の書き込みを行い、中にはアルカイダ幹部やアルシャバブへの称賛や共感もあった。成績は比較的よかったようだが、めざしていた医学部進学はかなわなかったとの情報がある。高校を卒業後、彼はソマリアへ向かった。

ノルウェーにいるデュフロー容疑者の地元の友人や専門家は、容疑者の過激化に手を貸した人物がいると、私に特定の人物の名前を挙げた。アラブ系の親子で、とくに子供のほうはそのイスラム過激派のような言動がノルウェー国内でも広く知られた人物だ。直撃取材した私に対し、この親子の父親のほうは容疑者との親交は認めたが、自身が容疑者を過激化に導いたことなどは否定。しかし、「ケニアがソマリアに攻め入っているのだ。そんな状況であゝいうこと（ケニアのテロ）を起こす若者がいても、コントロールしようがない」とテロ自体は否定しなかった。その言は、私がそれ以前に会ったケニアのイスラム過激派のキーマンとも言える人物の論理構成、「侵略されているのはイスラム教徒の側だ」というものと同じ。この親子がデュフロー容疑者と武装勢力を仲介するラジカル・プリーチャーだった証拠はないが、容疑者が何らかの影響は受けたのではないかと、私は推察した。

デュフロー容疑者の件を思い出しながら、「自分たちが敵から侵略を受けている」という考え方は、つくづくイスラム過激派も極右過激派も同じだと思った。では、極右過激派の多くがネットの影響のみで、自力でテロリストにまでなってしまう一方、イスラム過激派の多くが人を介してテロリストになるのだとしたら、この違いは何なのか。正直理由はよくわからないし、実際に全体的傾向が本当にそうなのかも不明ではある。しかし、イスラム過激派のテロに組織的なものが多いことを考えれば、組織と若者をつなぐ仲介者がその供給に大きな役割を果たしていることは容易に想像できるし、極右過激派の場合、ローンウルフ型が主流だとするなら、仲介者の存在は不要なわけで、仲介者の有無は、それぞれのテロ形態と関連があるようにも見える。


しかし、「極右過激派の暴力=ローンウルフ」と単純に片づけるのは早計だった。

話をヨークで取材した一九年九月から少し前に進める。実はこのヨークでの取材でフェルドマン氏は私に「ウクライナに欧州の極右過激派が渡っているとの情報がある」と、たいへん興味深い話をしてくれた。その場ではそれ以上の具体的な情報はなかったが、私はブレグジット取材をしながら少しずつ情報収集していった。すると、欧米のシンクタンクや専門家の研究で、政府軍と親ロシア派武装勢力の紛争が続いてきたウクライナに西欧各国から極右過激派が入国し、双方に「従軍」している実態が見えてきた。

イスラム過激派は、欧米などでリクルートした若者らをシリアやイラクなどの紛争地で戦闘員として用いてきた。そういう意味では、欧州の極右過激派にとって、ウクライナがイスラム過激派にとってのシリアなどと同様に、「実戦参加」の場になっているわけだ。

安全保障問題研究で知られる米シンクタンク「ソウファン・センター」は一九年九月の報告書で、ウクライナ紛争が始まった一四年から一九年六月までに最大一万七〇〇〇人以上の外国人戦闘員がウクライナ政府軍と親露派の双方に参加したと推計。ロシア人が約一万五〇〇〇人と大半を占めるが、残りの約二〇〇〇人のうち、西欧（旧ソ連や東欧を除く）出身者は約四八〇人だった。その内訳は、それぞれ最大でドイツ一六五人、フランス六五人、イタリア五五人、オーストリア五〇人、フィンランド三五人、スウェーデン二五人――などだった。また、北米や南米などからの参加者も一定数いるという結果となった。

では、ウクライナに向かう極右過激派とはどんな者たちなのか。

これを尋ねるのに最適の人物が、東欧スロバキアにいた。同国のシンクタンク「グロブセック」や国際NGO「対過激主義プロジェクト」のフェローや研究員を務める過激派の専門家、カスパー・レカウェク氏だ。これまで、ウクライナに渡った七カ国計一八人の外国出身戦闘員にインタビューした経験があり、それをもとにした詳細なリポートを二〇年四月に出した。

この中でレカウェク氏は、ウクライナ側への参加者、親露側への参加者の別を問わず、戦闘員たちには一定の共通点があると指摘した。彼らに共通して見られるのは、自分たちの出身国や「欧州」への強い愛着、その伝統への支持だ。その一方で、EUや北大西洋条約機構（NATO）といった多国間の枠組みや、米国、イスラエルを嫌う。イデオロギー的には、反消費主義・反資本主義・反社会主義・反LGBT（性的少数者）・反リベラル志向があり、ウクライナ側への参加者も含めて、ロシアのプーチン大統領の強権姿勢には共感を抱いている。

レカウェク氏はこれらの戦闘員を、その将来的な方向性などから三つのカテゴリーに分けた。一つ目は「リセッター（リセットする人）」。自国の生活と決別し、紛争参加を通じて人生の新天地をウクライナに求める人びと。彼らはウクライナへの渡航や戦闘参加などを公言するのをためらわない傾向があるという。二つ目は「ゴースト（幽霊）」。ウクライナで戦闘に参加した後、いったん自国に帰国、その後にさらにまたウクライナで従軍するようなタイプで、自らの行動を公言せず、専門家やジャーナリストなどと接触したがらない。最後は「アドベンチャラー（冒険者）」。ウクライナだけでなく別の場所でも戦場があれば向かう者たちだ。

こうした戦闘員たちが欧州の自国に戻り、テロを起こす可能性があるのかどうか気になるところだが、レカウェク氏はコロナ禍真っただ中の二〇年九月、Ｚｏｏｍでの私の取材に対し、「彼らは欧州で武器を取っても勝ち目がないと思っている。テロに反対しているわけではないが、無益だとの認識を持っており、（出身国の）欧州の国で武器を取って立ち上がろうとはしていない」と現時点ではその可能性が低いとの見解を述べた。

だが一方で、「ゴースト」と「アドベンチャラー」については、安全保障の観点からは警戒の必要性も指摘した。自国市民が外国で戦争に参加しているなら、「どこへ彼らは行き、何が彼らに起きたのか。何人が戦争に行き、なぜ彼らは行くのか」などといった詳細が把握されないのは懸念材料だと主張する。また、戦闘員らはウクライナ入りする以前から場合によっては互いに相手を知っていることもあり、一部戦闘員たちによるネットワークが形成されているとも指摘し、「われわれはイスラム過激派の動きに集中し過ぎて、欧州の極右の軍事的展開を見落としている」と、彼らの動向に注意を払う必要性を述べた。

レカウェク氏の話は私に、ヒトラー研究の世界的権威として知られる前述のサー・イアン・カーショー英シェフィールド大名誉教授との対話を思い出させた。

ブレグジットのみならず、反EU意識は英国以外の欧州の国々にも一定程度広がり、移民排斥を唱えるポピュリズムが勢いづく。米トランプ政権による国際協調主義に反するような動きも目につき、世界的に「分断」がキーワードになっている。こんな時代を第二次大戦前夜の一九三〇年代に喩える指摘もある。専門家のカーショー氏に、現代が三〇年代の再来と言えるのか尋ねた際、彼は三〇年代と現在を比較するのは安易だと戒め、「三〇年代にはパラミリタリー（民兵組織）による暴力が欧州各地の路上で起きていたが、近年それはまったくない」などと違いを指摘した。

このとき、私はカーショー氏の説明に納得する思いがした。三〇年代にはファシストやファシストに同調する極右の武装組織や暴力集団が欧州各国で闊歩していた。現代の欧州ではたしかに左派の衰退と右派の伸長が顕著で、右派ポピュリスト政党が台頭し、国によっては政権を担うようにもなり、ときおり極右過激派のテロも起こる。だが、パラミリタリーの闊歩はない。だから三〇年代のようにはならない――ということである。

だが、これは裏を返せば「今後パラミリタリーがもし顕在化してきたら、それは要注意だというシグナルなのではないか」という印象も私の気持ちの中には残った。

私の極右に関する一連の取材は、二二年二月のロシア軍によるウクライナ侵攻前のものである。侵攻後にウクライナで従軍していた欧州の極右過激派の若者らがどうなったかわからない。だが、ウクライナの苦境が伝えられるなかで、義勇兵が現地に向かっている話も伝えられている。その中には、それ以前にウクライナで「参戦」していた欧州各国の極右過激派も含まれるだろうか。

レカウェク氏が言うように現段階では欧州でのテロの可能性は低いとしても、そういった極右の若者らがパラミリタリーの「種」となって、将来の政情の変化などに伴ってウクライナ以外の場所で「芽」を出し、パラミリタリーを形成し、欧州社会に大きな影響を与える日が来はしないか。

6　英政界の二人の異端

マンチェスター、ウェストミンスター（二〇一九年十月）

このころ、労働党がイングランド南部の保養地、ブライトンで党大会を開いたのに続き、保守党がイングランド北部マンチェスターで党大会を開催。私も足を運び、大会会場のそばで数多く開かれる関連シンポジウムを見て回った。多くは保守党系のシンクタンクや研究機関、団体などがさまざまな課題をテーマに主催するもので「フリンジ・ミーティング」と呼ばれ、そこに有力議員や著名な研究者らが集まる。私はいくつかの会場で出席者の議員らにせっせと名刺を配って歩いた。

そんな党大会の中で十月二日、ジョンソン首相が演説し、現行の離脱協定を修正する内容の代替案を提示すると明言した。

ジョンソン氏は明かさなかったものの、英メディアを通じ、その中身はすぐに明らかになっていった。英政府の提案は、懸案の北アイルランド国境問題で、「北アイルランドの国境管理で解決策が見いだされるまで、英国全体をＥＵの関税区域に置く」としてきた現行の策を離脱協定からまず削除、北アイルランドを含む英国全土をＥＵ関税区域から離脱させる一方で、農産物や工業製品などのモノについて北アイルランドをEU単一市場のルール下に置く――というものだった。これにより①英本土・北アイルランド、②北アイルランド・アイルランド――という「二つの境界」が設けられることになるが、懸案の北アイルランド・アイルランドの境界は簡易な税関検査だけで厳格な国境管理を行わなくて済む、というのが英政権の見立てだ。

また英側は、四年ごとに北アイルランド議会で北アイルランドがEU市場ルール下に残るか、英国側のルールに移行するかを決めるとした。

こういった英側の提案には、すぐにEU側から疑問視する声が出た。実際にうまく運用できるのか不明な点が多かったからだ。

私は以前インタビューした英クイーンズ大学ベルファストの政治学者、デイヴィッド・フィネモア教授に英側提案の評価を聞いてみた。教授は、北アイルランドを含めEUの関税区域から離脱するなどの点で「(英国との統一を重んじるプロテスタント住民の)ユニオニスト側に寄っているように見える」と述べた。そのうえで、簡易とはいえ国境管理が復活する内容であることから「英政府が本当に和平合意に沿っていくのか疑問も持たれる」と指摘した。

この段階では、英国とEUの間にまだまだ隔たりがあるように見えた。ジョンソン氏が繰り返し強調する離脱期限まで一カ月を切っている。ひたひたと近づいてくる「合意なき離脱」の足音が聞こえそうな状況で日に日に緊張が高まった。

だが、十月十日のジョンソン氏とアイルランドのレオ・バラッカー首相との会談が大きな転機となった。この首脳会談後の共同声明では「合意への道筋が見える」と強調された。会談の詳細は明らかにされなかったが、英メディアによると、ジョンソン氏はバラッカー氏に対し、北アイルランドを英国の関税区域に置きつつも、事実上EUの関税ルールの適用地域に残し、アイルランドとの間で税関検査を不要とする案を提示したと見られた。英側の譲歩である。

この英側の譲歩の結果、英国とEUは十月十七日、北アイルランド国境をめぐる新たな条件で合意した。英下院は新たな離脱協定を十九日までに承認すれば、三十一日の離脱期限に間に合う。逆に、承認できなければ、首相はEUに離脱期限の延期を要請しなければならなくなる。「あと二日」のぎりぎりのタイミングだった。

問題は、ジョンソン氏が譲ったかたちとなった「北アイルランドに引き続きEUの関税ルールを適用する」という部分を、離脱強硬派が承諾するか、だった。

議会内の離脱強硬派とはどういった人たちなのか。

下院の保守党議員の中に「欧州研究会（European Research Group＝ERG）」という欧州懐疑派の議員集団があった。コアなメンバーは二〇人程度と見られるが、周辺議員も含めるとかなりの人数になる。左派リベラル系の市民やメディアは、ERGを大英帝国時代への郷愁にとらわれた時代錯誤の国粋主義者のようにとらえているようだった。

また、北アイルランドの地域政党でプロテスタント系の「民主統一党（DUP）」が下院に一〇議席を有しており、一七年総選挙で過半数を割った保守党は、DUPの閣外協力によって多数派をかろうじて形成してきた経緯があった。このDUPは北アイルランド自治議会で第一党であり、自治政府を主導する立場だが、もともとはユニオニスト（プロテスタント）政党のなかでも、ナショナリスト（カトリック）に対して強い姿勢で臨む右派集団であり、離脱強硬派として知られていた。

そのDUPはジョンソン氏とEUが結んだ新たな離脱協定について、早々と反対を表明した。この協定を受け入れれば、北アイルランドが物流面で英国の他の地域と障壁ができてしまうことを憂慮したためと見られた。

こうなると、協定が議会を通過するかどうかカギを握るのは、ERGを核とした保守党内の右派となってくる。

テムズ河畔に建つロンドン名物の時計塔「ビッグベン」。私がロンドンに住んだこの時期、ビッグベンは改装時期で、塔は工事用の足場に囲われ、見ることはできなかった。そのビッグベンの横に英議会であるウェストミンスター宮殿がある。

果たして議会は離脱協定を最終的に承認できるのか——。国民から選ばれてはいない貴族院である上院は、これほどの重要議案で下院の決定を完全に覆すことはあり得ない。要は選挙で選ばれた下院議員たち、とりわけこの状況では離脱強硬派がどう考え、動くかを知るのが事態の帰趨を占う上で重要だった。このため、私はこのころ、英議会に足繁く通っていた。日本では政治部の記者たちが国会に足を運び政界の動向を探る「永田町通い」を行うが、これに倣って言えば「ウェストミンスター通い」である。

議会の本館と通りを挟んで向かい側にある、議員一人一人の部屋がある日本で言えば議員会館に当たる建物を訪れ、議員たちとお茶とビスケットなどを口にしながら「政局談義」をするのである。

英国とEUがジョンソン氏の案で合意した十七日、私はウェストミンスター宮殿の入り口で面会予定の保守党議員の名を告げ、持ち物検査などを受けた後、宮殿内に入った。

この地に宮殿が建てられたのは十一世紀にさかのぼる。当初はイングランド国王の宮殿だったが、十三世紀から議会の建物となった。英国が世界で最初に確立した議会制民主主義を「ウェストミンスター・システム」というのはこのためだ。十九世紀の火災で焼失した後に再建されたが、老朽化は激しく、大規模改修が部分的に始まっている。実際、私がいる間にも雨漏りがひどくて下院の審議が中断されたこともあった。

宮殿に入り、天井の高いホールに出る。ホールの先の階段を上がり、八角形の「部屋」に出る。下院、上院などへの廊下と接続する中央ホールだ。この日、ここで待ち合わせたのはERG周辺のある離脱強硬派議員。私と議員、議員の秘書はテムズ川に面した議会内のカフェに入り、紅茶を頼んだ。

「カズオ・イシグロの本を読んだばかりだよ」

日本人の私に気を使ってか、日系英国人のノーベル賞作家の名前を出し、しばしカズオ・イシグロの小説について歓談する。その後、「で、今日は何が聞きたいのかな」と私に質問を促した。匿名なら議会情勢について答えるという。

ジョンソン氏の譲歩案を離脱強硬派はどう受け取っているのか。賛成するかしないか。聞きたいのはこれである。

この議員は保守党内の離脱強硬派の中から二人の中心的な人物の名前を具体的に挙げて「彼らはファナティック（狂信的）だ」と述べて、この二人が反対していることを示唆したが、「それ以外の多くは（ジョンソン氏がEUと結んだ）新たな離脱条件でいいと思っている」と述べ、ERGのリーダー的な議員もジョンソン氏の案を前向きにとらえていると明らかにしたうえで「まとまると思う」と楽観的な見通しを示した。

議員からは「強硬派がジョンソン案に賛成する」との示唆を受けたものの、「本当に強硬派が賛成するのかな」と私はこの段階でまだ半信半疑だった。
そして、下院で離脱協定の賛否を問う十九日を迎えた。英議会としては異例の土曜日開催となり、英メディアは「スーパーサタデー」と呼んだ。

果たせるかな、十九日午前の段階でERGグループはジョンソン氏とEUが結んだ新たな離脱協定への支持を表明した。あの議員の言ったとおりだったのだ。また、一部の労働党議員や独立系議員からも支持の声が上がった。英メディアは僅差で協定が可決されるとの票読みを伝えた。

これでようやく議会承認が得られ、離脱が実現する――。そう思った矢先、事態はまた思わぬ方向に動いた。離脱協定の審議・採決をする直前に、閣僚経験もある保守党の大物EU残留派議員で、九月議会で野党とともに離脱期限延期法案に賛成し、党除名となったオリバー・レトウィン氏が、協定承認の保留を求める動議を提出したのだ。

レトウィン氏自身はジョンソン氏の新たな協定を支持していた。しかし、離脱協定が下院で承認されても、これに伴って必要な国内法の整備が三十一日の離脱期限までに終了しないことで、結果的に「合意なき離脱」になってしまうことを懸念したのだった。このため、離脱協定の承認を保留することで、首相にまずEUへ離脱期限の延期を申請させようとしたわけである。このレトウィン氏の試みに労働党などが賛同し、動議は可決。協定承認をめぐる採決は保留された。

「十九日までに議会承認できなかった場合は離脱期限の延期を申請する」。この離脱期限延期法に従い、協定承認を問うことができなかったジョンソン氏は十九日夜、EUに期限延期を申請する書簡を送付した。しかし、未練を表すかのように、「(延期は)英国とEUの利益を害する」などと延期を望まない旨を明記した「第二の書簡」も同時に送付するという異例の行動に出た。

翌週の二十二日、ブレグジットをめぐる英議会「十月の陣」第二ステージが幕を開けた。

下院は「読会制」という法案の審議形態をとる。日本でも戦前の帝国議会では読会制がとられた。現在日本の国会では委員会での審議が中心となるが、読会制は本会議での審議を中心とする制度だ。英下院では三読会制を取り、「第一読会」で法案を上程。「第二読会」で法案審議したうえで、その法案の基本部分について賛否を採決で問う。これを通過すると、「第三読会」で最終的な採決を行うのが通例だ。

十九日に議会承認保留動議を出したレトウィン氏のように、「合意なき離脱」は阻止したいと思う議員は多かったが、すでに、新たな離脱協定自体については、賛成派が多数となっていた。このため、二十二日に出された新たな離脱協定を含む離脱関連法案は第二読会の採決で賛成多数で可決した。労働党議員の一部も賛成するなどして、下院が新たな離脱協定を基本部分において承認したのである。まだ第二読会ではあるが、メイ政権も含めて、下院が初めて離脱協定を受け入れる意思を示したことになる。ジョンソン氏は「この長い『物語』で初めて下院がその責任を引き受け、離脱協定を受け入れたことを歓迎し、下院の諸氏を祝福する」と述べた。

しかし、ここでまた事態はおかしくなる。ジョンソン政権は離脱延期の申請をすでにEUにしたものの、なんとかすばやく最終可決を得て、三十一日の期限内に離脱を実現しようと考えた。そこで「離脱関連法案を三日間以内でスピード審議して採決にまで持ち込む」動議を提出した。この辺りのジョンソン氏側のしつこさ、執着もすごい。

だが、これに対して議員らが反発。「こんなに重要な法案の審議について三日間のみしか割り当てないとは拙速だ」というわけだ。そして、この動議は反対多数で否決され、三十一日までの離脱実現は潰えた。十分な議会審議の必要性という正論を掲げて、政権に妥協しない議会もまたすごい。

ここまでの展開を見ていて、状況に振り回されっぱなしの私はくたくたになっていた。もう多数派の議員は離脱協定に賛成しており、これによる離脱を了としているのである。私の感覚からいくと、離脱でいきたいのなら、十月末で離脱すべく審議のスピード化に協力してもいい気がするが、そうはならない。あくまで議会の「あるべき姿」、原理原則にこだわるのである。一連の動きから、私は英議会の矜持というものに深く感じ入った。そして、この英議会こそが欧州の他の国と自らの国の違いを考える際に、大きな要素となっていることにものちに気づくことになる。

離脱協定は第二読会で可決したものの、十月末で離脱するためのスピード審議は不可能となり、離脱期限の延期は避けられない状況となった。ジョンソン氏は法案審議が進まなくなった状況を受け、解散総選挙実施の意向を表明した。野党にも総選挙を望む声は大きくなり、労働党は、EUが英国の離脱期限を二〇年一月末に延期したことを受け「合意なき離脱」の可能性が消えたとして、総選挙実施に賛同する方針に転換。総選挙を行うための新たな法案が十月二十九日、労働党の多数も賛成して可決され、十二月十二日の総選挙が決まった。

ジョンソン氏の人気もあり、この時点で保守党の支持率は高かった。調査会社ユーガヴの世論調査によると十月下旬段階で、総選挙の投票先として保守党を選んだ人が三七パーセントで、労働党の二二パーセントを引き離している。だが、ジョンソン氏が離脱実現にめどを立てられないまま総選挙を迎えれば、風向きが変わる可能性もあった。

また、仮に保守党が第一党になったとしても、安定多数を得られるかは不明だった。調査ではEU

残留派の受け皿になりつつある自民党が一九パーセント。最強硬の離脱派、ブレグジット党も一一パーセントの支持を得る。英下院は単純小選挙区で争われるため、支持率が議席数に直結するわけではないが、いずれの党も過半数を上回ることのできないハングパーラメント（宙づり議会）になる可能性は否定できなかった。

このころ、ウェストミンスターの議員会館でお茶をともにした離脱強硬派のある大物保守党下院議員は私に「（離脱実現しないまま選挙に入り）ブレグジット党に離脱票が流れるのを懸念している」と語り、こう続けた。「ハングパーラメントになったらどうにも動かない。そうなったら本当のカオスだ」。深刻な表情でつぶやいた。

テンプル（二〇一九年十一月）

ロンドンの中心部ウェストミンスター地区。トラファルガー広場から見るとはす向かいの位置にある鉄道駅がチャリングクロス駅である。これまでの人生で英国とあまり縁のない生活をしてきた私だが、赴任して最初にチャリングクロス駅を見たときは、これが「あの」チャリングクロスかと感じ入った。子供のころ熱中した名探偵シャーロック・ホームズのシリーズで出てくる駅だったため、名前を記憶していたからだ。ついでに言うと、毎日新聞の欧州総局から歩いて数分でメリルボーンと呼ばれる地区に入るが、これも実に感慨深かった。メリルボーンの地名もチャリングクロス同様、ホームズシリーズで親しんだ名前だったからだ。私にとって英国のイメージはホームズ作品に負うところが大きい。

十一月のその日、私はチャリングクロス駅前からストランドと呼ばれる大通りを東に歩いていた。

ストランドもまたホームズと関係する名前だ。作者であるサー・アーサー・コナン・ドイルがホームズシリーズを連載していた雑誌が『ストランド・マガジン』だった。ストランドは昔のロンドンの目抜き通りといった趣で、通りには有名なサヴォイ・ホテルが立っている。私はサヴォイの前を通過し、ヴィヴィアン・リー主演の名作映画『哀愁』（一九四〇年）の舞台となったテムズ川に架かるウォータールー橋を横目に見ながら、さらに東に歩を進めた。

やがてテンプル地区に入る。ここは世界の金融の中心の一つ、「シティ・オブ・ロンドン」（シティ地区）の西端に位置し、古めかしく重厚な建物が立ち並ぶ。王立裁判所や弁護士たちが所属する「法曹院」などが点在する英国法曹界の中心地だ。私はこの町の一角のとある弁護士事務所に向かっていた。

ブレグジットを英国の「政界歴史地図」に落とし込んで考えてみると、半世紀前の英政界で異彩を放ったある二人の政治家の影が浮かび上がってくる。保守党のイノック・パウエル（一九一二〜一九九八年）と労働党のトニー・ベン（一九二五〜二〇一四年）。二人は当時の政界では両極に位置し、互いに際立った個性で強い存在感を誇示した「異端」とも言える政治家だ。

ブレグジットの背景を探る際に、この二人に着目するというのは私のオリジナルではなかった。気づかせてくれたのは、英国王立歴史学会フェローで勅選弁護士のエイドリアン・ウィリアムソン氏だ。ウィリアムソン氏がこの少し前に出版した『欧州、そして英国における社会民主主義の衰退——アトリーからブレグジットへ（*Europe and the Decline of Social Democracy in Britain: From Attlee to Brexit*）』の中で、欧州統合への参加機運が強まった一九六〇年代、七〇年代の英国で、これに強く異議を唱え続けた人物としてこの二人を挙げていたのである。その論考は、ブレグジットと英政界を考えるうえで、とても示唆に富んでいた。なぜ右派と左派の異端の二政治家が、まるで時代に先駆けるように欧州統合に反対したのか。この日、私はウィリアムソン氏に直接話を聞くため、テンプル地区を訪れたのだった。

まず、インタビューの前段として、第二次世界大戦直後の英国の政治状況を押さえておこう。大戦で大陸全土が荒廃した戦後の西ヨーロッパでは、社会民主主義的な政治が広がった。社会主義陣営には属さず自由主義経済を是とする西ヨーロッパであっても、国民生活の救済が最優先となり、国家が介入し、計画的に経済復興を進めようという動きが強まったためだ。

ウィリアムソン氏は同書で、英国も同様だったことを強調する。戦後すぐには労働党アトリー政権が、一時は英国の代名詞ともなった「ゆりかごから墓場まで」の高福祉社会を実現した。その後に政権を担った保守党も路線の大幅な変更はせず、同書によると同党のマクミラン首相は「計画的資本主義」も提唱した。二大政党間で政権交代があったとしても、経済政策の最優先課題が完全雇用であり、平等主義に力点を置く政策の推進というコンセンサスが党派を超えてできていた。

このような英国型の社会民主主義は、同時代の西ヨーロッパの社会民主主義やキリスト教民主主義とフィットしていたと、同書は指摘する。社会民主主義というイデオロギーと経済政策を西ヨーロッパ各国と分かち合う状況下、保守、労働両党の指導者は欧州統合への英国の参加をめざすようになった。

同書は、西ドイツの金融政策や労使協調などを例に挙げ「多くの保守党員が西ヨーロッパ経済をうらやみ、ＥＥＣ（ＥＵの前身、欧州経済共同体）加盟を通じ（西ヨーロッパの）美徳が英国に染み通ると思った」と言う。保守党マクミラン政権のＥＥＣ加盟申請は六三年、労働党ウィルソン政権の申請は六七年にそれぞれ拒絶されたが、保守党ヒース政権の申請が七三年に受理された。

右派の保守党、左派の労働党とも、主流が社会民主主義的だったと、ここまで述べた。そこで、最初に述べた「異端」の二人である。

保守党のイノック・パウエルはケンブリッジ大学で古典学を修め、わずか二十五歳で豪シドニー大学に教授として赴任しギリシャ語を講じた。また、第二次大戦時には従軍して一兵卒から准将にまで昇進した。飛び抜けた秀才だったようだ。政界入り後は、保健相などを務めて一時は党のホープとも目されたが、野党時代の六八年に移民増加に反対する演説を行い、内容が人種差別的だとの厳しい批判にさらされた。当時務めていた「影の内閣」の国防相を解任され、それ以後、党内での栄達の道は閉ざされた。しかし、その後は北アイルランドに渡り、英国との一体化を強く求めるユニオニスト（プロテスタント）政党から立候補し、下院議員を続けた。

人種差別主義者というマイナスイメージがあるため、積極的な評価は難しい人物だが、最近になって再び注目を集めている。彼の主張が離脱派のそれと重なって見えるからだ。

パウエルは欧州統合への英国参加に明確に反対した。最大の理由は国の主権を欧州側に譲り渡すことに対しての拒絶だった。パウエルの評伝を著したクイーンズ大学ベルファストのポール・コーソーン准教授はその中で「欧州共同体（ＥＣ）への加盟が（英国の）議会主権を壊すと主張する最も目立つ発言者になった」と指摘する。パウエルは政府と党のＥＣ加盟方針に反対を続け、ＥＣ加盟直後の七四年の総選挙ではＥＣ加盟を強く批判して、保守党でなく労働党への投票を呼びかける行動にまで出た。

パウエルは経済政策では、自由市場主義経済の信奉者で「原理主義者だった」（ウィリアムソン氏の著書）。社会民主主義的な経済政策を批判し、税引き下げや歳出カットを主張した。これは、戦後英国の長い社会民主主義的政治を終わらせた保守党サッチャー政権の経済政策を先取りしたものと指摘する向きもある。社会民主主義への共感のなさもパウエルの欧州への冷淡さにつながっているとすれば、サッチャー政権以降に欧州懐疑論が保守党内で広まり、欧州統合の流れにブレーキをかける動きが表面化してきたことは、偶然の一致ではないかもしれない。

パウエルは「反移民」を掲げたが、移民問題もブレグジットの大きなファクターとなった。また、北アイルランド問題も離脱問題で大きく浮かび上がった。強硬な離脱派ほど、北アイルランドと英本土（グレートブリテン島）の一体化の重要性を強調しており、パウエルの主張と重なる。

私は、現在のEU離脱派が人種差別主義をベースにしているとは思っていないので、パウエルの主張がそのまま離脱派の主張を先取りしているとは考えない。しかし、パウエルの主張とかなり重なるように見えるのは事実だ。実際、労働党ブレア政権で首相の側近だったジョン・マクターナン氏は二〇一七年十二月、『フィナンシャル・タイムズ』紙への寄稿で「パウエルはいま、他の誰よりも影響力を持っている政治家だ。ブレグジットの時代はパウエルの時代だ」と指摘した。

もう一人の「異端」、トニー・ベンは労働党の最左派として知られ、ハロルド・ウィルソン政権では産業相やエネルギー相を務めた。貴族出身で端正なマスクと優雅にパイプをくゆらす姿で知られたが、強い信念を持った社会主義者、反戦主義者で、舌鋒は鋭く、左派の間でカリスマ的な人気を博した。下院議員を続けるために父親から継承した子爵の位を返上したあたり、まさに「赤い貴族」の面目躍如と言えた。

労働党左派には社会民主主義というよりも社会主義に近い志向性がある。ウィリアムソン氏は私のインタビューで左派の欧州統合観について「EUは金持ちクラブで、市場経済や資本の自由な移動を促進する。英国は国内で社会主義を建設するために（EUを）離脱すべきだという見方がある」と指摘した。

これを当時の状況に当てはめれば、英国を含め西ヨーロッパで社会民主主義が隆盛・拡大すれば、社会主義の実現が阻まれる、という考え方にもなるだろう。ウィリアムソン氏の著書によると、実際、労働党ウィルソン政権がEEC加盟再申請をした六七年、労働党左派は「（欧州）市場に入ることは社会主義者の理想を捨てることを意味する」と反対した。

ベンはまた「自分たちで作っておらず、変えることもできない法によって統治され、選挙で選んでおらず排除することもできない者によって税を課せられることになる」との論調で欧州統合を批判した。パウエルと同じ「主権を守れ」との主張であるところが興味深い。

ウィリアムソン氏は私に「パウエルとベンは実際、個人的にはとても仲がよかったのです。彼らは物事を決めるのは欧州でなく英下院であるべきだと主権の問題では一致していました。ただその先は違っていました。ベンにとって主権は社会主義に向かうための主権で、パウエルにとってはより社会主義的でない社会のための主権でした」と解説した。

離脱支持派は常々、「主権をEUから取り戻す」と言う。ウィリアムソン氏は「何のための主権なのか――。これこそが、（離脱を決めた）一六年の国民投票できちんとなされなかった問いだと思います。離脱派は主権を取り戻したいと言いましたが、それは何のためなのか。保守党の一部に米共和党

（トランプ政権）との連携を深めたがっている者がいるのは明らかですが、国民投票以降のプロセスが困難に陥っている理由は、何をするための主権なのか、誰も真剣には取り組まなかったことにあります」と述べた。

労働党は社会を自由主義的に変えたサッチャー、メージャーの両保守政権下で長期間、野党に甘んじた後、ブレア首相のもとで政権に返り咲く。ブレア氏ら「ニューレイバー」が提唱した「第三の道」は、実質的には、保守党政権の新自由主義継承だった。ここに至って、保守、労働両党の対欧州スタンスは、七〇年代までと比較して大きく変わった。

両党とも党内の中道寄りのグループが親欧州だったのはほぼ同じだった。しかし、社会民主主義を通じて経済的実利を得ようとした保守党は、自由主義への劇的な転換とともに党内で反欧州的な雰囲気が強まった。一方、左派を中心に欧州懐疑の声が一定程度あった労働党の大勢は、親欧州にシフトした。

ジョンソン政権下で離脱強硬派の声が大きくなった保守党は、パウエル的な考えがかなり強くなってきたように見える。一方で、労働党はどうか。自由主義的なニューレイバー時代への反発と批判、富の再分配や平等主義的政策、反緊縮財政を望む声が、支持者の間に一定の広がりを持つようになった。それが、ベンから強い影響を受けた「ベン主義者」とも呼ばれる左派のコービン党首や影の財務相のマクドネル議員を党中枢に押し上げた。

ただ、労働党はジレンマに苦しんでもいる。同党は今回の総選挙にあたって、EUをめぐり「離脱」か「残留」か、党としての方針を打ち出せていない。政権を奪取した場合は、EUと新たな離脱協定策定のために交渉し、でき上がった協定による離脱か、それとも残留かを国民投票で問うとしているが、有権者には「わかりにくい」との印象も広がっている。

ベン主義者のコービン氏ら執行部はベン同様、反欧州志向が強い。しかし、ウィリアムソン氏は「党は全体として（執行部とは異なり）強い親欧州であることが、労働党の明確な政策策定を困難にしている」という。

ちなみに、ジョンソン首相に離脱期限の延期を強いた「離脱期限延期法」の法制化を主導したのはベンの息子で、ブレア、ブラウン両政権で国際開発相や環境相などを歴任した労働党の現大物議員、ヒラリー・ベン氏。離脱期限延期法は提案者の名前を取って「ベン法」と呼ばれている。中道的なベン議員は親欧州・親ＥＵの政治姿勢で知られ、「私はベン主義者ではない」と父親とは違う立場だと表明している。ベン氏は欧州懐疑派の中心人物だったが、そのベン氏の息子が離脱に待ったをかけたというのは、なんとも皮肉な感じもする。

社会民主主義から新自由主義へ。時代の風潮が英国と欧州との距離感を変え、二人の「異端」政治家の党内での位置取りも変わった。ブレグジットの混乱は、そんな政治の変化を反映しているようだ。

7　労働者の支持を失った労働党

ビショップオークランド（二〇一九年十一月）

十一月上旬、下院が予定どおり解散され、本格的な選挙戦に突入した。解散時、与党の保守党は野党の労働党に支持率で十数ポイントの差をつけてリードしており、保守党が過半数を獲得する可能性は高いと思われていた。有権者は実際にどう思っているのか。現場に向かった。

私がまず訪れたのはイングランド北部のビショップオークランドという町だった。以前、離脱強硬派の市民と話をするために訪れたハートルプールにも近い町である。ハートルプールは北海に面した港町だったが、ビショップオークランドはハートルプールから三〇キロほど内陸に入ったところにある。羊などの姿が目立つ牧草地に囲まれた人口約一万六〇〇〇人の小さな町だ。

保守党がリードし、勝利が予測されている背景には、これまで労働党の牙城だったイングランド北部で労働党の支持率が低迷していることがあった。ハートルプールのところでも書いたが、このエリアはかつて石炭採掘と製造業が盛んで英国の工業を牽引してきた。こういった産業を支えてきた労働者層が労働党を支持し、労働党の強固な地盤となってきた。一方で、ブレグジットをめぐってはこのエリアは英国内の他の地域に比べて離脱を支持する人の割合が高い」このため、離脱実現を党是として掲げる保守党にとっては、ここで労働党から議席をどれだけ奪えるかが勝利のカギになると見られていた。

ビショップオークランドは一九一八年以降、三〇年代の四年間を除いて労働党が下院の議席を占有してきた。一九一八年と言えば、まだ労働党が二大政党の一角を占めるに至っていない勃興期。そのころから労働党の議員を輩出してきたというのだからまさに労働党の金城湯池と言える。

そんな町だが、国民投票で離脱を支持したのは六一パーセントと多数派を占めた。今回、保守党が二十代の女性候補を擁立したこともあり、労働党は苦戦が予想されていた。

ロンドンから北部に向かう幹線鉄道をダーリントンという駅でローカル線に乗り換える。一時間に一本程度運行している電車で約三〇分、ビショップオークランドの駅に着いた。

イングランド北部は十一月ともなると、すでに結構寒い。ズボンの下にインナータイツをはき、コートを着込み、駅から町の中心部に歩を進めた。目抜き通りを歩くと目につくのは、閉店していたり、空き家になっていたりする店舗が割とあることだ。日本の地方都市にも多い「シャッター通り」である。もちろん営業中のさまざまな店はあるのだが、寂しさは否めない。

「ずっと労働党に投票してきた。なぜかって? そりゃあ、遺産《ヘリテージ》さ」じいさんもおやじもみんなそうしてきたから」。目抜き通りそばの路上で話しかけたマルコム・リチャードソンさん(53)は支持政党についてそう教えてくれた。だが、今回は違うと言う。自身は離脱賛成で「労働党には裏切られたよ」。離脱が多数となった国民投票の結果をいったんは是としながら、最近では離脱に事実上反対して二回目の国民投票実施を公約に掲げる労働党をそう批判した。ビショップオークランド選出の下院議員は労働党のヘレン・グッドマン氏だが「ヘレン・グッドマンがいったいこの町に何をしてくれたって言うんだい？　この通りを見ろよ。この辺の花の鉢植えを置くのに尽力したってのかい？　店なんてみんな閉まってるじゃないか」。町の窮状を訴えながら、労働党をそうののしったリチャードソンさんは一四年間、小学校の用務員をしてきたが、最近は体調を崩して休養しており、今は職はないという。「議会を変えなきゃいけない。選挙ではファラージに入れるよ」。ナイジェル・ファラージ党首率いるブレグジット党に入れると言う。「ボリスよりファラージのほうが信頼できるような気がする。ボリスとファラージが手を結べばいいのだが」。寒風に吹かれながらそう言った。

長年車両組み立て工場で働き「労働者階級だから」労働党に投票してきたというジョージ・コーテスさん（83）に今回の投票先を尋ねると、「ボリス！」とジョンソン首相の名前を挙げて、保守党候補に入れる意思を明確にした。「コービン（労働党党首）はブレグジットを止めていて、どうしようもない」と述べた。

なぜ離脱支持が多いのか。ある女性（76）は地域に広がる移民増加への不安を挙げたほか、「多額の負担金をＥＵに払う一方、地方が困窮していることへの不満がある」と指摘した。例として町の医療サービスの低下を挙げ、「（一時間に一本の列車で約三〇分離れた中都市）ダーリントンまで行かなければいけない」患者がいると嘆く。

この地域の政治事情に詳しい男性が匿名で取材に応えてくれた。

「炭鉱地帯だったこの辺は八〇年以上、労働党がコントロールしてきました。かつては労働党の候補が二万七〇〇〇か二万八〇〇〇票もの差を他の党につけて当選してきたのですが、だんだんその票差が減ってきました。もはや炭鉱もなく、新たに住宅もできて外から人も入ってきましたからね。彼らは考え方も違います。それで（前回の総選挙では）五〇〇票差まで縮まったというわけです」

「この辺りでは貧困が大きな問題です。八〇年間、一つの党がコントロールしてきましたが、（状況は）何も変わっていません。だから今、違う党にというチェンジの時が来ているのでしょう」

「われわれは四〇年前、今のようなEUに参加したわけではありません。われわれが参加したのはあくまで単一市場でした。（より統合をめざす）今のかたちではありません。この国の人びとは離脱という意思を示しました。これで離脱しなければ、どこに民主主義があるでしょうか」

「この国には困難を乗り越える強さがあると確信しています。一〇年、二〇年、四〇年先には欧州の中にいなくともわれわれは豊かさを実現しているでしょうし、離脱は世界中の国といい貿易協定を結ぶ柔軟性をわれわれにもたらすでしょう」

欧州がなくても世界の他の地域と結びつくことができる——そんなグローバルな発想を地方の政治事情通が当然視するところが英国らしい。それがまた、容易に離脱を選ばせたとも感じたのだった。

別の労働党批判もある。元水道工事業の男性（60）は「コービンがマルクス主義者だから」同党支持をやめたという。党内最左派で、鉄道の国有化などを主張するコービン執行部の社会主義色の濃い政策への反発は、数多く聞かれる。

町外れの一軒のパブに入った。集まって杯を傾けているのはみな労働者階層の人たちだ。コービン氏について聞いてみると「IRAだ！」という声も出た。IRAとは北アイルランド紛争でカトリック側の過激派としてテロ活動を行った武装組織「アイルランド共和軍」のことだ。

英国の右派、保守系のメディアはコービン氏がパレスチナのイスラム組織ハマスやIRAと一定の関係を築いてきたと指摘。時にコービン氏は反対派から「テロリストのシンパ」などと非難されてきた。国家権力などの強大な暴力の犠牲になる弱者の側に寄り添う左派という意味で、コービン氏がイスラエルよりパレスチナ、北アイルランド問題における英国治安当局やプロテスタント系組織よりもカトリック系に共感を覚えていたのはおそらく事実ではないか。だが、それが「テロのシンパ」とまで言われるほどのコミットの「深さ」だったと言えるのかはわからない。だからコービン氏側から言えば、攻撃のためのデマとも言えるかもしれない。だが、右派から見れば一定の共感のレベルや少し親交があった程度であっても「テロのシンパ」という見方をとるかもしれない。ここイングランド北部の田舎町でIRAに対するイメージがどれほど悪いかは想像がつく。パブを切り盛りする女性は「この辺りは、前はみんな労働党に投票したけど、コービンはテロリストと思われ、嫌われている」と話した。そして「私自身はEU残留に票を投じたけど、投票の結果、離脱が多数派だったから、それに従おうと思ったの。でも三年経ってもその結果が達成できやしない。これは民主主義に反するでしょう?」と続けた。労働党が言う二回目の国民投票についてどう思うか聞くと、「あり得ないわ」と切り捨てた。

このパブに足を運んだのは、ここでこの夜、保守党が擁立した二十六歳の女性候補、デヘンナ・デヴィソン氏が客を相手にミニ集会を開くと聞いたからだった。

地元の人たちとの対話の前に、飛び込み取材でやってきた私の取材を快諾したデヴィソン氏は、「自分たちに勢いがあると感じますか?」という私の問いに「(勢いは)明らかです」と笑顔で答えた。そして、労働党のコービン党首の不人気と地元選出の労働党現職が離脱を阻止する姿勢を示してきたことに対する地元有権者の不満などが鬱積していること、ジョンソン首相への人気が保守党に有利に働いていることなどを指摘して「初めて議席をもぎ取る本当に大きなチャンスです」と弾むような調子で言った。

デヴィソン氏は地元の人たちが離脱を支持する理由について、こう語った。「人によって理由は違うと思うので簡単に答えることはできませんが、（選挙活動で）玄関先で話を聞いていると、大きな理由は、イングランド北東部とビショップオークランドが長い間無視されてきたということがあると思います。ここは政策が決められるロンドンから遠いわけです。またここはダラム郡に属していますが、中心都市のダラムから遠く、予算は主にダラムを中心に使われています。ですので、地域的にもコントロールを自分たちの手に取り戻したいという感覚があると思います。自分たちの運命を自分たちで決めたいということだと思います」

ブレグジットを支持する人たちがたびたびスローガンのように口にするのが「EUから主権を取り戻す」という言葉、「take back control」である。ここでデヴィソン氏は、ロンドンから、あるいはダラムから、コントロールを取り戻すという地元有権者の心根を「take back control locally」と表現した。ブレグジットを支持する心情の奥底には、EUから国家主権を取り戻すことと、国家や政治の中枢から自己決定権を取り戻すという思いが、二重の構造となって存在しているのかもしれない。デヴィソン氏の言葉から、そんなことを考えさせられた。

翌日私は、デヴィソン氏の選挙活動での戸別訪問に同行した。

日本では公職選挙法で戸別訪問が禁じられているが、英国の選挙では伝統的に最も陣営が力を入れるのが「キャンバシング」と呼ばれる戸別訪問である。

郡役場を退職したばかりのジュリー・ウィルソンさん（61）がデヴィソン氏に保守党の医療福祉政

策などについて質問する場面に遭遇した。労働党支持だったウィルソンさんはデヴィソン氏に票を入れると言い、「コービン氏は強い指導力を持っていない」と不満を述べた。

ウィルソンさんは国民投票でEU離脱を支持した。「われわれは独立した国であるべきで、自分たち自身でもっと決める選択肢を持つべき」との考えからだった。

調査会社ユーガヴは十一月末、世論調査をもとに保守党が全六五〇議席中、三五九議席を獲得して安定多数を確保し、労働党は前回一七年総選挙に比べて五一議席減の二一一議席にとどまるとの予測を公表した。これほどの差が出るのは労働党の金城湯池であるイングランド北部で保守党が躍進する可能性を示していた。

労働党のイメージカラーから「レッド・ウォール（赤い壁）」と呼ばれた労働党の結党時からの地盤、イングランド北部で、変化の胎動が感じられた。

バタシー、ドンカスター（二〇一九年十一～十二月）

ブレグジットの帰趨を決するこの総選挙では保守・労働の二大政党のほかに、EU残留を明確に主張する自由民主党と、離脱強硬派の新興政党「ブレグジット党」の動向も注目されていた。

「自民党政府（が樹立された場合）は政権スタート初日に離脱を撤回する」。ロンドン南部バタシー地区のホール。選挙戦開始直後の十一月九日、自民党のジョー・スウィンソン党首が支持者らを前にそう気勢を上げると、拍手がしばらく鳴りやまなかった。

自民党はかつて保守党と二大政党を形成した自由党の後継政党だ。自由党は地主や上流階級を支持基盤にした保守党に対して都市部の商工業者らに支持を広げ、ロイド・ジョージ（一八六三～一九四五年）らの首相を輩出したが、一九二〇年代以降に興隆した労働党に二大政党の一角を奪われ、党勢は衰退した。八〇年代後半に、労働党右派が分派した社会民主党と合併し、自由民主党となった。小政党ではあるものの、その中道でリベラル志向は中間層や知識層に一定の支持がある。

この選挙では、離脱に突き進む保守党に対し、ライバルの労働党は離脱、残留のいずれの党方針も示せない。そうしたなかで、自民党は残留方針を明確に打ち出して保守、労働両党の親EU派の切り崩しを図っていた。バタシーの集会で取材に応じた七十代の男性は「保守党を半世紀支持してきたが、自民党にくら替えしました。私は中道主義者でEU離脱はやめるべきだと確信しています。今の保守党は右派に乗っ取られてしまったのです」と話した。労働党のコービン党首は鉄道国有化など左派路線を鮮明化しており、自民党関係者は「保守も労働も政策が極端です。われわれの中道路線は共感を集めています」と自信をのぞかせた。

だが、選挙が近づくにつれ、勢いは弱まっていった。『フィナンシャル・タイムズ』紙は十一月下旬、各種世論調査によると自民党の獲得議席は最大四〇議席の見通しだと報道。六〇～八〇議席との観測もあった数カ月前と比べ雰囲気が変わったと指摘した。二〇一六年の国民投票結果という民意を事実上無視するかたちで離脱を撤回しようとする方針に反発が広がったためと見られた。

「労働党は（離脱に反対して）何がしたいのか。再度の国民投票だそうだ」。イングランド中部ドンカスターの競馬場。ブレグジット党のナイジェル・ファラージ党首が労働党批判のトーンを上げ、「離脱のための票はブレグジット党に」と声を張り上げた。

国民投票で離脱派の「顔」となったファラージ氏の人気は今も高い。離脱がジョンソン首相の公約どおり十月三十一日に実現しなかったため、当初は保守党内から「どれだけブレグジット党に票が流れるか心配だ」（保守党の離脱強硬派議員）との声が上がっていた。一時は全選挙区六五〇のうち六〇〇以上に候補を擁立すると表明したが、結局、保守党が議席を有する選挙区には候補を立てず、労働党候補を追い落とす戦術へと縮小した。

ドンカスターは一〇～一五年に労働党党首を務めたエド・ミリバンド氏の地盤である。集会に参加したエイドリアン・コッティンガムさん（52）は「労働党を支持してきたが、裏切られたよ。三年間離脱は実現しなかったのだから」と嘆息した。「この地域では（国民投票で）七〇パーセントが離脱を支持したんだよ」と不満を吐き出した。

だが、ブレグジット党も失速していた。調査会社ユーガヴはブレグジット党の獲得議席数をゼロと予測した。単純小選挙区制の選挙であるため、小政党が議席を得るのはもともと難しいが、予想を超えた低調だ。この傾向について、ロンドン・スクール・オブ・エコノミクス（LSE）のトニー・トラバース教授は「保守党がブレグジット党の政策をおおかた取ってしまった。ファラージ氏は後退局面にある」と分析した。

8　宗派で分断された投票

ベルファスト（二〇一九年十二月）

保守党勝利の方向性が強まるなか、私は英国の他の地域とは異なる対決構図となる北アイルランドの選挙戦も取材しようと考えた。

国政選挙の対決構図を英国の地域ごとに見ると、イングランドではここまで説明したとおり、保守、労働の二大政党が競い合い、そこに自民党や新興の環境政党「緑の党」、ブレグジット党などが加わっていく状況となっている。スコットランドについては後述するが、近年では地域政党のスコットランド民族党（SNP）が保守、労働の二大政党を凌駕する勢いを保っている。ウェールズでも保守、労働党に加え、地域政党「プライド・カムリ」が支持を広げていた。

一方、北アイルランドは保守、労働の二大政党がそもそも基盤を持っていない。

北アイルランドではまず、英国統治の継続を望む多数派プロテスタント教徒の「ユニオニスト」と、アイルランドへの併合を願う少数派カトリック教徒の「ナショナリスト」の対立構造が大前提としてある。宗派の垣根を越えた政党としてユニオニストとナショナリスト双方に対し中立の態度をとる「北アイルランド同盟党（アライアンス）」はあるものの、確固とした地盤を築くには至っておらず、結果的に北アイルランド紛争が終わって二〇年が経っても、有権者の多くは自身の宗教的バックグラウンドに従って政党を選んでいるのが実態だ。そこでは主な選択肢は、プロテスタントであれば、プロテスタント政党のうちどれを選ぶのか、ということになる。

それを踏まえたうえで、北アイルランドの政界地図がどうなってきたかを見てみよう。紛争が収束したころ、最も支持を集めていたのは、プロテスタントが「アルスター統一党（UUP）」、カトリックが「社会民主労働党（SDLP）」だった。両党とも穏健派の政党として知られ、両党が結果的に両コミュニティで指導力を発揮するかたちで和平がまとまったと言ってもいい。このため、UUPを率いたデイヴィッド・トリンブル氏とSDLPを率いたジョン・ヒューム氏が和平合意の成立した一九九八年、二人そろってノーベル平和賞を受賞した。

だが、その後両党は衰退した。現在ではプロテスタントは「民主統一党（DUP）」、カトリックは「シン・フェイン党」が最大政党である。DUPは紛争時にカトリックに対する敵対的で過激な言辞で知られたプロテスタント牧師、イアン・ペイズリー師が結成した政党であり、シン・フェイン党はカトリック側で紛争を主導した武装組織IRAの政治部門だった政党だ。プロテスタント、カトリック両コミュニティともより過激な政党が政治の主導権を握ったとも言えるが、一方で和平がここまで続いてきたのは、本来なら激しく対立するこの二党が北アイルランド自治政府を形成し、両党で自治政府首相と副首相を分け合う政治状況が慣例化してきたことにもある。穏健派ではなく、過激派同士が協力し合うことで、コミュニティ同士の対立再燃の重石となっているとも言えるだろう。

総選挙前、北アイルランドの一八選挙区の議席は、DUP一〇、シン・フェイン党七、独立系一となっており、かつて指導力を発揮したＵＰとＳＤＬＰは下院の議席を失っていた。下院全議席六五〇への北アイルランドの影響力は小さいと言えるが、北アイルランドの安定は、英国の国政にとって常に大きな課題であり続けている。

また、ブレグジットの運命を決めるこの選挙に、国境問題というブレグジットで最も大きな影響が及ぶ北アイルランドの有権者がどんな反応を示すかは、やはり大きな関心事だ。

私が訪れたのは最大都市ベルファストのベルファスト北選挙区だった。

この選挙区はずっとプロテスタント政党が議席を保持しており、現職はＤＵＰの大物議員、ナイジェル・ドッズ氏（61）。しかし、選挙区内にはプロテスタント住民しか住んでいないわけではない。カトリック住民の住む地域もある。

選挙区内の目抜き通りの一つ、シャンキル・ロードは選挙区の南限辺りに位置するが、この周辺は紛争時、プロテスタント過激派（ロイヤリスト）の拠点としても知られていた地域で、今も通り周辺には英国旗ユニオンジャックがところどころにはためき、建物の壁にエリザベス女王の壁画が描かれている場所もある。また、ロイヤリスト武装組織を肯定的に描いたり、ＩＲＡを非難したりする掲示物や文言も散見される。通り沿いにはＤＵＰのドッズ候補のポスターしか見なかった。

一方、別の幹線道路、アントリム・ロードを行くと、今度はドッズ候補のポスターが次第になくなって、ドッズ候補と対決するシン・フェイン党のジョン・フィヌケーン候補（39）のポスターが目に入るようになる。この辺りはカトリック住民の集住地区だ。もう通りにユニオンジャックははためいていない。外からはうかがい知ることができないが、プロテスタントとカトリックの地区の間には目

建物の外壁にかかったIRAを非難する掲示物（ベルファスト）

に見えない「壁」があり、明確な「住み分け」が今もできている。後述するが、シャンキル・ロードを南に下った場所――ベルファスト北選挙区ではない場所だが――には、高い壁が続く場所がある。通称「ピースライン」。南側のカトリック地区と北のプロテスタント地区を隔てている、これはまさに目に見える「壁」である。いずれにしても、ベルファストは今も分断が続いているのである。

シャンキル・ロードで通行人らに話しかけてみる。ある五十代の男性は「ＤＵＰに入れる。ブレグジットの話はもう三年もやっているんだ。けりをつけないといけない」と述べ、「ＥＵ各国からの船がこっちの海に魚を捕りに来る。漁師も困っているよ」と付け加えた。「ＥＵの船」というのは、イングランド北部の港町で聞いたのと同じような話だ。

アレックス・マッキーさん（53）は「この辺はみんなユニオニストで、ナイジェル・ドッズに入れるよ。私は離脱を支持しているし、（ＤＵＰは）離脱を実現してくれるだろう」

「もう何年も投票に行っていない」と言う別の五十代ぐらいの男性は「私はプロテスタントだけれど労働者階級のレフト（左派）だ」と言い、肩をすくめる。同じプロテスタントでも右派のDUPには入れる気になれない――という意思表示だろう。「一般的にはプロテスタントは離脱賛成に票を投じた人が多いけどね、私はEUという大きな市場にいたほうがいいと思うんで残留に入れた」と言う。

一方、カトリックが多いアントリム・ロード。八十二歳の女性、シェイラ・フェガンさんは「祖母も母もずっとシン・フェイン党を支持してきたのでシン・フェインに入れる」と言う。「望むのは現状維持。だからEU残留に票を投じた。このブレグジットによって、近い将来には北アイルランドとアイルランドは統一されるでしょう」と話した。フェガンさんの言うようにカトリック側には、EUからの離脱は、北アイルランドのカトリックコミュニティの反発を招き、将来的にはアイルランドへの統一の方向に加速するという考えが結構ある。これは人口問題ともからむものと思われる。人口比でカトリックがプロテスタントに迫り、近い将来逆転することが予想されていた。北アイルランドの帰属は北アイルランド住民の多数派の意思によって決められることが和平合意で定められているから、アイルランドとのこれまでの緊密な関係を断たれることに不満を募らせたカトリックが多数派になれば、統一議論が出てくることは十分考えられる。実際、二〇二一年の国勢調査でカトリックが多数派となった。

カトリックのタクシー運転手、ジェラルド・ヘガーティーさん（37）も「離脱したら統一が近づくと思うよ」と言い、北アイルランドとアイルランドの間には「国境は要らない」と明言した。この選挙区で出馬したシン・フェイン党のフィヌケーン候補は、ベルファスト市議で、市議の持ち回りである市長も務めた。フィヌケーン氏の父親、故パット・フィヌケーン氏は北アイルランドのみならず英国全体でもよく知られている北アイルランド紛争時の犠牲者の一人だ。弁護士だったパット氏はIRA構成員ではなかったが、そう誤解を受け、プロテスタント過激派の戦闘員に殺害された。ヘガーティーさんはフィヌケーン候補について「彼自身人気があるし、父親の件で同情もされている」と述べ、フィヌケーン氏がドッズ氏に勝つだろうと話した。

一方、カトリック穏健派の社会民主労働党（SDLP）を「ずっと支持してきた」というパトリックさん（61）は「DUPもシン・フェイン党も両方とも過激派だ」と苦々しげな表情を浮かべた。「IRAは（紛争時）、無実のカトリック市民も殺したんだよ」と述べ、シン・フェイン党を支持できないという心情を訴えた。

カトリックの男性（35）は「EUの中にいたほうが経済的に見てもいいし、それは北アイルランドにとっても英国にとってもいいことだと思う。EU残留を明確にしているのは（この選挙区の候補のなかで）シン・フェイン党だけだから、ほかに入れる選択肢はない」と語った。

カトリックの女性（57）は、「この選挙はブレグジットを問う選挙だから、EU残留に票を入れた人は、たとえユニオニストでもシン・フェイン（の候補）に票を入れる可能性もあるのでは」と私に言った。「本当にコミュニティの壁を越えた投票行動があるでしょうか？」と私が尋ねると、「（一般的には）抵抗があるでしょうが、若い人はあまりそういった抵抗はないのでは。将来はもっとそういう壁はなくなりますよ」と述べた。

二〇一七年の前回総選挙ではDUPのドッズ氏がシン・フェイン党のフィヌケーン氏を約二〇〇〇票差で破った。しかし、前回、候補者が約二〇〇〇票を獲得したカトリック穏健派SDLPは今回、候補擁立をやめた。SDLPの北アイルランド議会議員、ニコラ・マロン氏は、アントリム・ロードにある自身のオフィスで私の取材に応え、「今回の選挙は前例のない選挙で、EU残留支持者の票を最大化する必要があります。ブレグジットに反対しボリス・ジョンソンに対抗する議員をできるだけ多くウェストミンスター（英下院）に送らねばなりません。裏を返せば、親ブレグジット、親ジョンソンのDUPの議員をできるだけ減らさないといけない。そういったことから候補者擁立を見送ったのです」と説明した。フィヌケーン氏には追い風が吹く。

ベルファスト滞在の最終日、フィヌケーン氏の選挙運動の戸別訪問に少しだけ同行した。訪問先はやはりカトリック集住地区である。

フィヌケーン氏は私のインタビューに、「今回は根本的にブレグジットを問う選挙です。アイルランド北部（北アイルランド）やベルファスト北選挙区の人びとは投票で離脱を支持しませんでした」と切り出し、「ブレグジットは基本的にイングランド人のナショナリズム・プロジェクトであり、アイルランドの人びとはこれを望んでいません」と言い切った。そして「ブレグジットは和平合意を脅かしています。ベルファスト北選挙区の人びとは和平合意の結果得られた進展を尊重し大切にしています。彼らはそういった生活を守りたいと思っているのです」と訴えた。そして、今回の選挙を「党派政治を超えた選挙」と述べ「DUPを代弁者としないユニオニストも数多くいる。われわれのメッセージはよく受け入れられている」と、宗派の違いを超えた残留への共感の広がりに自信ものぞかせた。

和平を大事にする気持ち、「相手側」とも言えるユニオニスト側のEU残留派にも思いをはせる姿勢にはフィヌケーン氏の寛容さが表れていると思えた。だが、一方で、「イングランド人のナショナリズム（English Nationalism）」を指摘する際の厳しい口ぶりには、長い歴史を背景としたイングランドへの反発も感じ取れた。四月にロンドンデリーを訪れた際にカトリック地区で若者支援に従事するスティーブン・マレットさんから聞いた「イングランド人は北アイルランドのことなんて気にしていない」という言葉を先に紹介したが、フィヌケーン氏の「イングリッシュ」のニュアンスにも同じような感じを受け取った。結局のところ、ブレグジットへの北アイルランドのカトリックの反発の根底には、このイングランド民族主義への嫌気もあるのではないか。また、自分たちの状況を自分たちの意思では決められず、ロンドンで決められてしまうことへの反発、「中心」に対する「周縁」の反発という意味では、皮肉なようだが、イングランド北部の離脱派が抱く不満とも――めざしている方向は正反対だが――重なる気がしてならなかった。

果たして、宗派とコミュニティの「壁」を超えた投票行動があるのか。私が現地で話を聞いた限り、EU離脱の是非のみで「相手側」コミュニティの候補に入れるというのは現実問題としては難しいと思えた。旧知のクイーンズ大学ベルファストのデイヴィッド・フィネモア教授に後日尋ねてみたが、やはり「多くのユニオニストにとって重要なのはユニオニストの議席の維持だ」と、宗派を超えた投票行動の可能性には否定的な見方だった。

9　保守党圧勝

ロンドン（二〇一九年十二月）

十一月下旬の段階で、保守党が労働党に一〇〇議席以上の差をつけて圧勝するとの調査結果も出た総選挙の予測だが、投票日が近づくにつれ、各種世論調査で両党の差はじりじりと縮まり、投票日直前には五〜六ポイントの僅差と指摘する調査結果も出た。八ポイントを切ると、第一党が過半数に達しない「ハングパーラメント（宙づり議会）」になる可能性が高まるとの指摘もある。ハングパーラメントになれば、これまで同様、議会は動かない。ロンドン大学の憲法調査チームは、少数与党政権となった場合、二回目の国民投票実施を求める野党や独立系議員の圧力が強まり、結果的に国民投票実施に向かう可能性があると予測していた。

離脱か二回目の国民投票か——。まさに方向性を決する選挙と言えたが、投開票日の十二月十二日深夜、英メディアが報じた出口調査状況を見ると、保守党圧勝という結果となった。最終的な開票結果は、保守党が過半数ライン（三二六議席）を大きく上回る三六五議席を獲得し、「保守党としてはサッチャー政権時の一九八七年以来」（英メディア）の大勝となった。一方、労働党にとっては第二次世界大戦前の一九三五年以来の大敗となった。

「保守党は離脱実現のための新たな負託を得た。われわれは手詰まり状態を打ち破った。この選挙（結果）はブレグジットが反論の余地なく英国民の決断であることを意味した」

ジョンソン首相は十三日朝、こう勝利宣言し、EU離脱実現への強い意欲をあらためて強調した。ジョンソン政権が下院で過半数を優に超える勢力を得たことで、離脱協定が下院の承認を得るのは確実となった。

選挙戦で「ブレグジットを終わらせる」を連呼してきたジョンソン氏は議会の「行き詰まり」を批判し、労働党を国民投票で決まった離脱の実現を阻む党としてつるし上げた。これが結果的に奏功し、労働党の「牙城」でありながら離脱支持者の割合が高いイングランド北部・中部の相当数の選挙区で労働党から議席奪取し、これが地滑り的な勝利に結びついた。私が訪れたビショップオークランドでは、保守党の新人、デヘンナ・デヴィソン候補が、労働党の現職、ヘレン・グッドマン候補に八〇〇〇票近い大差をつけて勝利、労働党は一九三一年以来、初めてこの選挙区で議席を失った。

北アイルランドではプロテスタント右派の「民主統一党（DUP）」が改選前から二議席減らした。一方、カトリック政党はシン・フェイン党（七議席）と社会民主労働党（SDLP、二議席）を合わせると九議席となり、「史上初めて、ナショナリスト（カトリック）がユニオニスト（プロテスタント）を議席数で上回った」と英メディア上で話題になった。私がインタビューしたシン・フェイン党の新人、ジョン・フィヌケーン候補はDUPの大物現職、ナイジェル・ドッズ氏を約一九〇〇票差で破った。

労働党への反発や不満、不安がうねりとなって、選挙ではさながらオセロゲームで黒白の石がひっくり返るように、労働党の議席がパタパタと保守党に替わった――そんな印象を受けた。自身は当選した労働党のジェス・フィリップス下院議員は選挙直後、日曜紙『オブザーバー』への寄稿で、「九〇年代、（ブレア政権を生み出した中道寄りの『ニューレイバー』の）労働党は労働者階級の基盤に中間層の有権者を呼び込む必要があった。今われわれは逆の問題に直面している。労働者階級が多い選挙区ほど、労働党にとって悪い結果となった。多く（の労働者階級の人びと）が、保守党より労働党のほうがいいと思っていないのだ」と今回の選挙結果を総括した。

労働者が支持する党が労働党であるならば、今や保守党こそが労働党だと言ったら言い過ぎか。労働者が離反する労働党なんて、労働党にとっては悪夢以外の何ものでもない。どうしてこういう事態が起きたのだろう。

ブレグジットを肯定的にとらえる歴史家で以前私がインタビューしたケンブリッジ大学のロバート・トゥームズ名誉教授は、『サンデー・テレグラフ』紙への寄稿で、「保守党大勝、労働党大敗」の要因として「階級に根ざした左翼政党の弱体化」を挙げた。「二十世紀には強力な政治勢力だった、社会主義者の知識層と組織化された労働者の同盟関係」が潰えたとの現状認識を示し、ブレグジットと形態は違うが、トランプ米大統領の誕生をもたらしたうねりのように「労働者たちのナショナリスト的政治への転換」が何年も前から世界各地で顕在化していたと指摘。それをもたらす背景として「十九世紀の仏歴史家、ジュール・ミシュレが予言したように、労働者たちは、最終的にはネイション（国家）こそが彼らにとっての生得的な権利となることから、本来愛国的」ということがあり、「ブレグジットは英国でこうした転換を促した」と述べた。

トゥームズ氏は以前の私のインタビューの中で、英国のジャーナリスト、デイヴィッド・グッドハート氏の著書『どこかへの道』の中で示した集団の「定義」に言及した。

『どこかに《サムウェア》』の人びとは自分の属する場所に対し強い思いを抱いているが、『どこへでも《エニウェア》』の人びとはどこにでも住める。エニウェアの人は親ＥＵの傾向があると思う。人びとの場所への強い思いと、国家民主主義や国家主権（を取り戻す）という意味での離脱支持の投票行動とはおそらく関係がある」とトゥームズ氏は述べたが、自分たちの属する土地、郷土に強い思いを持った愛国的な労働者たちが、ＥＵからの主権の回復を望む――というトゥームズ氏の描く構図は、ＥＵ残留を望む議員の多い労働党から労働者が離反した理由の説明として、一定の説得力があると思った。

私は二年後の二〇二一年、労働党ブレア政権で首相首席補佐官を務めたジョナサン・パウエル氏にインタビューする機会があった。パウエル氏はブレグジットなどをめぐるナショナリズムの問題について、こう語った。

「イングランド人がみんなナショナリスティックになっているとは思いません。都市部と地方で違いがあると思います。基本的にロンドンやブリストル、ニューキャッスルやマンチェスターといった都市では、多数派は反ブレグジットであり親国際主義、親多文化社会です。一方で地方の小さな町では移民によって住み分けがなされ、人びとは多文化社会という考え方に恐れを抱いています。そういうところにナショナリズムが存在し、そこがボリス・ジョンソンの保守党にねらわれたと思います」

「また、労働党が愛国的な党でなくなったということもあるでしょう。伝統的に労働党は保守党と同様に愛国的でした。しかし、ジェレミー・コービン党首のもと、労働党は（愛国の）旗を保守党に取られ、それを諦めてしまいました。ナショナリズムの力が、階級をベースとした伝統的な投票行動を圧倒していると思います。ここ最近の何回かの選挙で労働者階級の有権者の多数派は保守党に投票していています。労働党に投票しているのは大学で教育を受けた人たちなのです」と述べ、階級を基盤とした従来の二大政党の構図が変化していると分析した。

トゥームズ氏の言うように左翼・左派が弱体化し、左派政党が一定の政治勢力だった時代が終わるとすれば、また、パウエル氏が言うように階級をベースとした投票行動が衰退しているとすれば、今後はどうなるのだろうか。これはまさに今、欧米各国で指摘されている社会民主主義政党の衰退と、ポピュリズム政党、右派・極右勢力の勃興・拡大とに直結した問題と言える。

私は、「ベルリンの壁」崩壊からちょうど三〇年を迎えた一九年一一月、「壁」崩壊とそれに続く一連の東欧各国の社会主義政権の終焉を記者として取材し、のちにこの時代を詳細に描いた大著『東欧革命1989――ソ連帝国の崩壊』を著した英ジャーナリストで歴史家のヴィクター・セベスチェン氏にインタビューした。

セベスチェン氏は、冷戦終結から三〇年が経った東欧、とりわけ自身の生まれ故郷であるハンガリーで「オルバン首相のようにナショナリズムを訴える者が、成功をつかむことができない人やあまり教育を受けていない人を簡単に魅了する」状況が生まれたと指摘。さらに、ナショナリズムの勃興は東欧だけでなく欧州各地で広がっていると述べて、その例示の一つとして英国にも言及し、ブレグジットの一連の動きをめぐり「英国でも保守党が本質的に極右政党になった」と批判的に論評した。

たしかに、保守党は変わった。一六年の国民投票のころ、党中枢はEU残留志向だった。ところが、国民投票で離脱が決まり、離脱を政策として進めるなかで、傍流だった離脱派議員が次第に前面に出てきた。それでもメイ前政権のときは、親EU派・穏健派が閣内にもいたが、ジョンソン政権になって、政府に反旗を翻した穏健派が除名されるなどして党全体が中道から保守派寄りに大きくシフトした。セベスチェン氏の指摘も無理からぬ面がある。

面白いのは、トゥームズ氏が先述の『サンデー・テレグラフ』の論考で、セベスチェン氏のとらえ方とは逆に、選挙に勝利した保守党が極右などの台頭を防ぐ存在になり得ると指摘していることだ。トゥームズ氏は、労働者らの支持を集めた保守党政権によって、ジョンソン氏がこれまで持論として主張してきた「ワンネイションョン保守主義」が推進されることに強い期待感を示す。

ワンネイション保守主義は、十九世紀後半に首相を務めたベンジャミン・ディズレーリ（一八〇四～一八八一年）が源とされる。従来、富裕層や地主層を地盤としてきた保守党が、ディズレーリによる公衆衛生の推進や労働者らの住宅改善などのリベラル政策の実践によって、中道からさらに左にまでウイングを伸ばし、改革的保守主義とも言える新たな「トーリー（保守党）・デモクラシー」を打ち立てた、そのもととなる考え方を指す。

ワンネイション保守主義は、優勝劣敗の過酷な自由主義に与《くみ》しない。ディズレーリは、英国内の富裕層と貧困層の「分断」の深刻さについて、あたかも「二つのネイション」が存在しているかのようだと指摘し、分断解消の必要性を唱えた。そういう意味で、弱者にも優しく「国を一つにする」ことをめざす保守主義と言える。

たしかにジョンソン氏は選挙中、ブレグジットに早く決着をつけ国家医療制度（NHS）の改善など喫緊の課題に全力で取り組みたいとの意向を重ねて強調してきた。選挙直後には、離脱派と残留派の対立に終止符を打ち、和解を進めようとも国民向け演説で訴えた。

ただ、ジョンソン氏が本当に中道と左側を包み込むようにして政策を進めるつもりがあるのか、これまで数多くの筆禍・舌禍で世間を騒がせてきた人物だけに、いまひとつ信を置きにくいのもまた事実だった。「真のボリス・ジョンソン　ワンネイションジョン保守かひどいポピュリストか?」（『ガーディアン』紙電子版の見出し）。ジョンソン氏が今後何をして、どんな歴史的評価が下るのか。まだ誰にもわからなかった。

10　浮上する「アングロスフィア」

オックスフォード、ケンブリッジ（二〇二〇年一月）

「ブレグジットの実現」を前面に押し出した保守党が下院で大勝した結果、ジョンソン政権が議会に提出したEUとの離脱協定を含む離脱関連法案は年明け早々の二〇二〇年一月九日、あっさり下院で賛成多数で可決され、一月三十一日の期限の離脱が事実上確定した。保守党が少数与党に転落していたせいであれだけ揉めに揉め、停滞し続けた議会の手続きはあっという間に貫徹されることになった。善くも悪くも誠に民主主義とは「数の力」である。

英国に赴任して以来、ブレグジットを希求する人びとの心の奥を知りたいと、取材を続けてきた。離脱の理由として表面的に出てくるのは「移民」だが、「移民」というのはある種の「記号」であり、移民を記号として表面に押し上げる奥底には、「中心」から見放されていると感じる「周縁」の鬱屈とした思い、EUという国家をまたいだ地域連合に対して反発する英国という「国家」からのナショナリズム、さらには英国という連合王国の中にあるイングランドという「ネイション」のナショナリズムがあるのではないか——と取材を通じて気づかされた。では、その不満なりナショナリズムなりの、さらに奥底には英国ならではの固有の「何か」がさらにあるのだろうか。ナショナリズムは何によって「ドライブ（駆動）」され、そして駆動された不満やナショナリズムは、離脱後、どこに向かうのだろうか。

ナショナリズムを駆動するもの、またそのナショナリズムの向かう先を示唆する動きが、早くも表面化してきた――私がそう感じた象徴的な場面が、離脱関連法案が可決された直後にあった。

一月十二日、チャールズ皇太子、ジョンソン首相、ウォレス国防相、カーター国防参謀総長といった英国の王室、政治、国防・軍事のトップ級が英国から数千キロ離れた小国で顔をそろえた。ペルシャ湾岸のオマーン。二日前に死去したカブース・ビン・サイド国王の弔問のため首都マスカットを訪れたのだ。

英国が「最上級の派遣団」（『ガーディアン』紙）を急派したのは、ブレグジット後の英国にとって、オマーンが地政学的に重要だからだ。中東の小国に英国は何を求めているのか。時計の針を三年ほど戻す。

「今夜私は、スエズ（運河）以東からの撤退という政策が間違いだったと認めたいと思う。われわれはこの政策を覆したい」。二〇一六年十二月、湾岸バーレーンの首都マナマで、当時メイ政権の外相だったジョンソン氏はそう演説した。

一九六八年、英国はスエズ運河以東からの英軍撤退の方針を決めた。第二次世界大戦で戦勝国となったものの英国の国力低下は明らかだった。「撤退」はグローバルパワーの維持を断念する最終局面だった。

バーレーン、オマーン両国はかつての英保護国だ。バーレーンでは二〇一八年四月、独立（一九七一年）に伴って閉鎖された英海軍施設が再開。オマーンとは一七年八月、空母などの寄港を可能にする湾岸施設の使用で合意した。英軍のプレゼンス拡大は湾岸にとどまらない。英軍艦は一八年以降たびたび日本に寄港し、日米英の共同演習も行う。

いったんスエズ以東から退いた英国が、半世紀後の今、なぜスエズ以東に再進出しようとするのか。ケンブリッジ大学のマイケル・ケニー教授は私のインタビューに、ジョンソン氏ら離脱派が「大国になる野望を諦めて欧州の一部になったこと」を英国の問題の根幹ととらえ、欧州に封じ込められないグローバル大国・英国の復活を志向していると分析した。ブレグジット後に「大国になる野望」を描く英国人らが口にするキーワードがある。それが「アングロスフィア（アングロ圏）」である。

マイケル・ケニー教授

「われわれはブレグジットを地域よりもグローバルな貿易に集中し直す機会ととらえねばならない。英連邦、アングロスフィアの国々との強い関係を新たにする機会だ。これらの国はEUよりも成長が早いし、われわれは歴史、文化、言葉、法体系を共有している」

EU離脱の是非を問う国民投票まで四カ月と迫った二〇一六年二月、のちにメイ政権で離脱担当相に就く保守党離脱強硬派の大物、デイヴィッド・デイヴィス下院議員は演説で「アングロスフィア」に言及し持論を展開した。

「アングロスフィア」は曖昧な概念で、英連邦諸国や米国など、かつて大英帝国の植民地や保護国だった国、英語が公用語の国などを広く包含した枠組みと言える。このため、「エンパイア2・0（帝国バージョン2）」などと皮肉られ、「アングロスフィアの統合、政治的統一の夢は、英国の衰退への恐れに裏打ちされた植民地主義的な郷愁の表れ」（ケンブリッジ大学のダンカン・ベル教授の『プロスペクト』誌への寄稿）などの批判も強い。

だが、アングロスフィアに基づく連携構想は極右や離脱強硬派だけでなく保守層に一定の広がりを持っている。対面や電話で何度も私のインタビューに応じてくれたサー・マルコム・リフキンド氏。保守党メージャー政権で国防相、外相を歴任した英外交・安全保障の重鎮であり、自身はEU離脱を問う国民投票では残留を支持した。穏健保守とも言えるリフキンド氏だが、アングロスフィア連携の考えについて理解を示す。私の問いに「アングロスフィア（の各国）は緊密な関係を保ってきたが、英政府がこれらの国との関係により注意を払うようになったのは事実で、これはブレグジットの結果によるものです。英政府は外交政策を修正中だと言うでしょう」と語った。

『帝国の影――英国政治におけるアングロスフィア（*Shadows of Empire: the Anglosphere in British Politics*）』の共著者、ケンブリッジ大学フィッツウィリアム・カレッジで私のインタビューに応じたマイケル・ケニー教授によると、大英帝国に陰りが見えてきた十九世紀末に、仏独露など他の列強に対し英語圏の国々で対抗しようという考え方が英国で生まれた。アングロスフィアという名前で保守派に広がったのは一九九〇年代末～二〇〇〇年代半ば、労働党の長期政権が続くなかで「選挙に負けた保守党が（与党に対抗するための）新たなアイデアを探していた」ことが背景にあるという。

興味深いのは、アングロスフィアの連携希求は英国の「片思い」と言い切れないことだ。ケニー教授はカナダ、オーストラリア、ニュージーランドといった国々で政治家や知識人にこの考えが一定程度広がったと指摘する。ハワード元豪首相（在任九六〜〇七年）は二〇一〇年、米保守系シンクタンクでのスピーチで「米英、カナダ、オーストラリア、ニュージーランドや他のアングロスフィアが共有する価値観を持つ国々を結びつけている絆は、それ以外の国々との絆よりも深く、揺るぎない」と述べている。カナダ、オーストラリア、ニュージーランドに英国を加えた「ＣＡＮＺＵＫ（カンザック）」という呼称もあり、アングロスフィアの中核を成す国々としてこれらの国々の保守派が連携を求める動きも目立つ。

ただ、ケニー教授は、カナダ、オーストラリア、ニュージーランドでは、移民受け入れを促進する「多文化主義」に批判的な保守派勢力が、アングロスフィア連携の考えを利用している可能性が一定程度あるとも推測。「（他の三国の）保守派の政治家が本当に英国との関係強化や貿易協定に関心があるとは思えません」と話し、安全保障関係の強化はできても経済協力の深化には疑問符を付ける。

欧州現代史の権威、オックスフォード大学のティモシー・ガートン・アッシュ教授も「カナダには米国との、オーストラリアにはアジアとの関係や関心があり、『グローバルブリテン（国際的に開かれた英国）』と彼らの関心が重なる部分は小さい。アングロスフィアは欧州の代替にはならないでしょう」と言う。そして一例として「インドが英国から欲しいものはインド人学生、ビジネスマンらへのさらなるビザ交付。だが、ブレグジットの主たる理由の一つは移民の制限でした」と述べ、アングロスフィア連携を進めれば新たな矛盾が出てくると推測する。

アングロスフィア連携に懐疑的で、親欧州派の代表的な歴史家として著名なアッシュ教授には二〇年一月、オックスフォード大学セントアントニー・カレッジで会った。

ブレグジットによって「二〇年後に振り返ったとき、EU全体の解体の始まりだったということになるかもしれません」とEU分裂を懸念し、「英国が結果的により貧しく弱くなり、（英国内の）分断は広がり、影響力も低下する恐れがあります」と英国の将来も憂慮した。

「多くの人びとが今、英国は常に欧州の外側にいる存在で離脱は避けられなかったと思っています。離脱の原因を一〇層ほど重なったウエディングケーキに喩えれば、最も深い層にはイングランドが（カトリックから英国国教会を分離させた）ヘンリー八世以来ローマ教会から離れてきた歴史的ルーツがあります。だが直近の表面に近い層を見ると、ジョンソン首相がその人気をEU残留のほうに使っていれば、あるいは野党・労働党の党首が親欧州の別人だったら状況は違っていたでしょう。離脱は避けられない出来事ではなかったのです」

英国を特別視する考え方に異を唱えたアッシュ教授は、アングロスフィア構想にもつながる英国のエリートの考え方についてこう論評した。

「第二次大戦で政治的にも道徳的な意味でも勝者となった英国のエリート層には、（大陸欧州に対する）途方もない自信があります。また、『英国は欧州と異なる』『大陸欧州が（EUよりも統合を深める）欧州連邦の創設に躍起だ』と唱えたサッチャー元首相の見方が、二世代にわたって彼らに強く影響しました。今では連邦を求める欧州人はほとんどいません。（離脱派が行ったのは）無益な戦いだったのです。大英帝国の最隆盛期ですら、帝国主義者の首相だったソールズベリー卿が『われわれは欧州の一部だ』と言いました。人びとも常にそう思っていました。（英国が欧州とは違うというのは）英国史を単純化した見方で、真実の半分にすぎません」

ジョンソン首相は「英国の潜在力を解き放つ」という言い方を好んでする。解き放たれた英国の力は欧州を越え、世界に広がる――。英保守派がブレグジットの動きと軌を一にして主張し始めた「グローバルブリテン」の一環として、アングロスフィア連携の構想があるのは明らかだろう。アングロスフィアをつなぐことがグローバル展開の足がかりになるからだ。英国の保守派はブレグジットをグローバルブリテンあるいはアングロスフィアといった「外」に目を向ける手段やきっかけにしている。だが、「内」なる連合王国はこれによって揺らぎかねない。アッシュ教授はこう悲観的な見通しを語った。

ティモシー・ガートン・アッシュ教授

「離脱は連合王国としての英国の将来を危うくすると思います。北アイルランドは、離脱協定で特別な地位を得たことにより、アイルランドとの関係がより深まります。また、私がもしスコットランド人なら、『英国を離れてEUに再加盟したいか』との選択を迫られれば、独立に投票する気になるでしょう。スコットランドが独立すれば十六世紀にまで戻ることになり、離脱がもたらしうる最も衝撃的な結果となります」

11　離脱が駆り立てる独立

スターリング、エディンバラ、マッセルバラ（二〇二〇年一月）

　ブレグジットによって揺らぐ連合王国。その動きが最も顕在化しているのはスコットランドである。二〇一九年十二月の総選挙、英国全体では保守党が大勝しブレグジットを確実にしたが、スコットランドではEU残留派で英国からの独立をめざす左派政党「スコットランド民族党（SNP）」が大きく躍進した。改選前、下院に三五議席を有し地域政党ながら保守、労働両党に次ぐ国政第三党の位置を占めていたSNPは、今回の総選挙でスコットランド全五九選挙区のうち八割を占有する四八議席にまで勢力を拡大した。SNPは英議会から広範な立法権限を移譲されたスコットランド議会の与党で、ニコラ・スタージョン党首はスコットランド自治政府首相を務める。

　二〇一一年のスコットランド議会選で単独過半数を得たSNPは一二年、保守党キャメロン政権との間で独立の是非を問う住民投票実施で合意した。一四年九月に行った同投票では独立賛成が約四五パーセント、反対が約五五パーセントの結果となり、いったんは独立への動きが沈静化した。

　しかし、SNPの党勢拡大は国政選挙でも著しく、前々回の一五年総選挙では全五九選挙区のうち五六議席を獲得。今回の総選挙は一五年に次ぐ躍進となった。

背景にはスコットランド住民の強い親EU志向がある。一六年のEU離脱の是非を問う国民投票で英国全土の約五二パーセントが離脱を支持したが、スコットランドでは残留支持が約六二パーセントにのぼり、イングランドなど連合王国を形成する他の「ネイション」と比べて、残留支持が際立って多かった。

今回の総選挙直後、スタージョン自治政府首相はBBCに対し「スコットランドは自らの意思に反して連合王国の中で囚《とら》われの身にはならない。スコットランド人の意思は無視されないだろう」と、独立を問う住民投票実施への強い意欲を表明した。スタージョン氏はその後、ジョンソン首相に投票実施を求める文書を送付。スコットランド議会も投票実施に向けた法案を賛成多数で可決した。

住民投票の実施には英議会の承認が必要だが、ジョンソン氏はスコットランド側の動きを受け、投票実施を認めない意向を即座に明らかにした。

選挙分析で著名なストラスクライド大学（スコットランド・グラスゴー）のジョン・カーティス教授は調査機関サイトへの寄稿で、各種世論調査でスコットランドでは独立を支持する人が一九年に入って増加する傾向にあり、とくに一六年の国民投票でEU残留に投じた親EU派の間で独立支持の増加が顕著だと指摘した。今後SNPがジョンソン政権との対決姿勢を強めれば、スコットランドで投票実施を求める声が高まる可能性は否定できなかった。

スコットランドで何が起きているのか。ブレグジット実現目前の二〇年一月、私は現地へと向かった。

ロンドンから鉄道で五、六時間程度、スコットランドの「首都」エディンバラに到着する。これまで訪れた英国各地のなかで、私が最も美しい町と思うのがエディンバラだ。中心駅のエディンバラ・ウェイバリー駅で降り、南側の出口を出て、急な石の階段を上がり切ると、ロイヤルマイルという石畳の道に出る。道沿いの中世を思わせる建物群の美しさは息をのむほどだ。スコットランドが生んだ偉大な思想家、アダム・スミスの銅像を横目に、セント・ジャイルズ大聖堂を通過してロイヤルマイルを上がっていくとエディンバラ城に行き着く。こういった旧市街のみならず、エディンバラ・ウェイバリー駅を挟んで北側の新市街からの眺めもすばらしい。旧市街と新市街を合わせてユネスコの世界文化遺産に指定されているのも納得がいく。在留邦人の多くが私と同様に、この町を英国で訪れてよかった町に挙げる。

スコットランドは、グレートブリテン島の北部で、面積は英国全体の約三分の一を占めるから結構広い。しかし、人口は約五四〇万人でイングランドの一〇分の一程度しかない。独立した王国だったが、一六〇三年にイングランド王とスコットランド王が同じ君主となる同君連合体制となり、一七〇七年にイングランドと合併した。アングロサクソンのイングランド人に対し、スコットランド人はウェールズ人やアイルランド人と同じケルト系で、ケルト系言語のスコットランド・ゲール語がある。イングランドでプロテスタントの英国国教会が主流となったのに対し、スコットランドはプロテスタントのカルバン派から派生した長老派教会が主流となった。この長老派（プレスビテリアン）はプロテスタントのなかでも一大勢力となって、今では世界各地に多数の信者を有するが、確立したのは十六世紀のスコットランド人牧師、ジョン・ノックスによってだ。長老派教会はスコットランド国教会となり、スコットランド文化の形成に大きな影響を与えた。

アダム・スミス像

エディンバラ城

北アイルランドではプロテスタントとカトリックが対立してきた長い歴史があるが、アイルランドのプロテスタント教徒の多くはスコットランドとイングランドからの入植者の子孫であり、その多くが長老派教会の信者だ。ベルファストなどのプロテスタント集住地区を歩くと、イングランドからのアングリカン・チャーチ（英国国教会）だけでなく、むしろプレスビテリアン・チャーチのほうが頻繁に目につく気もする。言葉も似ていて元は同じケルト系のスコットランド系入植者と土着のアイルランド人が、長老派かカトリックかという違いで争ってきたというのは、なんとも悲しい。

イングランドと合併し、大英帝国という連合王国の四つの「ネイション」の一つとして長い時を経てきたスコットランドだったが、やがて、スコットランド民族主義が少しずつ勃興し、独立を取り戻したいという機運も出始める。その民族主義と独立機運を牽引してきたのがSNPである。そんななか、一九九七年の総選挙でスコットランドへの権限移譲を公約に含めた労働党が勝利し、ブレア政権が誕生する。そして、同年の住民投票を経てスコットランド議会設置が決まり、以後、広範な自治権を獲得した。そして二〇一四年に独立を問う住民投票の実施へと至った。

今回の総選挙でSNPが保守党から議席を奪ったスコットランド中部スターリングと、労働党から議席を奪ったエディンバラ郊外マッセルバラを訪ね、独立をめぐる人びとの声を聞いてみた。

エディンバラから西へ、スコットランドの鉄道「スコットレール」で四〇〜五〇分程度行ったところにあるスターリングは、スコットランドの古都である。スコットランドの歴史はイングランドとの長い闘争の歴史でもあった。南側のイングランドはたびたび北の大地に侵入し、スコットランド王国を攻略した。その闘争史の中でもスコットランド人にとってエポックメイキングなものが、一三一四年にスターリング郊外でイングランド軍をスコットランド軍が破った「バノックバーンの戦い」である。苦汁をなめさせられてきたイングランドを打ち負かしたこの戦いはスコットランド人の溜飲を下げるもので、スコットランドの民族主義にとって大きな意味がある。

スターリング中心部の繁華街で話を聞いたニール・マッキンリーさん（75）は、離脱を問う国民投票ではEU残留に投じた。だが、「英国から独立したうえでEU残留」を訴えるSNPは支持しないという。「私は独立を支持しないからね。独立しても社会保障や警察など（への予算）を賄うゆとりはスコットランドにはないよ」。一方、EU離脱については「民主的な投票の結果を尊重すべきだ」と、今は離脱を受け入れる。

学生のフィン・ソーントンさん（22）は、保守党政権の英政界と社会民主主義的なSNPが主導するスコットランド政界を比べて「政治状況が右のイングランドと左のスコットランドで違いすぎる」と述べ、「経済の観点からでなく」政治的な観点から独立を支持すると言った。SNPが自治政府を最初に担ったのが〇七年で、それ以降、スコットランド自治政府はずっとSNP政権である。若者にとっては物心ついたころから与党イコールSNPというイメージが強い。国民投票ではEU残留に入れたというソーントンさんの考えはSNPとぴったりフィットしているように見える。「独立しても（北海油田などの）エネルギー資源やスコッチウイスキーがある」と輸出品目の候補を挙げ、経済面でも楽観的だ。

一方、もともとは労働党支持者だという男性（67）は国民投票ではEU残留に投じたが、「今となっては離脱でいい。（投票結果を尊重するのが）民主主義だから」と言い、スコットランド独立については「独立なんかしたらちっぽけな国になってしまうよ。それにおれは自分のことをブリティッシュだと思っているからね」と話し、「スコティッシュ（スコットランド人）」よりも「ブリティッシュ（英国人）」のアイデンティティのほうが自分にとって強いと話した。スコットランドはかつて労働党の牙城だった。この男性も「この辺ではみんなトーリー（保守党）には入れたくないけど、ユニオン（イングランドとの連合）を保つのが必要だから、（保守党を）支持するのも仕方ないかもね。ＳＮＰには票を入れないよ」と話した。

元看護師のアイリーンさん（62）は、スコットランド独立を問う住民投票では「独立反対」、国民投票では「ＥＵ残留」にそれぞれ投じた。これまでは労働党に票を入れてきたアイリーンさんだが、今回の総選挙は棄権したという。「私は英国を分裂させる必要を感じていないから。王室を支持しているし」と言う。想像するに、ＥＵ残留の思いはあるが、態度が煮え切らない労働党に入れる気がせず、ＥＵ離脱に猛進する保守党は嫌だが、独立を党是にするＳＮＰにも入れる気がしない――といったところだろうか。独立をめぐる議論ではこうも付け加えた。「うちの子供なんかは私とは違うわね。若い人はＥＵ残留でスコットランド独立という人が多いのよ。私たちとの間には大きな断層がある気がする」

家族がアイルランドとポーランドにルーツがあるというＩＴ業界で働く男性（29）はＳＮＰ支持だ。住民投票では独立を支持した。「保守党が嫌い」と言い、イングランドとの連合を保つよりもむしろ「ＥＵに残りたい」と言う。不動産会社勤務のキース・ジェームズさん（31）は「これまでは労働党支持だったけど、スコットランド独立を支持するから、今回の総選挙では初めてＳＮＰに入れた」と言う。

独立の是非について、自分の考えをはっきり言う人が多いなかで、こういう反応を示す人たちもいた。

「うーん……その質問に答えるのはとても難しいです。今の段階では答えられないですね」

「もし明日、独立を問う住民投票が再び行われたら、賛成、反対、どちらに投じますか?」という私の問いに、宙の一点を見つめるようにして考え込んだ男性、ローワン・バートンさんは、言葉を絞り出すようにそう言った。

七年前に大学を卒業し、今は薬品の臨床研究などを行う会社に勤務する。独立を問う住民投票では、独立反対の意思表示をし、EU離脱をめぐる国民投票ではEU残留に投票した。

そんなバートンさんが、再び独立を問う住民投票があった場合、「賛成」「反対」いずれに入れるか迷うわけは、「スコットランドは英国とEU、両方の中にあるのが最も望ましい」と考えるからだ。英国がEUを離れるのであれば、英国にそのまま残るか、あるいは独立国家としてEUに再加盟するか。どちらがいいのか迷っているのだ。

エディンバラの郊外の港町マッセルバラでも、バートンさんと似た反応を見せた人がいた。エックス線撮影技術を学んでいるという女性（35）も「答えるのはとても難しいことです」と言った。そして「私は自分のことをヨーロピアン（欧州人）だと思っている。だから独立することでEUにとどまれるなら、私は独立を支持したい」と言う。だが、「でも英国が分裂するのはとても悲しいこと」と揺れる思いを吐露した。

この二人の迷いは、近い将来に独立を問う住民投票が再度実施された場合、その結果に大きな影響を与えると注目されている「ユニオニスト・リメイナー（英国との連合維持とEU残留を支持する人）」

の典型例と言える。ＥＵに残留する英国の中のスコットランドを理想としており、ＥＵから抜ける英国にとどまるべきか、独立国スコットランドとしてＥＵに再加盟すべきか。選択に迷っているのだ。

繰り返しになるが、一四年の住民投票では独立賛成が約四五パーセント、反対が約五五パーセントで約一〇ポイントの差があった。その後も最近まで世論調査ではこの差に大きな変動はないままだった。しかし、エディンバラ在住の世論調査専門家、マーク・ディフリー氏によると、直近六〜九カ月の各種調査では、この差が詰まってきたという。その要因として「一四年の住民投票で独立に反対し、一六年の国民投票でＥＵ残留に投じた人たちが、ブレグジッーが決まったことで独立支持に回る」傾向を指摘した。ユニオニスト・リメイナーの中にＥＵ離脱の流れを受けて心変わりし、独立支持に転向する傾向が見受けられるというのだ。

実際、私のスコットランド取材の直後、世論調査会社ユーガヴがブレグジット前日の一月三十日に発表した調査結果では、独立賛成五一パーセント、反対四九パーセントとなった。ユーガヴの同種の調査で賛成が反対を上回ったのは一五年前半以来。ユーガヴはこの結果について、ユニオニスト・リメイナーの五人に一人がこの調査で独立賛成に転じたと分析する。ディフリー氏は、現段階で独立への態度を決めかねている人びとは「(二〇年末までの移行期間中に行われる) 英国とＥＵとの通商交渉が順調なら独立反対で、交渉が不調なら独立賛成になるのではないか」と推測した。

二一年のスコットランド議会選後がヤマ場との見方が強かった。ＳＮＰが再び大勝すれば、住民投票実施をより強く打ち出す可能性が指摘される。そのころまでに英国はＥＵと自由貿易協定を結び、移行期間を終結させているのだろうか。不調に終わった場合、英国「分裂」が現実味を帯びるかもしれないと思えた。

それにしても、国民投票でスコットランドの人びとの約六二パーセントがEU残留を支持したのは、イングランドなど英国内の他の「ネイション」に比べて、スコットランド人がずぬけた「親欧州」であることを示している。なぜこれほど「親欧州」なのだろうか。

左派のSNPは、独立したスコットランドがEU加盟を通じて他国と協調することで「労働者の権利保護、気候変動への取り組み、平和の維持、移動の自由」などを確保できると主張し、国家同士の相互依存関係や、主権の一部をEUにプール（移譲）することがこういった重要な価値観の維持に必要との考え方を強調する。「EUから主権を取り戻す」と述べてブレグジットをめざしたイングランドの離脱派とは、ロジックがまったく逆なのだ。

リフキンド元英外相は以前、私の取材に、侵略や全体主義の記憶が新しいEU加盟国にとって、EUは平和や民主主義を奪われないための「保険」のようなものと述べた。また、ケンブリッジ大学のトゥームズ名誉教授も「小国はEUシステムの中で安全を確保できる」と指摘した。いずれの考え方も、EUこそが「小国」スコットランドの独立を保障する「保険」となり得る——という考えを示唆しているように見える。

ここまで述べてきたのは、独立をめざすスコットランド民族主義者が「保険」として必要としている欧州だが、これとは別に、スコットランドのことを学ぶほどに、スコットランド固有の欧州大陸との独特の距離感が見えてくる。イングランドを中心とした他の英国が欧州大陸に持つ距離感より、ある種の「近さ」を感じ取ることができる。私には、この大陸への「親近感」が、スコットランド人の親欧州感情の根っこにあるように思えてならない。

スコットランドはたびたびイングランドの侵攻を受けた。この間、スコットランドは、イングランドの宿敵であるフランスと長く同盟関係を維持し、友好を深めた。「敵の敵は味方」という論理である。

日本人から見るとスコットランドはイングランドの北に位置しており、イングランド以上に欧州大陸から隔たった地域に見える。しかし、このフランスとの同盟関係をはじめとして、スコットランドには大陸と独自に活発な交流を続けてきた歴史がある。

スコットランド史の権威であるエディンバラ大学のトム・ディバイン教授は著書の中で「スコットランドは中世以降、常に欧州の学者コミュニティの一部を形成していた」と述べた。具体的には、パリ大学の学長に創設時からスコットランド人が多数就いたことや、十六世紀後半から十七世紀にかけて数多くのスコットランドの学生や学者が、仏独や現在のベネルクス三国で神学や法学を学んだり教えたりしたことなどを挙げた。

こういった文化・学術面での交流の活発化の背景には、スコットランド固有の事情もあったと思われる。識字率が高かったのだ。米シンクタンク「ハドソン研究所」上席研究員で歴史家のアーサー・ハーマン氏は著書の中で、長老派教会が教義普及のために、学校設置と教育振興を推し進めたと指摘。イングランドは識字率でスコットランドに対して十九世紀後半まで追いつけなかったとも述べて、「十八世紀末までに、スコットランドの識字率は他のどの国よりも高くなった。スコットランドは欧州で初の近代識字社会となった」と結論づけた。

この識字率の高さが醸成した知的な土壌は、やがて「スコットランド啓蒙主義」とのちに呼ばれるようになる十八世紀の知の一大潮流の形成につながった。啓蒙主義は、十七世紀から十八世紀にかけて発展してきた自然科学的な知見などを重要視しながら、それまでのキリスト教の教義に縛られた考え方や世界の見方ではなく、理性に基づく思想を構築していった。こうして、欧州のみならず世界における「近代」の形成に大きく寄与した。

啓蒙主義の中心地となったのはフランスで、「三権分立」を唱えたモンテスキューや「社会契約論」のルソーらがよく知られる。このフランスと並ぶように啓蒙主義の拠点と目されたのが、スコットランドだった。著書『国富論』で近代の経済学の祖とも言われるアダム・スミス、哲学者のデイヴィッド・ヒュームらがその代表格である。この二人を含めた知的エリートたちがエディンバラの一角で談論風発を重ねていたことはよく知られている。

思想とは異なるが、蒸気機関の改良で産業革命に大きく寄与したジェームズ・ワットは、啓蒙主義の時代を生きたスコットランド人である。科学面の発展でもスコットランドは当時の先進地となっていたようで、ディバイン教授は十八世紀後半のエディンバラが「欧州で並ぶところのない医療教育の中心」と見なされていたと指摘する。

スコットランドで啓蒙主義という思想や最先端のサイエンスが花開いた背景には、識字率の高さなど長い期間をかけて育んだスコットランドの知的蓄積に加え、先進地を抱える欧州大陸との交流、大陸との太いパイプがあったろう。これらの知的財産は、スコットランドの独自性と言えるのではないか。

SNP党首のスタージョン自治政府首相は一九年の党大会での演説の中でこう述べた。「ここ（エディンバラ）は啓蒙主義の誕生した場所。世界のとらえ方を変えた知的開花は、欧州の端の小国のこの町で起きた。スコットランドの近現代社会への貢献は比類なきもので、われわれの誇りとすべき確固たるものだ」。イングランドとの合併まで独立国家だったという歴史と、世界史に爪痕を残してきたというプライドがスコットランド民族主義の根底にはあるように思う。

しかし、別の側面もある。ディバイン教授は別の著書で、十九世紀の欧州各国では、学者らが国家的なアイデンティティを鼓舞する存在として期待されたと述べた。だから、スコットランド啓蒙主義の知識人たちがスコットランドという「国」への誇りやアイデンティティ強化の担い手になってもいいはずだが、当時はそうではなかった。

教授はこの点について、実際には知識人たちはみんな、スコットランドとイングランドとの合併を肯定的に評価していたのだと指摘した。啓蒙主義の知識人たちは、民族のアイデンティティの根幹を形成する「起源神話」などには否定的な「国際主義者」で、イングランドとの合併がむしろスコットランドの旧弊排除に役立つと考えていた――。教授は、そう分析する。

時計の針を少しだけ進めてみる。EU離脱直後の二月三日、ジョンソン首相はロンドン郊外グリニッジで、離脱後の英国について演説したが、この中で「われわれグローバルコミュニティは、偉大なるスコットランドの思想家の洞察を忘却するという危機にさらされている。アダム・スミスの『見えざる手』だ」と述べて、グローバルな自由貿易の重要性を強調し、英連邦諸国や日本を含めたアジア各国などとの連携強化の姿勢を示した。演説するジョンソン氏の背後の壁と演台には、この演説の主張とも同調するジョンソン氏のキャッチフレーズ「英国の潜在力を解き放つ」の文言が見えた。

アダム・スミスの名前と思想を、欧州に押し込められない「グローバルブリテン」を支えるものとして使うジョンソン氏。一方、親欧州であるSNPのスタージョン氏はアダム・スミスを含む啓蒙主義者をスコットランド民族主義の誇りに位置づける。めざす方向が逆の二人がともに、持論に都合よくスコットランド啓蒙主義者を使っているようにも見える。

米国出身のジャーナリスト、歴史家で、ソ連の収容所を描いた『グーラグ——ソ連集中収容所の歴史』、冷戦形成期の東欧諸国を詳述した『鉄のカーテン——東欧の壊滅1944-56』で世界的に知られ、保守系の英雑誌『スペクテイター』で働いた経験もあるアン・アプルボームは二〇二〇年、民主主義国が権威主義的になっていく昨今の世界的傾向を描いた『権威主義の誘惑——民主主義の黄昏』を発表したが、ここでブレグジットと英国政治にも紙幅を費やしている。そこに彼女による英保守派の心情の分析があるが、ここまでの私の取材で明らかになってきたこととかなり重なる部分がある。イングランド民族主義がもたらすブレグジットが連合王国を分裂させる可能性についてだ。少し長くなるが紹介したい。

英国がフランスやドイツのように、単に普通の中規模の国家ではない世界、英国が「特別」で、優勢でさえある世界。それが、ノスタルジアを抱く保守派の一部がつねに、英国が創出に尽力した単一市場に懐疑的である理由の一端だった。第二次世界大戦における真の戦勝国の資格があると彼らが考える唯一のヨーロッパの国、侵略されることも降伏することもなかった国、戦争当初から正しい陣営を選択した国である英国が、二一世紀に他のヨーロッパ諸国と協調してしか自らのルールを作ることができないという考えは、まったくもって受け入れ難かったのだ。ここでわたしはブリテンではなく、イングランドのことを言っているのだ。一九九〇年代にはブリテンの人びとはまだベルファストでアイルランド共和軍（ＩＲＡ）と戦っていて、保守党の友人たちはまだ自分を「ユニオニスト」と呼んでいたけれども、イングランド・ナショナリズムはすでにスコットランド・ナショナリズムと並行して成長しており、後者は結局スコットランドの分権と、数年後にはスコットランド独立要求につながることになる。

「イングランドらしさ《イングリッシュネス》」という概念は、突き詰めればベルファストにいる英国のアイルランド人、グラスゴーにいる英国のスコットランド人、そして連合王国のゲール系の周縁部にいる他のすべての人を排除することにもなったのだ。イングランド・ナショナリズムの支持者は、ＥＵ離脱が連合王国を崩壊させるなら——彼らはその可能性を常に認識していた——それはそれでかまわないとまで考えるようになった。サッチャーのスピーチライターだったジョン・オサリヴァンもその代償を払う用意があった。「ああ、スコットランドは出ていくだろう」とオサリヴァンは数年前、わたしに語った。「それでもわれわれはやっていくだろうね」

このまま、イングランド人はスコットランド人を独立へと追い込んでいくのだろうか。

（三浦元博訳）

12 チャーチルの振り子

パーラメント・スクエア（二〇二〇年一月）

二〇二〇年一月三十一日、とうとう離脱の日がやってきた。

この日の朝刊各紙を見ると、論調は大きく割れていた。離脱支持の保守系『デイリー・テレグラフ』紙は、ジョンソン首相の国民向けメッセージの一部を、首相の写真とともに公表前に掲載。「これが終わりではない。始まりなのだ」との首相の言葉を見出しに取った。別刷りの特集では、「ユーロ・スケプティシズム（欧州懐疑主義）はわれわれのDNAにあった」との大見出しで、ブレグジットを「礼賛」している。一方、親EUの左派系『ガーディアン』紙は1面に「小さな島」との見出しで英国が欧州から孤絶したイメージを伝え、「（離脱は）この世代における最大の賭け」と付記した。

離脱時間は英国時間午後一一時、EU側の欧州大陸の中央時間で二月一日午前〇時である。「今夜われわれはEUを離脱する。夜が明け、われわれの偉大な国家的ドラマの幕が開く」

離脱時間に先立ち、ジョンソン首相が国民向けのビデオメッセージを公表し、そう呼びかけた。

私は離脱の瞬間を、多くの人びとが集まるウェストミンスターの議会前広場「パーラメント・スクエア」で迎えることにした。チャリングクロス駅の方向から官庁街ホワイトホールに入ると、英国旗などを手にした大勢の群衆の波にのまれた。首相官邸ダウニング街一〇番地を横目に議会方向に進む。ようやくウェストミンスターの地下鉄駅辺りまで到着したが、人が多すぎるので広場にまで入るのは断念した。そこから眺めると、広場に立ついくつかの銅像のなかでもひときわ目立つ一体の像が、人びとの持つユニオンジャックの先に見えた。

コートを着て、杖をつく、険しい表情の老人の像。第二次世界大戦で英国を率いた宰相、サー・ウィンストン・チャーチルの像が群衆を睥睨《へいげい》するかのように立っている。

一一時が近づき、カウントダウンが始まった。「三、二、一」。ビロとともに群衆の高揚した「ウオー」という歓声が辺りを包み、チャーチル像が、揺れるユニオンジャックの波の渦中に見えた。

英国の政治の歴史や文脈の中でこれまでブレグジットを考えてきた。サッチャー政権以降、保守党の中に広がったユーロ・スケプティシズムがブレグジットにつながったのは確かだ。しかし、もともとは保守党のほうが欧州プロジェクトへの参加に熱心で、労働党のほうが懐疑的だった。だが、今では労働党議員の主流は――支持者は二分されているが――親EUであり、党派の欧州への姿勢は見事にねじれてしまった。そして、保守、労働両党の「異端」の大物、イノック・パウエルとトニー・ベンはいずれも首尾一貫ユーロ・スケプティクス（欧州懐疑派）であった。

では、チャーチルはどうだったのか。

英国におけるチャーチルの「位置」をどのように説明したらいいのか。私の手に余る作業であることを率直に認めねばならない。保守党政権の宰相ではあるが、そのリーダーシップへの高い評価は党派を超えて定着している。今から考えると帝国主義者だったとか人種差別主義者だったといった批判

ウィンストン・チャーチルの像（パーラメント・スクエア）

もあり、毀誉褒貶は激しいが、そういったネガティブな面を超えて、ナチス・ドイツに屈することなく英国だけでなく欧州全体をヒトラーの魔の手から守った救国の英雄であり、第二次大戦後の国際秩序づくりに大きな貢献をした人物として尊敬を集めている。英国人のナショナルプライドを体現する「イコン」と言っていい。

英国人は伝記が大好きで、書店の棚のかなりのスペースを伝記が占有するが、チャーチルの伝記はとくに数多く、今も新たな伝記が次々に刊行されている。大きな書店には通常の「伝記」と書かれた棚のスペースとは別に「チャーチル」という棚が設置されていることもある。労働党副党首も務めた大物議員で伝記作家としても著名だったロイ・ジェンキンス元蔵相も、そしてジョンソン首相もチャーチルの伝記を著している。

ジョンソン氏はチャーチル伝の自著『チャーチル・ファクター』で「人びとは今もチャーチルを、現代世界のさまざまな政治的難題の調停者として引き合いに出そうとする。これは彼の予言能力の証左である」(石塚雅彦、小林恭子訳)と記しているが、まさにそうである。そして英国と欧州との関係、欧州統合観について言うと「やっかいなのは、チャーチルが親ヨーロッパ派、ヨーロッパ懐疑派の両方から担ぎ出されることだ。両派ともチャーチルを崇拝し、予言者としてあがめている」との指摘も的を射ている。チャーチルの発言がどちらにも受け取れるものだからだ。

「われわれはある種の欧州合衆国を築かねばならない。これによってこそ人びとが喜びや希望を取り戻せる」

チャーチルは第二次大戦の終戦から一年後の一九四六年九月、スイス・チューリヒでの演説でこう語った。こういった発言から親欧州派からは「欧州統合の父」の一人に挙げられるようになった。チャーチルの欧州合衆国への言及はさらにさかのぼる。一九三〇年には米紙への寄稿ですでに欧州合衆国という言葉を使い、その未来像を描いていた。一九四七年にロンドンで行った演説でも欧州の統一が達成される場合、英国は「欧州家族の一員として最大限役割を果たすべきだ」とも述べている。一九五〇年、欧州連合(EU)の前身、欧州石炭鉄鋼共同体(ECSC)の発足をめざすフランスのシューマン外相による協議の呼びかけに時の英労働党政権が応じなかった際には、チャーチルは下院で「英国の不在は欧州のバランスを乱す。英国抜きでは西欧の石炭と鉄鋼の統合はドイツに支配されるようになる」と政権を批判した。こういった一連の発言はチャーチルを欧州統合の父とするのに十分だと思える。

だが、問題はチャーチルが欧州合衆国あるいは欧州連邦に、英国を含むことを考えていたか、なのだ。ＥＣＳＣが発足した翌年の五三年の英議会では、こうも述べている。

「欧州連邦システムに合併されるつもりはない。われわれはそれらとともにあるが、それらの一部ではない」

チャーチルが欧州連邦と言う場合、どうも英国を除いて話している感じが否めないのである。その背景には、チャーチル独自の世界観、国際秩序観がある。それは「チャーチルの三つのサークル（輪）」として知られているもので、①大英帝国の領土と英連邦諸国、②米国を筆頭とした英語を用いる諸国、③統一された欧州――の三つの「輪」が、英国を支える基盤であるとの考えだ。シューマン仏外相が提示したＥＣＳＣ発足の協議に英国も加わるべきだとした先述の下院での発言の中でも、チャーチルは後段でその考えに触れている。

「まず、大英帝国と英連邦があり、次に英語を話す世界との兄弟的な関係があり、そして統一された欧州の再興がある」と述べ、さらに「現在予測可能ないかなる時期においても、英国が欧州に限定された連邦の通常会員となることは、私には思いもよらないことだ」「大英帝国と英連邦の中心として、英語諸国の中の米国と兄弟的関係を有するものとして、われわれ（英国）は欧州の連邦システムの正会員資格を受け入れることはできない。われわれ独自の位置取りによって、英国は西洋民主主義世界のすべての大きなグループの中で、重要でおそらくは決定的な役割を担うチャンスを持つ」と述べている。

『第二次大戦回顧録』などが評価され、ノーベル文学賞を受賞したチャーチルは、大著『英語諸国民の歴史（*A History of the English-Speaking Peoples*）』を著したことでも知られる。歴史家としての分析眼からチャーチルが英国の特殊性として指摘した三つの「輪」のうち、統一した欧州を除いた残りの二つの「輪」は、いみじくも、すでに論じた「アングロスフィア（アングロ圏）」と重なっているのである。リベラルな英メディアや論壇は、アングロスフィアという考え方について「時代錯誤」「帝国への郷愁」と切って捨てる傾向がある。たしかに、まだ「帝国」の雰囲気が残っていたチャーチルの時代はいざ知らず、植民地を手放し、完全に「スーパーパワー」の地位を降りた今の英国の状況に、チャーチルの言う三つの「輪」の理論が当てはまるのか、という疑問はある。だが、現状の国力の問題とは別に、その歴史的経緯から英国人の心性に刻まれたものはなかなか消えないのではないか。そういう意味では、チャーチルの三つの「輪」はまだ生きていると思える。

結局のところ、チャーチルがその後生きて今日の欧州統合を見たとき、英国の離脱を訴えたかどうかまでは断じることはできない。いくつかのチャーチルの発言や寄稿を見る限り、私にはチャーチルが欧州連合の中で政治統合にまで進む道を許容したようには思えなかった。だが一方で、統一欧州の大義は、英連邦諸国との紐帯を大事にすることとは矛盾しないというような言い方もしており、やはり統一欧州に加わるつもりがあったのではと思わされるところもある。「いったいどっちなんだ？」と言いたくなる気持ちは理解できる。

最初から統一欧州と英国との位置を確信的につかんでいたのか、あのチャーチルにしても欧州との距離をつかみかね、具体的な関係構築の中では考えに「ぶれ」が出ていたのか、私にはわからない。

いずれにせよ「予言者」チャーチルの言葉は、英国人に大きな影響を与えてきた。その欧州統合をめぐる彼の言説は、欧州プロジェクトへの英国の参加ともとらえる人がいる一方で、欧州統合への参加は考えていなかったと受け取る人もいた。その言葉の受け取られ方は、さながら揺れる「振り子」のように、大きな幅を持ち、両極は遠く隔たっている。欧州統合への英国の姿勢と英国人の感情は、二律背反するようにも見えるチャーチルの言葉の「振り子」の間で長年揺れ続け、結局、英国は欧州の中に入らない道を選んだのだった。

第2部

ブレグジット以後

13 コロナが露呈した英国の問題

ロンドン（二〇二〇年三月～二二年一月）

英国がEUから離脱したのが二〇二〇年一月三十一日。そして、そこから二カ月足らずで新型コロナウイルスの感染拡大により、英国はロックダウン（都市封鎖）に入り、社会や政治は一気に停滞した。以後二年間、日常生活も取材活動も大きく制限される状態が続く。本書のテーマは英国に見る、あるいは英国から見えるナショナリズムの勃興であり、コロナ禍の英国の混乱は主題ではない。しかし、コロナ禍が可視化した英国の問題は、本書で扱うナショナリズムの勃興やブレグジットを駆動させるに至った人びとの不満の遠因でもあった。どういった問題があったのか。この章で紹介しようと思う。

新型コロナウイルスの感染で、英国が世界的に見ても甚大な被害を出したことは明らかだ。人口は日本の半分の約六七〇〇万人だが、二二年六月下旬段階で累積の感染者数は二〇〇〇万人超、死者数は約一八万人で、それぞれ日本の約九〇〇万人、約三万人を大きく上回っていた。

英国は米国と並び、感染症に対応する公衆衛生学の発展に大きく寄与してきた国である。そんな英国で、なぜ感染拡大初期段階に、これほど多くの死者を出す結果となったのか。二〇年春の流行の「第一波」時の状況を探っていくと、第二次世界大戦後に達成し、英国民が誇ってきた「高福祉社会」の後退との関連が浮かび上がった。

「ウイルスが（英国に）到達するまでに準備する時間があったから、政府には（有効な）計画があるだろうと思っていました」

国営の医療システムとして運営されている「国民医療サービス（NHS）」のイングランドの病院で勤務してきた女性医師、ミーナル・ビズさん（27）は二〇年十一月、Zoomによる私のインタビューに応じて、英国で新型コロナの最初の感染者が確認された直後の二〇年二月初旬ごろの心境を、そう振り返った。

しかし、事態は思わぬ方向に動いていった。

コロナ対応には当初、重大な感染症対策に用いる「フル装備」の防護具の着用が必要とされていたが、急に簡易のプラスチック製エプロンなどで対応するよう病院側から求められるようになっていったという。「未知のウイルスには完全防護で対応すべきなのに、おかしい」。ビズさんはそう思った。

このころ、公衆衛生当局が医療現場で使用すべき防護具の指針を変更していた。当局はその関連を認めないが、多くの医療関係者が防護具の「基準緩和」は、そのストック不足から来ていると疑った。

実際に現場ではさまざまな物が不足していた。「消費期限が二〇一六年のマスクを使う羽目になりました。『政府が大量のマスクを入手した』という話が流れ、よかったと思っていると三日後には（供給されても再び）マスクがなくなって、元の状況に戻りました」。そう語るビズさんは、救急部門に勤務しており、自分の身を守れないという不安を募らせていた。

そんななか、各地の病院で医師や看護師らが新型コロナに感染して死亡するニュースが入ってきた。「どんな対策を持っているのか、なぜこんな事態が起きているのか」。病院側に尋ねても納得できる答えはなく、逆に「混乱」について他言しないように言われたという。

四月中旬、別の病院で妊娠中の二十八歳の看護師が感染して死亡したとの知らせを聞いた。そのころビズさん自身も妊娠中だった。「死ぬのは自分だったかもしれない」。そう思ったビズさんは、彼女の死を無駄にはできないと感じ、大きな決断をした。

看護師の死亡が英国で大きく報じられた直後の四月十九日、ビズさんはロンドン中心部の首相官邸前に「医療従事者を守れ」と書いた手製のプラカードを持って立った。職を賭して行った、たった一人の抗議行動だった。当時の気持ちをこう振り返る。「保健相は『これ（コロナ禍）は戦争だ』と言いました。でも『武器』を与えてはくれないのです。バターナイフをもらったって、それでどう戦えばいいというのでしょうか？　あり得ないことです！」

ゆりかごから墓場まで——充実した福祉を享受してきた第二次大戦後の英国を象徴する言葉だ。この言葉が示す戦後英国の高福祉社会の根幹を担ってきたのがＮＨＳというシステムである。

労働党アトリー政権が一九四八年に始めたこのシステムは主に税を財源とし、原則無料の診療を実現した。大戦後、荒廃した欧州では、資本主義体制の国であっても、国家の介入による復興を促進する社会民主主義的な政治が浸透した。例外ではなかった英国では、その後、中道右派の保守党が政権を取った後もＮＨＳが維持された。日本でいえば、国立病院での診療を無料で受けることができるようなイメージだ。英国にも民間病院はあるが、大半の国民はＮＨＳの病院で診療を受ける。私のような長期滞在の外国人も同様だ。

一二年のロンドン五輪開会式のパフォーマンスでは「産業革命」などと並んで「ＮＨＳ」は英国の象徴として世界にアピールされた。ＥＵからの離脱を決めた一六年の国民投票では、「ＥＵへの分担金をＮＨＳに回すべきだ」とする離脱強硬派の主張が多くの国民を離脱側に引きつけたとされる。予約を入れても実際の診療までかなり長く待たされるなど、そのサービス内容には不満も多いものの、ＮＨＳというシステム自体が英国人の「誇り」であるのは、今も変わりない。

新型コロナ感染拡大による二〇年春のロックダウン下、町には「サンキューＮＨＳ」などと書かれたポスターが掲げられ、毎週木曜夜にはＮＨＳスタッフに感謝を表す拍手が全土で一斉に響いた。しかし、感染拡大は止まらず、死者数は連日増加した。しかも、ＮＨＳの医療スタッフたちまでが感染によって数多く倒れ、命を落としていった。

医療スタッフの死亡の一因と指摘する声が挙がったのが、ビズさんもその体験を語ってくれた個人用防護具の現場での不足だ。

医師の労働組合「英国医師会」の調査によると、感染拡大の初期段階でイングランドの医師の四八パーセントが防護具を自身で購入したり、慈善団体や企業からの寄贈に頼ったりせざるを得なかったという。

英会計検査院は二〇年六月、同年三月中旬から五月初旬の間、医療用ガウンなどの現場への供給可能量が、新型インフルエンザのパンデミック時に必要と想定していた量を下回っていたと指摘。ガウンについては一九年に補充の必要性が諮問機関から示されていたことにも言及した。

一方、ＢＢＣによると、保健省は供給可能量が想定を下回ったとの指摘に対し「すでに防護具一七億個を供給した」などと述べたうえで、以前から現場にある防護具のストック量などを考慮しないまま、「最悪のシナリオ想定」と当局による新たな調達量のみとを比較するのは「誤解を与える」と反論した。感染を確認するPCR検査と感染者の接触追跡も後手に回った。

ジョンソン首相は二〇年三月十二日、感染の「封じ込め」を目的とした段階から「感染拡大のスピードを遅らせる」段階へと対策を移行させると発表。症状が見られる場合は、自宅に七日間はとどまるよう呼びかけた。そのうえで検査対象については自宅待機期間を過ぎても症状が好転しない人に限定した。

英政府のこの方針は、のちに撤回した「集団免疫」の考えからのものと見られるが、積極的には検査をしない背景には、深刻な検査キット不足や検査できる施設の少なさなど体制整備の遅れがあった可能性がある。四月一日の段階でNHSの医療スタッフ約五〇万人のうち、約二〇〇〇人しかPCR検査ができておらず、「自分や家族に症状がある」との理由で「自主隔離」をしていた多くのスタッフが職場に戻れない状態だった。

検査や接触追跡の不十分さが関係した可能性がある「悲劇」も起きた。

コロナ感染の入院患者の増大に備え、病床確保のため、退院が可能と判断された患者を速やかに退院させるべきだとする当局の指針が二〇年三月十七日に出された。その後、退院して高齢者介護施設に戻る施設入居者に対してPCR検査を行う、との指針が出されたのが四月十五日。英会計検査院によると、この間に約二万五〇〇〇人の高齢者が施設に戻った。その多くは検査をしなかったと見られ、施設入居者の感染が爆発的に増加。英国家統計局のまとめでは、六月までに疑い例も含め、一万九〇〇〇人以上（イングランドとウェールズ）の施設入居者が死亡した。

「新型コロナ感染だなんて、それまで誰もそんなことを言わなかったから、聞いてショックを受けました」

介護施設に入居していた父親のアーサーさん（98）を亡くした、イングランド東部ノーフォーク州のジョン・ウィットビーさんは二〇年七月、私の電話インタビューに対し、検視官からアーサーさんの死因を聞かされたときの驚きをそう語った。

ウィットビーさんによると、二〇年三月末、ロンドンの北に位置するハートフォードシャー州の介護施設のスタッフから、アーサーさんが尿路感染症のような症状で体調を崩したと電話で知らされた。その後、アーサーさんは四月三日に血を吐き、ロンドン市内の病院に搬送されたが、翌四日には施設に戻った。しかし、その後病状は次第に悪化し、同九日に亡くなったという。

その数日後、ウィットビーさんは検視官から死因として新型コロナ感染と慢性閉塞性肺疾患を告げられた。それまでコロナ感染の可能性について聞かされていなかったというウィットビーさんは施設に問い合わせたが、施設関係者は感染について何も聞かされていないと答えたという。

ウィットビーさんはその後、他の入居者関係者から、施設ではアーサーさんの死後、感染が確認された二人を含む入居者一一人が死亡したと聞いた。アーサーさんの死の直後、私物の片づけなどのために施設を訪れたウィットビーさんの息子によると、部屋に入る際、施設側から感染防護具の着用などを求められることもなく、「誰も（感染の可能性などを）気にしていないようだった」という。

ウィットビーさんは「父にコロナ感染の症状が出ていなかったために、（病院では）とくに気に留められなかったのかもしれません。（感染が）見落とされたのかどうか、私にはわかりません」と話した。

ロンドン・スクール・オブ・エコノミクス（LSE）の研究チームの分析では、「第一波」の段階で、英国の施設入居者全体の五・三パーセントがコロナ感染（疑い例を含む）で死亡。死亡率は欧州主要国のなかではスペイン（六・一パーセント）に次いで高く、ドイツ（〇・四パーセント）の一三倍にもなった。

病院から介護施設に戻る施設入居者に対し、PCR検査を行うとの指針が出されるより一〇日以上前の四月四日に退院したアーサーさんが、検査を受けないまま、施設に戻っていたとしても不自然ではない。アーサーさんがどのように感染したか、アーサーさんの感染と他の入居者の感染に関連があるのか、などは不明だ。ただ、このころ感染が急拡大していたことを鑑みると、このケースは感染防止措置が不十分だった当時の状況を示す一例と言えるかもしれない。

「政府はNHSの病院のベッドを確保することに集中し、高齢者をコロナ感染に関する検査をせずに病院から施設へ戻しました。その結果、多くの人びと、おそらく数万の高齢者が死期を早めることになったのだと思います」。ウィットビーさんは私にそう言った。

英国はなぜこんな事態に陥ったのだろうか。

「（一二年成立の）『医療・公的介護法』が医療システムのまひを生んだのです。また、〇八年の金融危機を受け、公衆衛生分野などへの予算削減もありました。こういった異なる要素が結びついた結果、医療システムが弱体化し、それが新型コロナ禍で露呈したのです」。ロンドン大学クイーンメアリー校の公衆衛生専門家、デイヴィッド・マッコイ教授は私のZoomインタビューの際にそう指摘した。

保守、自由民主両党の連立によるキャメロン政権は一〇年の発足後、緊縮財政を断行し、歳出削減に取り組んだ。ユニヴァーシティ・カレッジ・ロンドンの著名な疫学者、マイケル・マーモット教授によると、〇九〜一〇年には国内総生産（GDP）の四二パーセントを占めていた公共支出が一八〜一九年には三五パーセントにまで減った。また、NHSの支出は一九七九年以降、平均前年比三・八パーセント増だったが、全体の人口、高齢者人口とも増加しているにもかかわらず、一〇年は同一パーセント増に抑えられた。マッコイ氏は「（防護具の）不足は、パンデミックなどに対応する予備的な能力を保証するための、適切なストック確保が失敗したということです。（政府は）緊急時に備えたストックを行わないことでコスト削減を図ろうとしたのかもしれません」と、防護具不足の一因に緊縮財政があった可能性を指摘する。

「二〇一〇年からの一〇年間は国家の（役割の）後退が政治的なムードであり、市場に任せるのが最良というコンセンサスが継続されてきた」。マーモット氏は『ガーディアン』紙にそう書いた。「市場化」がかたちとして表れたのが、マッコイ氏が最初に指摘した「医療・公的介護法」だ。それ以前から、NHSの提供する医療サービスの一部を民間セクターに委託する動きがあったが、同法によって民間参入がさらに促進されることになったと指摘される。競争の活性化で効率化を図ることをねらった法律だった。

一二年に成立した同法によって、イングランドでは公衆衛生をそれまで担っていた健康保護庁が解体され、後継組織「イングランド公衆衛生局」（同局は二一年に解体。公衆衛生部門は新設の英保健安全保障庁に移管された）ができた。マッコイ氏は、同法施行に伴う機構改革によって「公衆衛生部門はその地位も予算も下がった」と言う。

英シンクタンク「医療・公益センター」は一三年、同法成立前と後を比較し、新型インフルエンザのパンデミックが起きた場合、どう状況が変わるか予測した。その報告書は、以前はあった政府首席医務官と公衆衛生当局との直接の連絡系統が失われることや、地方での検査態勢構築などの支援をどの機関が行うか責任所在が曖昧になることなど、機構改革に伴う問題点を指摘していた。

パンデミック「第一波」発生から半年以上経った二〇年十一月、英会計検査院がまとめた報告書は、防護具の供給をめぐり、「政府は地方での需要について情報を欠いた」と指摘した。医療・公益センターが指摘した機構改革後の組織間の連携の不備も、防護具の供給などに影響した可能性があるのではないか。

法制化の柱であった企業参入も、その「負」の面が影響した可能性がある。マッコイ氏は「カネがPCR検査や接触追跡につぎ込まれましたが、つぎ込まれた先は機能不全を起こしていたのです。実績がなく適切な訓練も受けていない人びとが接触追跡を管理し、この種の仕事を行うには不適格な多数の企業が請け負いました」と批判する。

「医療・公的介護法」は法提案の際から、賛否両論の激しい議論が巻き起こり、約四〇〇人の公衆衛生の専門家が上院宛に法制化に賛成しないよう嘆願する書簡を送った。

医療への市場原理導入の弊害を指摘し、上院議員として法案阻止の急先鋒となったのが、私がブレグジットについて話を聞いたデイヴィッド・オーウェン元外相だ。医学を修め、労働党の下院議員となる以前は研修医や研究員として病院に勤務し、政界入り後は保健担当閣外相も務めたオーウェン氏は、今回のコロナ禍への対応について自身のブログで「われわれが準備できなかった根本的な理由は、この二〇年間のNHSに対する構造的破壊に由来している」と書いた。

オーウェン氏は私の電話インタビューに、検査と接触追跡の状況などに言及しながら「（NHS誕生の）一九四八年以降の医療システムの中で培われてきたとても効率的な地方の医療体制が、完全に解体してしまったことがわかります」と話した。

オックスフォード大学のクラアス・キルチェル研究員（科学・医学史）は二〇二〇年九月に医学誌『ランセット』（電子版）に発表したリポートで、一九三九〜二〇〇三年に存在した、イングランド公衆衛生局の前身「公衆衛生検査サービス」が地方に検査施設のネットワークを張り巡らすと同時に、大きな権限を有してNHSとも効果的な協力ができていたことを説明。そのうえで、その後の改組や予算削減を経て検査態勢が縮小していったことを明らかにした。地方の公衆衛生体制の衰退を裏づける内容と言えそうだ。

一六年には、新型インフルエンザのパンデミックが発生したとの想定で、関係当局などが参加したシミュレーションが行われていたが、導かれた結論は、英国のパンデミックに対する備えを不十分と指摘するものだった。オーウェン氏はブログで「このシミュレーションの結果、どんな対応がとられたのか、詳細を知る必要がある」と投げかける。

首相官邸前でたった一人の抗議活動を行った女性医師、ビズさんはこう言った。「政府は準備するための多くの機会を失ったのだと思います。機会を失っただけでなく自分たちの非を認めることも、状況を変えないといけないということを認めることもできないのです」

こう見ると、公衆衛生の態勢が緊縮財政政策の中で衰退していったことがわかると思う。これは公衆衛生の分野にとどまらない。二〇〇八年の金融危機以降、公的サービス部門は機能低下を余儀なくされた。イングランド北部のEU離脱派が多い地域で、多くの住民が医療サービスの低下を嘆き、政府を批判していたことはすでに述べたとおりである。当時のキャメロン政権下で進められた緊縮財政政策が、地方の人びとの不満をより増幅し、ブレグジットの機運を高めることにつながったのは間違いない。

英国だけでなく西側各国でポピュリズム機運が高まっている背景に、同様の緊縮政策への不満を指摘する声がある。コロナ禍は緊縮政策がもたらした負の側面を顕在化させた現象だったとも言えそうだ。

ここまで英国のコロナ対応のまずさを批判的に述べてきたが、驚くほど効率的・機能的な面もあったことを記しておかないと公平性に欠くだろう。

英政府がワクチン開発にいち早く乗り出し、大規模なワクチン接種体制を短期間で構築し、西側で初めて接種に着手し、大展開した点については、英国に暮らす一人として、率直に言って感銘を受けた。日本と比べると普段は緩慢な印象がある行政機関の対応が、ワクチン接種時には様変わりして、スピーディーかつ簡便で効果的なものになった。

「この国は有事になると違うな」。そう思わされた。「平時」から「有事」への切り替えが鮮明なのである。ワクチン展開には実際に軍隊も寄与したが、数々の戦争を通じて積み上げてきた有事態勢づくりの蓄積やそれに伴う知見の厚みのようなものによって支えられていると感じた。

また「有事」から「平時」への回帰も早かった。英政府は、ワクチン接種が一定程度行き渡り、変異株の重症化リスクがそれ以前の株に比べて減ったタイミングをとらえて、世界に先駆けて「平時」

への回帰に動き出した。「平時」と「有事」の転換の時機が正しかったかどうかは、今後も検証が必要だろう。だが、一つ言えるのは危機対応での果断とも言える判断だ。日本政府が危機に対して慎重に対応するあまり、動きが遅いのとは対照的な「英国流」だった。

14 香港問題とファイブアイズの結束

ロンドン（二〇二〇年三月〜七月）

そんなコロナ禍のさなか、英政界を揺るがす別の大きな問題が浮上した。香港問題である。

コロナ禍で英国がロックダウンに入ったのは三月二十三日。これより二カ月前の一月、私は英国内の著名な歴史家や国際政治学者らにブレグジットに関するインタビューを重ねていたが、面白いことに、相次いでこんな「逆質問」を受けた。「ところで、中国は将来どうなると思いますか？」

刑事事件の容疑者の香港から中国本土への引き渡しを可能にする「逃亡犯条例」改正案をめぐり、香港では一九年六月以降、反対する大規模な抗議活動が展開された。「中国の将来」を尋ねる英国の知識人らは、香港の状況に言及しながら私にそう質問するのだが、中国問題の門外漢である私は残念ながら彼らを満足させられるような知見を披歴することはできなかったと思う。ただ、香港問題が英国人にとってはやはり強い関心事であり、香港問題を中国政府について考える一つの重要な要素ととらえていることや、中国が価値観の相いれないグローバルパワーになっていくのではないかと専門家の間に不安感や警戒感が強くなっていることが、強く印象づけられた。

そして、五月二十八日、中国の国会に当たる全国人民代表大会（全人代）が国家安全法制の新設決定を可決した。言論や集会の自由が保障されている香港で、香港の議会に当たる立法会での議決を経ないまま、反政府活動を取り締まる法律を制定できるようにするという「禁じ手」である。

これに対する英国の対応はスピーディーで、反対姿勢は明確だった。

香港には、香港返還（一九九七年）以前に香港に居住していた人で希望する人に対して英国が発行した「英国海外市民」という旅券を持つ市民が三〇万人以上いる。英国海外市民は、英国本土にビザなしで六カ月滞在できるが、英国での労働などの権利はない。

パテル内相はツイッターで「（法制が香港に）適用されれば、私とラーブ外相は英国海外市民の市民権（取得）に道を開く選択肢を検討する。英国は香港市民の権利と自由を守り続ける」と直後に投稿。ラーブ外相も「中国が法制実現に進み続けるなら、英国海外市民旅券保持者の地位を変更する」として、その場合、英国海外市民の滞在限度を一二カ月まで延長し、労働の権利も認めて市民権取得の道筋をつける意向を表明した。

さらに、ジョンソン首相は六月三日付の『タイムズ』紙への寄稿で、ラーブ氏が表明した市民権取得の対象について、現在英国海外市民旅券を保持している人だけでなく、同旅券の申請資格を有する約二五〇万人も念頭に置いていることを明言。「多くの香港の人びとの暮らしが脅かされている。中国がこの脅威を正当化しようとするなら、英国は良心に鑑みてこれを放置することはできない」と述べ、断固たる姿勢で中国に臨む姿勢を強調した。

ジョンソン氏の寄稿が『タイムズ』紙に掲載された三日、私は、ブレグジットをめぐってたびたび意見を聞いてきたリフキンド元外相に電話でインタビューした。

香港返還は九七年七月一日。その直前の五月に行われた総選挙で保守党が労働党に敗れて下野するまでリフキンド氏は外相を務めており、香港への思い入れは深い。英国の人権活動家、ベネディクト・ロジャーズ氏が二〇一七年に創設した、香港の自由や人権状況を監視するＮＧＯ「香港ウォッチ」の賛助者にも名を連ねる。

リフキンド氏は、国家安全法制適用について一国二制度を明記した英中共同宣言に違反すると非難する声明文を、最後の香港総督だったクリス・パッテン氏とともに作成し、各国の議員に署名を呼びかけていた。また、保守、労働両党の党派の違いを超えた英外相経験者六人とともに、英国がリードして中国に圧力を加える国際的連携を構築すべきだとする書簡を英政府に送付。対中包囲網の形成のため、積極的に活動していた。

香港立法会での議決なしに国家安全法制を香港に適用するのは「容認できない」というリフキンド氏が強調するのは、「法の支配」をめぐる問題だ。

「根本的なことは、香港には法の支配がありますが、中国にはないということです。中国に法治はあり、法律はあります。しかし、中国政府は彼らの政治システムの推進のため、また、反対勢力を犯罪者として取り扱うために法を利用しています」

「法の支配がない」ことについてのリフキンド氏の中国に対する懸念と不信感は、かなり以前までさかのぼる。リフキンド氏は一六年に著した自身の回顧録の中で、こんなエピソードを紹介している。

香港返還直前、外相のリフキンド氏がカウンターパートである中国の銭其琛《せんきしん》外相と会談した際に「法の支配」について持ち出すと、銭氏はリフキンド氏に「心配は無用。中国政府も法の支配を信じている」との趣旨で応じ、さらに「中国では、人びとは法に従わねばなりません」と付け加えたという。リフキンド氏は「西洋では、人びとだけでなく政府も法の下にあるのだと私が指摘したとき、彼（銭氏）はそんな考えは理解できないようだった」と記した。リフキンド氏はこの挿話について、国家安全法制が全人代で可決された翌日の『デイリー・テレグラフ』紙への寄稿でも触れ、中国共産党の「法の支配」理解の危うさを訴えている。

リフキンド氏は私のインタビューに、「いま起きていることは一過性の出来事ではありません。国家安全法制の問題は中国政府がこれまで行ってきた、あるいは今後行う一連の戦略の中で起きていることの一つにすぎないのです。彼らが行おうとしているのは、香港の自由をひと切れずつ切り取っていく、われわれのフレーズで言うところの『サラミ戦術』といったものなのです」と述べ、中国の香港政策が長いスパンを見据えた戦略に基づいているとの見方を示した。

中国が長期戦略を描くのであれば、英国にもそれに対応する戦略が必要になる。そこでリフキンド氏ら七人の元英外相は次のように英政府に提言した。「われわれの提言は国際的に連携するグループの発足です。これは、北京（中国政府）が何か議論を呼ぶことをしたとき、いちいち最初から国際的な対応を調整する必要がないように、即座に各国が協力し、欧州だけでなくできればアジアの国々も含めて、集約的な対応が可能になるようにしようというものです」

中国に法の支配はなく、またそれに対し無理解である。そして人びとから自由をサラミのように少しずつ削り取り、一国二制度という約束をないがしろにしていく――リフキンド氏が抱くこういった認識は、英国で共有されている中国への今の不信感を一定程度代弁していると思えた。

アヘン戦争の末、中国から奪われた香港は英国の植民地統治の長い期間、普通選挙は行われず「民主はないが、自由はある」(『香港――中国と向き合う自由都市』岩波新書)状態だった。だから、返還が近づいたころになって民主化を進めた「旧支配者」の英国が民主主義の大切さを説き、中国を批判することに、中国側は反発するかもしれない。しかし、香港市民が、中国とはまったく異なった政治的な自由を謳歌してきたのも事実で、それを支える一国二制度の形骸化を見過ごし、許容すべきだとの理由にはまったくなり得ない。

リフキンド氏は、こうも言う。

「新型コロナウイルス感染拡大の危機の中、世界中の政府が国内問題と感染抑止対策に専念しているため、それほど反発がないことを中国は期待したのではないでしょうか」「香港問題はとても大きな重要な問題ですが、コロナ対策でも中国政府はウイルス発生源の特定や発生初期段階で何が起きたのかの確認などについて、国際協力のための現実的な方法を拒みました」。新型コロナのパンデミックをめぐって中国が増幅させた不信感も、火に油を注いでいるようだ。

英国では、中国企業から大量購入した新型コロナの抗体検査キットの信頼性が低いために、結果的に使用できなかったことが報じられ、物議を醸した。『スペクテイター』誌の政治記者、ジェームズ・フォーサイス氏は記事で「『コロナ後』の世界はどう異なるか。明らかに異なるだろうということが一つある。英政府の中国に対するアプローチだ」と述べ、感染防護具を含めた医療物資などの中国からの輸入に象徴されるような、これまで拡大してきた貿易面などでの過度な中国依存からの脱却を英政府が進めていくだろうとの分析を明らかにした。

中国依存からの脱却という文脈に当てはまる一つの例が、ファーウェイ問題だ。

ファーウェイ製品・機器を通じて中国政府がスパイ活動を行ったり、サイバー攻撃をしたりするのではとの警戒感から、米国のトランプ政権は各国に同社製品・機器の排除を要求してきた。外交・安全保障上の米国の盟友である英国だが、次世代通信規格「5G」については二〇年一月、ファーウェイ製機器の使用を条件付きで容認することを決めた。英国ではすでに、現行の4Gの基地局でファーウェイ機器の使用が浸透しており、全面的なファーウェイ機器の排除は整備の遅れやコスト高を招くとの判断から、そう決めたのだ。

しかし、その後、与党・保守党の中からファーウェイ機器の5G採用に反対する声が出て、二二年十二月末をもってファーウェイ機器を排除する修正案が議会に諮られた。同案は否決され、ファーウェイ排除に向けた具体的なタイムスケジュールは設定されなかったものの、採決では保守党から三八人が政権に造反し、賛成する事態となった。

そして、『タイムズ』紙は五月二十九日、英政府が主要七カ国（G7）にオーストラリア、韓国、インドを加えた、民主国家一〇カ国の新たな枠組み「D10」で、5Gのファーウェイ依存に対抗していく姿勢を見せていると報道。また、ロイター通信は六月三日、英国当局者が日本のNEC、韓国のサムスン電子と5G関連で協議していると伝えた。

ついこの間まで英中関係は良好だった。成長する中国との関係強化を国益増進につなげようというキャメロン政権（一〇～一六年）時のオズボーン財務相が進めた対中戦略は「オズボーン・ドクトリン」とも呼ばれ、「(英中関係の）黄金時代」や「西側で最良のパートナー」をめざすなどといった言葉がメディア上などで躍るなど、突出した接近志向が目立った。その後のメイ政権、現在のジョンソン政権ではそれほどの蜜月ぶりは目につかず、一定の距離を置いた関係で推移してきた。では、ここに来て英国は対中政策をオズボーン・ドクトリンから正反対の対決姿勢へと大転換させたのだろうか。「英国の根本的な（対中）政策は、『関与』と『敵対』という（両極の方針の）間で、針に糸を通そうとするような試みが続いていると思います」。「英王立防衛安全保障研究所（ＲＵＳＩ）」の上席アソシエートフェローで中国問題に詳しいラファエロ・パントゥッチ氏は二〇年六月、居住地のシンガポールからＺｏｏｍで私のインタビューにそう答えた。

パントゥッチ氏は「英国が世界的な気候変動対策や発展途上国の問題において何らかの成果を得ようとするなら、中国とともに協力しなければならないし、英国が開かれた市場経済を維持したいと思うなら、中国から切り離されることはあり得ないということを認識せざるを得ない」と、英国にとって中国への積極的な関与、関係強化が重要であることを説明。一方で、「中国との間では根本的な問題がいくつかあり、とくに中国が香港で行っていることは英国にとって道徳的な意味で大きい。英国には香港に関してある種の責任があるからです」とも指摘、「英国は今後の政策をどうしていくか、まとめ切れていない」と分析した。

しかし、その後も英国の中国への対決姿勢は日に日に鮮明になっていった。

結局、英政府は七月十四日、５Ｇ向けのファーウェイ製品の新規購入を二〇年末で禁止とし、他社製品に置き換えながら二七年末までにファーウェイ製品を排除する新方針を発表した。

このころ中国と関係を悪化させたのは英国だけではない。

オーストラリア政府は二〇年四月、新型コロナ感染拡大をめぐる中国の対応の不透明性に懸念を表明し、新型コロナの発生源がどこなのかという問題や中国当局の感染拡大初期の対応の詳細などについて独立した調査が必要と強く主張、これに対し、中国は強く反発した。中国は五月に入って、豪州産牛肉の輸入を一部停止。また、翌月には自国民に対しオーストラリアへの旅行を控えるよう通告した。中国側は牛肉輸入については検査や検疫での違反、旅行に関しては、アジア人に対する人種差別的な攻撃の増加を理由とし、コロナ関連での両国の対立とは無関係との見解を示したが、オーストラリアにとって最大の貿易相手国である中国が、報復として経済的な圧力を加えたのは明らかだった。

モリソン豪首相は六月上旬、中国の「報復」に対し「圧力を受けてわれわれの価値観を売り払うことはけっしてない」と豪メディアに対して述べ、中国側の圧力には屈しないという姿勢を強調した。

カナダと中国の関係もいっそう険悪になった。

カナダは、米国の要請を受けて一八年十二月にファーウェイの孟晩舟《もうばんしゅう》副会長兼最高財務責任者（CFO）を逮捕して以降、対中関係が悪化。米国は孟副会長が対イラン経済制裁に違反したと主張しているが、その逮捕の直後に中国はカナダ人二人を中国国内で拘束した。孟副会長の釈放を求める中国に対し、カナダの司法機関は法手続きに則り、審理を継続。中国側は二〇年六月、拘束した二人を「国家機密を外国のために探った罪」で起訴したと明らかにした。

カナダのトルドー首相は六月二十二日、「中国側は、最初からこれら（孟副会長の逮捕とカナダ人二人の拘束）をリンクさせ、カナダに政治的圧力を加え続けてきた。政治的利益を得る手段として恣意的な拘束を用いることは、法に基づいた世界ではまったく容認できるものではない」と強く批判した（米司法省との司法取引によって孟氏は二一年九月、カナダで釈放され、ほぼ同時にカナダ人二人も中国で解放された）。香港国家安全維持法が成立した直後の七月三日、カナダはいち早く、香港との間で結んでいた犯罪人引き渡し条約の停止を表明。中国側が今後要請する可能性がある「政治犯」引き渡しなどに応じない姿勢を迅速に示して、中国に対抗していく姿勢を明確にした。香港との犯罪人引き渡し条約については、オーストラリアも七月九日に停止を発表。ニュージーランドも同日、同条約を含めて香港との関係を見直していく意向を明らかにした。

英国、オーストラリア、カナダなどの個々の国々と中国との関係悪化は、米英豪、カナダ、ニュージーランドの英語圏五カ国による情報共有の枠組み「ファイブアイズ」の連携強化につながった。

「私は昨日、ファイブアイズの電話協議の中で、香港から大量の人びとが脱出した際の負担共有の可能性について取り上げた」。英国のラーブ外相は六月二日、英議会でこう述べた。ラーブ氏の発言に呼応するように、モリソン豪首相は七月九日、香港出身の学生や就労ビザを持ってオーストラリアで暮らす香港住民らに対し、永住権取得への道筋をつけることなどを表明した。

香港問題以外でもファイブアイズの連携は深まり、六月には、わかっている範囲でも内相らがサイバー犯罪や偽情報などの問題について電話で情報交換し、財務相たちも電話協議して新型コロナ感染拡大がもたらした経済的影響になどについて話し合った。

ファイブアイズは第二次世界大戦直後の一九四六年三月、通信の傍受などを通じて情報を収集する米国家安全保障局(NSA)と英政府通信本部(GCHQ)の情報共有を進めるために米英が結んだ秘密協定が起源。その後、カナダが四八年、オーストラリア、ニュージーランドが五六年に加わった。機密性の高い枠組みで、その存在自体が文書で公に認められたのは二〇一〇年のことだ。

そんな枠組みが、今や英外相によって議会でも公然と語られる。出自を見ればわかるが、もともとは情報、それも通信傍受などによる諜報での協力という限定的なエリアを対象にしていたものが、経済的影響にまでその協議内容は広がった。中国という新たな大国の台頭と、その大国との価値観をめぐる「闘争」が、ファイブアイズのあからさまな機能拡大・拡充につながり、とりわけ現下の新型コロナと香港という大きな問題がそれに拍車をかけたとも言える。

ブレグジットと軌を一にするようにして「アングロスフィア」連携の機運が盛り上がり始めていることはすでに述べた。このファイブアイズがまさにアングロスフィアの中核を構成するグループであることはわかるだろう。

アングロスフィアについて「欧州の代替にはならないだろう」と、欧州現代史の専門家、オックスフォード大学のティモシー・ガートン・アッシュ教授は厳しい見方を示し、アングロスフィアに関する著作のあるケンブリッジ大学のマイケル・ケニー教授も、カナダ、オーストラリア、ニュージーランドの保守派の政治家たちが「本当に英国との関係強化や貿易協定に関心があるとは思えない」と評した。

だが、新型コロナ禍と香港問題を経て、ブレグジットのみを念頭に置いてアングロスフィアを語る状況ではなくなったようにも思えた。

「(アングロスフィア連携の) 勢いは私が予測しなかったようなかたちで強くなっている」

七月中旬、あらためてケニー教授に電話でインタビューすると、こう答えた。「米国は、トランプ大統領によって予測がつかないところがある」としたものの、香港問題などをめぐって足並みをそろえた中国への対応が「ファイブアイズ連携の新たな焦点になったのはたいへん注目すべきこと」とし、ファイブアイズの連携深化を通じ、アングロスフィアの注目度が高まっているとの見方を示した。

オーストラリアのモリソン首相と、アングロスフィアの一角であるインドのモディ首相は六月四日、オンライン首脳会談を行った。豪紙『シドニー・モーニング・ヘラルド』によると、両首脳は九項目で合意。この中には、互いの軍事施設へのアクセスを可能にする軍事協力や海事協力などが含まれている。

インドと中国は五月上旬以降、両国の実効支配線付近で対峙し、六月の衝突では七五年以来となる死者が双方の軍に出るなど、関係が悪化していた。モディ氏はモリソン氏に対し、民主主義や法の支配、自由など共有する「価値観を守るのがわれわれの責任」と強調した。

『ヘラルド』紙のピーター・ハッチャー政治・外信部長は、従来の豪印関係は「中身のない形式的な」ものだったが、今回の会談で「本質的」なものに変わり始めたと指摘。「インドの状況はとてもオーストラリアと似ている。中国からの脅威を感じ、米国は頼りにならない。権益を守るために地域で新たなパートナーを探し始めている」との分析を同紙上で披歴した。

中国との貿易や中国からの投資を無視することはどの国にとっても、もちろん難しい。それがわかっているからこそ、中国は強気な姿勢で経済をカードに各国への圧力を強める。だが、コロナ禍はマスクや感染防護具などの医療器具をとってみても、輸入を極端に中国に依存していることの弊害を各国に気づかせたし、香港問題では、民主主義を根本原理に据える多くの国にとって、中国の振る舞いが自分たちの基本理念に容易に抵触することを強く印象づけた。英国やアングロスフィアを構成する国々が対中姿勢を転換したことは明確になってきていた。

15 終わらぬブレグジット、「第二幕」の幕開け

カーディフ（二〇二〇年十月）

二〇二〇年九月二十九日に英下院を通過した一本の法案が英国とEUの関係を、またも大きく揺るがし始めた。「英国国内市場法案」。ブレグジットにあたって英国とEUが結んだ離脱協定の中身の一部を、英政府が一方的に変更できるとする内容を含む。EUは「国際法違反」と猛反発し、英国の出方次第ではEU司法裁判所への提訴も辞さない構えを見せた。

互いが合意した離脱をめぐる約束の中身を片方が一方的に変更できるというのだから、相手方が怒るのは当然である。一方で、この法案は英国内でも物議を醸した。自治権を持つスコットランドやウエールズが法案の中身について、英政府による地方からの「パワークラブ（権限の奪取）」だと批判を強めたのだ。

いったい、なぜこんな法案を英政府は出さざるを得なくなったのか。

二〇年一月末をもって離脱は実現し、二〇年十二月三十一日まで、英国は激変緩和措置としてEU加盟中と大きく状況が変わらない「移行期間」にあった。英国とEUは移行期間終了後に向け、自由

貿易協定（ＦＴＡ）を結ぼうと交渉を重ねていたところだった。移行期間終了と同時にＦＴＡを発効させるためには二〇年十月中の合意が必要とされ、交渉はまさにヤマ場に入っていた。

そんなさなかに国内市場法案が浮上した。

英政府が九月上旬に英議会に提出した法案には、英領北アイルランドとアイルランドの国境問題をめぐる離脱協定の条項の中身を、英政府の一存で変えられるとの内容が入っていたのだ。

揉めに揉めた離脱協定における北アイルランドとアイルランドとの国境の扱いだったが、英国とＥＵは次のような中身で合意し離脱に至った。すなわち、「北アイルランドを含めて英国全体がＥＵから脱退するが、北アイルランドには引き続きＥＵの関税ルールも適用する。そして、北アイルランドとアイルランドの国境で税関検査などの厳格な国境管理を行わない代わりに、グレートブリテン島と北アイルランドの間で通関業務を行う」。

これで一件落着したはずだったが、そうはならなかったのだ。

国内市場法案の議論が英政府内で持ち上がっていることを最初に報じた『フィナンシャル・タイムズ』紙によると、離脱実現が目前に迫った二〇年一月、英政府の官僚が官邸に警告を発した。離脱協定の条項によると、北アイルランドでは企業に対する国家補助金についてＥＵのルールが適用されることになっているが、条項の解釈によっては北アイルランド外の英企業に対する補助金もＥＵルールの縛りが適用されて規制を受けかねない――との内容だったという。

また、北アイルランドから英国内の他の地域にモノを動かす場合、同じ国内であっても通関手続きが必要となるため、企業は事実上の輸出申告書を作成しなければならない。『デイリー・テレグラフ』紙は、この点について離脱強硬派が、北アイルランドから他の英国の地域への自由なアクセスが保障されなくなる懸念を強めたとも報じた。

こういった危惧から英政府は、北アイルランドでの国家補助金の適用については英政府に決定権がある、北アイルランドからグレートブリテン島に、チェックなしでモノを流入させることができるといった内容を含むこの国内市場法案を作成した。ジョンソン首相は同法案の提案理由について「極端で非合理な協定から国を守るため、法的なセーフティーネットが必要だ」と説明。懸念のあるいくつかの点について、英側が一方的に修正できるとする法案を提出したのだ。

「ごく個別で限定的」（ルイス北アイルランド担当相）としながらも、英政府は今回の法案に国際法違反の部分が含まれていることを認めている。国際法違反が批判を受けるのは当然だが、それも承知のうえで法制化をめざす英政府の「執念」の背景となっているのは、ノレグジットの必要性を唱えてきた離脱強硬派の主張の根幹と言える「EUからの主権の回復」であることは容易に想像できる。政府による国家補助金の決定はまさに主権の問題とからんでおり、簡単には譲れないのだ。英国とEUが行っているFTA交渉でも、補助金問題が妥結に向けた最大の難関の一つになっていた。

「執念」の背景にあるもう一つの側面は、英国の「一体化」の問題だ。北アイルランドと英国の他の地域との間の「自由なアクセス」が阻害されることは看過できない、という思いである。

紛争と和解の経過があるため、北アイルランドには英国を構成する他の「ネイション」とは異なった特殊性がある。しかし、特殊性があるからといって、北アイルランドをアイルランドやEUと同一の条件に置くことを際限なく認めてしまえば、連合王国としての統一性が損なわれ、北アイルランドはアイルランド側にどんどん近づいていってしまう――離脱派や保守派はこう考える。国の主権は領土全体に及ぶべきものであるから、EUからの主権の回復と国の統一性維持は密接な関係を持ち、保守派の言説の中では不可分なものとなっている。

国の統一性維持という観点からこの法案を考えると、その影響は北アイルランドにとどまらない。最初に述べたスコットランド、ウェールズの反発はそこに起因している。「(地方議会と自治政府への) 権限委譲を損なわせる唾棄すべきもの」「英政府は国際法違反だけでなく、権限委譲にも反しようとしているのは明白」。スコットランド自治政府のスタージョン首相は国内市場法案について、強い表現で批判した。ウェールズ自治政府のマイルズ法務長官も「民主主義への攻撃であり、ウェールズ、スコットランド、北アイルランドの人びとへの侮辱」と非難した。なぜそこまで反発するのか。

離脱協定における北アイルランドの問題の変更を脇に置いて考えると、この法案の主目的は、英国内で地域ごとの市場の垣根を取り払うことだ。法制化されれば、ある地域に輸入されたり流通したりしたモノは、別の地域でも基本的に流通・販売が可能になる。

問題は、各地域ではすでに自治権限を持つ地方議会と地方政府によって、独自に定められた食品安全基準や環境、衛生などさまざまな分野の基準が適用されているということだ。『フィナンシャル・タイムズ』紙によると、この法が施行された場合、いったんイングランドに輸入された農産物などについて、より厳しい安全基準を運用している他のネイションもその流入を拒めなくなるのではないか、といった懸念が持たれているという。もし本当にそうなると、最も低い基準に合わせざるを得ない、経済学で言うところの「底辺への競争」といった事態になりかねないというわけだ。

スコットランド、ウェールズの反対は、こういった実際の不利益が予測されることへの懸念が大きいが、これまで獲得してきた自治権がないがしろにされることへの感情的な反発もあったと見られる。

保守党は長年、国の統一性を阻害するという観点から、各地域への権限委譲（devolution）に消極的だった。しかし、九七年の総選挙で一八年ぶりの政権奪取をねらった労働党のブレア党首は、公約にスコットランドなどへの権限委譲を含めた。「ニューレイバー（新たな労働党）」として旋風を起こしたブレア氏は政権奪取に成功。スコットランドとウェールズでは住民投票を経て、九九年に公約どおりそれぞれ議会が設置され、以後、自治権拡大が進んだ。議会が停止状態だった北アイルランドでは、九八年の北アイルランド紛争終結を受けて、新たな議会が設置され、自治が復活した。

今回の法案はブレア政権以降、ここ二〇年で進んだ分権化の流れに逆行しているように見える。各地域の独立派や民族主義政党などから法案への反対の声が出るのは自然なことだが、ウェールズでは、連合王国の統一を重視するウェールズ保守党の幹部からも法案への反対の声が上がったのが目を引いた。

法案反対を表明し、ウェールズ議会における野党「シャドー・キャビネット（影の内閣）」の「影の法務長官」職を辞したのが、デイヴィッド・メルディング議員だ。メルディング氏は『改革された統一――連邦としてのブリテン（*The Reformed Union: Britain as a Federation*）』という著作もあり、権限委譲と英国の統一について長年考えてきた論客である。

私はメルディング氏にウェールズに行って直接面会したかったのだが、このころはコロナ禍のせいで識者らに対面でのインタビューを受けてもらうのがまだ難しく、Ｚｏｏｍでメルディング氏にインタビューした。

インタビューでメルディング氏は辞任理由について、国際法違反の法案には「同意できず、『影の法務長官』として擁護できません」と述べた。そのうえで「法案が提示しているのは事実上の中央集権化の動きです。英政府は多くの分野で中央の権限を再建しようとしているように見えます」と指摘した。

そして、「連合王国を長期にわたって生き残らせるには、連邦国家化すべきだと私はこの約二〇年間主張してきました」と述べ、「スコットランドやウェールズの自治はとても強いものであり、連邦制の保証がない状態だと問題を起こすでしょう。ロンドン（英政府）とどのように協力体制を築くのかという裏づけがまったくないまま大きな政治的自治が与えられてきたのです。（このままだと）エディンバラ（スコットランド自治政府・議会）とカーディフ（ウェールズ自治政府・議会）がさらに多くの権限をロンドンから取ろうとする問題が生じるでしょう」と話した。

権限委譲が進み、自治が定着した今、連邦制という新たな段階への移行こそが、英政府と地方との軋轢を抑え、連合王国を維持していくためのカギとなる、という分析だ。

離脱強硬派によって形成されたジョンソン政権が、連合王国の統一を強めるという観点から、地域に委譲してきた権限を反動的に中央に取り戻していこうとするかは定かではない。ただ、保守派は一般的に分権に消極的である。保守党員だが長年ウェールズで分権に向き合い、その結果、連邦制を唱えるメルディング氏のような人は例外と言えるだろう。

この章ではここまで、統一の維持という観点から分権化について考えてきた。だが、別の観点から分権化・権限委譲にかつて「ノー」を突きつけた人物が、ジョンソン政権の中枢、首相官邸にいたことも記しておこう。当時、首相首席顧問を務めたドミニク・カミングス氏である。

カミングス氏は英政界で最も毀誉褒貶の激しい人物と言っていいだろう。一六年の国民投票では、EU離脱キャンペーンのリーダーを務め、そのイメージ戦略の巧みさで離脱派の勝利に貢献し、「グル（導師）」とも呼ばれてきた。一方で、官僚や政治家をしばしば罵ったり、無能呼ばわりしたりし、既存の政治体制を露骨に敵視する姿勢で知られ、本来は味方であるはずの保守党議員たちにも好かれていない。ブレグジットを題材にしたドラマで人気俳優ベネディクト・カンバーバッチがカミングスの役を演じ、一躍黒幕としてその存在感が世間にも認知された。

一九年九月にはジョンソン氏の要請によって英議会が一時休会し騒ぎとなったが、議会制民主主義の本家、英国で議員に議論させないというこの「掟破り」を画策した中心人物として、リベラル派などから名指しされるのがカミングス氏である。

二〇年五月には、新型コロナウイルス対策のロックダウン下、政府の外出禁止措置を破ってロンドンを離れていたと報じられ、連日メディアの追及を受けたが辞任はしなかった。とにかくよく物議を醸す人物だが、離脱実現に向けた道筋をつけるにあたっての戦術や「離脱を片づける（Get Brexit Done）」のような効果的なキャッチフレーズなどを用いた宣伝戦略の巧みさが、総選挙の勝利や離脱実現に貢献したとの評価もあり、ジョンソン氏の側近中の側近として官邸を取り仕切っていた。

このカミングス氏の政治的な活動の原点の一つとして知られるのが、二〇〇四年の「北東部はノーと言う（North East Says No）」キャンペーンだ。

当時の労働党ブレア政権は、スコットランドなど連合王国を形成する「ネイション」への権限委譲にとどまらず、イングランドの中でも地方議会を創設して分権を図る意図を持っていた。その手始めとして、〇四年にイングランド北東部で議会設置の是非を問う住民投票が行われた。この際、議会設置反対のキャンペーンで重要な役割を果たしたのが、地元ダラム出身のカミングス氏だったのだ。

北東部での議会設置に向けた動きを推し進めたのは、労働党の重鎮だったジョン・プレスコット副首相だった。現在もそうだが、一般的にイングランドでは豊かな南部に対して北部が経済的に貧しい。イングランド北部の貧困状況についてもすでに触れた。プレスコット氏ら推進派は、分権によって状況を打破し、労働党の地盤であるイングランド北部の活性化などを図りたい考えだったと見られる。

これに対し、カミングス氏らは「政治家は話し、われわれが支払う（Politicians talk, we pay）」をキャッチフレーズにし、英語で「費用がかかる割にあまり意味のない無用の長物」という含意がある「白いゾウ」のバルーンをシンボルに使って「権限委譲ノー」をアピール。キャンペーンは奏功し、投票では議会設置反対が約七八パーセントにのぼる結果となり、権限委譲プランは潰えた。

キャンペーンの首席広報担当だったグラハム・ロブ氏はBBCに対し、キャンペーンは「（英国における）初めての『アンチ政治』の取り組みだった」と回想。『ガーディアン』紙に対しては「英国最初のポピュリスト・キャンペーンだった」と振り返った。人びとが選挙で投票によって意思表示をし、選ばれた政治家が議会で課題を議論し解決に導くこれまでの「政治」ではなく、民衆の直接的な意思表示で事態を動かすポピュリズム的な運動のさきがけとなった、という認識だ。

カミングス氏は〇四年のキャンペーンで「新たに議会や政府を創設することは、費用がかかる割に無駄だ」という主張を前面に押し出して、有権者の気持ちを動かした。この主張は、彼が一貫して抱き続けている官僚や議員への敵視と通底していると言えるだろう。

『フィナンシャル・タイムズ』紙のジョージ・パーカー政治部長は「政治家は公費を浪費するもの

だというカミングス氏の本能的な見方と、大きな官僚機構――これにはブリュッセル（EU本部）も含まれるのだが――に対する彼の嫌悪が、〇四年のキャンペーンで結合された」と、同紙発行の雑誌の中で論評した。カミングス氏の成功体験となった当時の手法は、その後、EU離脱を問う国民投票の際にも生かされたのは間違いない。

効率性を重視し、無駄を排することにこだわるカミングス氏の考え方には一理あるが、そればかりを優先すると強権的な政治手法につながってしまう。民主主義の要諦は熟議にあるが、そのプロセスを軽んじかねないからだ。熟議の大切さを、オープンで活発な議論というかたちで世界に示してきたのが英国の議会制民主主義であり、その意味でカミングス氏は英政治の伝統とは一線を画す「異端」なのではないか、と私は思う。

カミングス氏が連合王国の統一性についてどのような政治観を持っているのか、よくわからない。だが、〇四年の事例から推し量ると、分権や権限委譲そのものが、まずは官僚や政治家を増やすことにつながるので、無用の長物であり、中央集権化こそが望ましいと考えているかもしれない。ただ、これは臆測の域を出ない。

国内市場法案が出る以前の段階で、ブレグジットを受けて、親EU住民の多いスコットランドでは独立支持者の割合が増えた。スコットランドでは、独立を問う住民投票の再実施を求める運動が活性化する可能性がある。そんななかで、仮に与党・保守党の中央集権化によって統一を維持しようとする勢力と「アンチ官僚」のカミングス氏が歩調を合わせて、分権化に逆行する動きを進めていくとしたら、彼らの思惑とは裏腹に独立機運が加速していく可能性は否定できないように思えた。

メルディング氏には直接会えなかったものの、私はウェールズを訪れ、自分の五感で地域の雰囲気を感じ取ろうと思った。ロンドンから鉄道で約二時間、コロナ禍真っただ中で乗客が少ない電車に乗って中心都市カーディフに行ってみた。イングランドからウェールズに入ると、街中の公的な表示はすべてケルト系のウェールズ語と英語の二重表記となる。「Cardiff Central（カーディフ中央）」駅は「Caerdydd Canolog」駅とも表記されている。

連合王国の四つの「ネイション」のなかでもイングランドに完全統合されたのが十六世紀と最も早く、イングランドとの一体化が進んだことで、スコットランドや北アイルランドと比べると「アンチ・イングランド」的な言説がそれほど聞こえてこない印象があるウェールズだが、民族意識は衰えていない。英語が社会の主流言語となり、ウェールズ語の話者は減ったが、ウェールズ語の公用語化や学校でのウェールズ語教育の促進によって、民族語が受け継がれ、今も人口の約一八パーセントが話す。

カーディフ中央駅を出て、カーディフ城までの目抜き通りを歩けば、通り沿いには「赤い竜」を描いたウェールズの旗が数多くはためく。ここにも「中央」とは一線を画した「周縁」の民族文化が生き残っている。勢いづくイングリッシュ・ナショナリズム（イングランド民族主義）があなどれば、ウェルシュ・ナショナリズム（ウェールズ民族主義）に火がつきかねないと思った。

16 加速する欧州離れ、もう一つの「離脱」

ロンドン（二〇二〇年十一月）

ブレグジットの実現と軌を一にするかのように、英政府は、北アイルランド紛争時に発生し、未解決となっている多くの殺人事件に関し、今後調査対象を限定する方針を打ち出した。事件の犠牲者家族らは事実上の調査終結だとして反発の声を上げ、真相が「闇」に葬られることへの懸念を強めた。

背景にあるのは、当時の英当局・軍関係者への訴追乱発を避けたい与党・保守党やジョンソン政権の思惑だが、探っていくと、ブレグジットとは異なる、別の「欧州からの離脱」論議があることに気づかされる。もう一つの離脱とは何か。そして、なぜ英保守派の「欧州離れ」意識はこれほど強いのか、ここでは考えてみる。

あらためて、北アイルランド紛争について確認してみよう。もともとカトリック教徒が多かったアイルランドには十七世紀以降、イングランドやスコットランドからプロテスタント教徒が大量に入植した。英植民地となったアイルランドは二十世紀になってから独立を果たしたが、この際、プロテスタント人口がカトリックを上回って多数派となっていた北アイルランドは英国に残留することになった。

北アイルランドでは、「二級市民」的な扱いを受けたカトリック教徒の反発が強まり、米国で高まった公民権運動にも影響を受けて、一九六〇年代にカトリック差別に反対するデモ活動が活発化。やがて英治安当局との衝突やプロテスタント、カトリック双方の過激派武装勢力によるテロや武装闘争に発展し、約三五〇〇人の犠牲者を出した末、九八年に和平に合意した。

当時、この紛争に関連して発生し、未解決のままとなっている殺人事件は約二〇〇〇件にのぼるとされ、多くは双方の過激派の関与が疑われている。二〇一四年に紛争当事者のプロテスタント、カトリックの各グループと英・アイルランド両政府が結んだ合意の中では、紛争に関連する未解決殺人事件を調査する独立機関を設置することを決めた。

一方、こういった動きに対し、英国の退役軍人らの間では北アイルランド紛争にかかわった退役軍人などに対する訴追乱発などへの懸念が生まれていた。元当局者らの証言などから、英軍内の秘密機関や警察の一部がプロテスタント過激派武装組織と共謀し、住民殺害に関与した疑惑などが浮上しているためだ。

与党・保守党は、ブレグジットの帰趨を決めることになった一九年十二月の総選挙前、公約に元当局者らへの訴追乱発の阻止に取り組むことを盛り込んだ。総選挙に圧勝した保守党ジョンソン政権は二〇年三月、北アイルランド紛争時の未解決事件について、調査を行うのは「説得力のある新たな証拠があり、訴追の見通しが現実的なケースに限る」（ルイス北アイルランド担当相）とする新たな方針を明らかにした。

『フィナンシャル・タイムズ』紙によると、ある英政府高官は政府の新方針について、元当局者らの「恩赦や訴追の免除を意味するわけではない」と説明したが、犠牲者家族らの団体からは「事実上の調査終結だ」との反発が起きた。独立機関による徹底調査を明記した合意の当事者であるアイルランド政府からは、コーブニー外務・貿易相が新方針の発表直後、「両政府と各政党の合意は実行されねばならない。加害者が誰であれ、紛争関連死には有効な調査がされるべきだ」と、英政府に異議を唱える声明を出した。

プロテスタント、カトリック双方の被害者家族らが参加する団体「ウェーブ・トラウマ・センター」は二〇二〇年十月、英議会宛に書簡を送付。この中で新方針が「退役軍人の保護」を主目的としたもので「リパブリカン（カトリック過激派）とロイヤリスト（プロテスタント過激派）の武装組織によって実行された多くの殺人を覆い隠す事実上の恩赦だ」と批判し、真相解明を訴えた。

一方、英議会も政府の新方針に疑問を呈した。保守党議員も含む下院北アイルランド問題委員会は十月下旬、「調査終結は法的、倫理的、人権の観点から問題をもたらす」と、新方針を問題視する中間報告書を発表した。

こういった現状について、犠牲者家族はどう感じているのか。

私の取材に応じてくれたのは、紛争時に父親をプロテスタント過激派戦闘員に殺されたジョン・フィヌケーン下院議員だった。総選挙時に私が取材したベルファスト北選挙区で、カトリック左派政党「シン・フェイン党」から立候補し、プロテスタント右派政党「民主統一党（DUP）」の大物議員を破って初当選した、あのフィヌケーン氏である

フィヌケーン氏の父、パット・フィヌケーン氏は北アイルランドの中心都市ベルファストの弁護士だった。カトリックで、家族にはカトリック過激派武装組織「アイルランド共和軍（IRA）」のメ

ンバーがいたとされるが、自身の妻はプロテスタントで本人はＩＲＡメンバーではなかった。ただ、パット氏はＩＲＡメンバーの弁護人を務めており、プロテスタント側、英当局側からはＩＲＡ構成員と見られていた。

パット氏が殺害されたのは一九八九年二月十二日。日曜日だったこの日、パット氏は妻と三人の子供とともに、夕食のテーブルを囲んでいた。そこに、武装した男たちが押し入り、家族の目の前で一四発もの銃弾をパット氏に浴びせた。当時三十九歳だった父の死を目撃した三人の子供のうち、末っ子が当時八歳だったジョン・フィヌケーン議員である。

英軍や警察の一部がプロテスタント過激派と共謀して、住民を殺害した疑いがある――と先に書いたが、この事件はその代表的なケースだ。これまでに元当局者の英メディアへの証言や複数の非公式調査で、プロテスタント過激派の実行犯の背後に英軍秘密機関の工作員がおり、殺害計画に関与した疑いが指摘されている。

北アイルランド紛争時の闇の部分として、メディアや法曹関係者からこれまで追及されてきた「国（と武装組織）の共謀（state collusion）」が疑われる典型例であるこの事件について、英政府も頬かむりはできず、二〇一二年、キャメロン首相が下院で英当局者の関与を認め、フィヌケーン氏一家に謝罪した。

だが、英政府はフィヌケーン氏一家が求める、事件がどのように計画・実行されたかの全貌の解明を公式調査で行うことについては消極的なままだ。『デイリー・テレグラフ』紙の記事や英国の著名な調査報道記者、イアン・コベイン氏の著書によると、下院での謝罪に先駆けてパット氏の妻ジェラルディーンさんに首相官邸で面会したキャメロン氏は、「この（首相官邸）辺り一帯には、そうはさせないという人たちがいる」と述べて、政府の中に、公式調査による全容解明に対する根強い抵抗があることを示唆したという。事実なら、なかなか生々しい情景だ。

一方で、英最高裁は一九年、パット氏殺害事件について過去の調査が不十分だったとの判断を示している。一四年にアイルランド政府も含めて独立機関での調査に合意したこと、また、過去の調査が不十分だったとした最高裁の判断を踏まえれば、事件の徹底解明への道筋が敷かれてもおかしくないと思えるが、ジョンソン政権はその方向に動かなかった。

かつてのＩＲＡ政治部門で、今は政党として英国、アイルランド双方の国会や地方議会に議席を持つ「シン・フェイン党」の政治家であるジョン・フィヌケーン氏と、コロナ禍の最中だったため電話で話した。ジョン・フィヌケーン氏は「現政府は、過去に何が起きたのかということに関して調査する気がない、これ以上情報を明らかにはしない、という姿勢を明確にしたと思います」と、その姿勢を批判した。さらに次のように述べて徹底解明を求めた。

「私の家族への首相の謝罪は意義あるものですが、謝罪で幕引きにしようとするのは誤りでしょう。謝罪が真実を明らかにすることを妨げる手段として用いられるべきではありません。政府が二度と同じことを繰り返さないと保証し、政府機関への信頼性を確立するために真実を検証しようとするなら、何が起きたかを明らかにする調査が必要です。私が会った、愛する者を亡くした家族の多くは答えを望んでいるのであって、概して、必ずしも訴追を求めているわけではないのです。彼らは何が起きたか知りたいのです。よくわからない状況で愛する者を亡くした人びとの、これはきわめて人間的な反応だと思います」

ジョン・フィヌケーン氏はまた「私の家族だけの利益、（プロテスタントかカトリックの）どちらか一方のコミュニティだけの利益はけっして求めていません。愛する者を失った痛みは別のコミュニティであっても同じ痛みであり、そこに差別はありません。和解を真剣に進めるには、われわれは過去と向き合わねばならないのです。過去の解決ができなければ、疑念や不信が増大するでしょう」と語り、未解決事件や国家と過激派組織との共謀の解明はプロテスタント、カトリック両コミュニティの利害を超えた問題で、真の和解のために必要なプロセスだとの認識を示した。

しかし、英政府は結局、二〇年十一月三十日、現時点ではパット・フィヌケーン氏の事件について公式調査をしないとの方針を発表した。この方針に対しては国内外から批判が噴出。北アイルランドのカトリック穏健派政党「社会民主労働党（ＳＤＬＰ）」党首のコラム・イーストウッド下院議員は「（政府は）真実を求めるすべての被害者たちに対し、とても明確なメッセージを出した。英政府から真実は得られないということだ」と非難。アイルランドのマーティン首相も声明で英国の判断に「失望した」と述べた。

未解決事件の徹底調査を望む遺族の「支え」となってきたものがある。欧州人権条約だ。

この条約は、ＥＵとはまったく別の機構である欧州評議会が策定したものだ。欧州評議会は民主主義や人権、法の支配の分野で欧州共通の基準づくりにあたっている国際機関で、一九四九年にフランスのストラスブールに設立された。加盟国が二七のＥＵに対し、欧州評議会はロシアやウクライナ、トルコも含む四七カ国が加盟している。欧州人権条約は五三年に発効し、この条約に基づいて設置された欧州人権裁判所が人権侵害事件について判決を下し、加盟国はこの判決に従う義務がある。英国は設立時からの欧州評議会メンバーである。

同条約の第二条は「すべての者の生命に対する権利は法律によって保護される」と「生命に対する権利」を謳っており、これまでの判例で条約は、国家の関係者の関与が疑われる死亡事案に対しては、有効性のある調査を実施することを求めていると解される。このため、先述の被害者団体「ウェーブ・トラウマ・センター」も、英政府の新方針を批判する英議会への書簡の中で、北アイルランド紛争時の殺人事件についての調査が同条約第二条に準拠することの有効性について言及した。また、北アイルランド紙『アイリッシュ・ニュース』によると、クイーンズ大学ベルファストの法学専門家、キエラン・マッケボイ教授は英政府の新方針に沿った調査を進めれば、「欧州人権条約第二条が求めている有効性のある調査になるのは困難」との見解を示し、合意違反の可能性を指摘して苦言を呈した。

英政府はこれまでにも、IRAメンバーの殺害をめぐり、同条約に照らして調査が不十分だとの判断を欧州人権裁判所に下されたことがある。

また、北アイルランド紛争関連以外でも、かつて、国際テロ組織アルカイダの英国におけるキーパーソンとされたアブ・カタダ容疑者を出身国ヨルダンに強制送還しようとした英政府に対し、欧州人権裁判所が送還後に公平な裁判を受けられない可能性があるとして、待ったをかけたケースもあった。最終的に英政府は同容疑者を送還できたものの、法廷闘争に相当な時間と労力を費やした。こういったさまざまな事例の積み重ねが、英国の保守派の間に、欧州人権条約に対する強い不満を募らせていくことになり、条約脱退を主張する声を強めることになった。

「離脱すべきはEUではなく欧州人権条約と欧州人権裁判所だ」

二〇一六年にこう言ったのは、当時、国内の治安を所管する内相だったメイ前首相だ。この年にあったブレグジットを決めた国民投票では「ＥＵ残留」に投じたメイ氏だが、欧州人権条約に対しては批判の急先鋒だった。

メイ氏を継いだジョンソン政権も同条約に対しては批判的だ。首相官邸内の権力闘争に敗れ、二〇年十一月に事実上解任された格好のドミニク・カミングス首相首席顧問は、政権発足以降、一貫して政策立案を率いてきた人物だが、彼は一八年に自身のブログに「欧州人権条約は法律問題を生んでばかりいる。私が（ＥＵ離脱を問う国民投票に次いで）再び政治に関与するときには、条約に関する国民投票が課題の上位になるだろう」と投稿しており、同条約を敵視していることは明らかだった。

ブレグジットを希求する人びとを支えてきた思いの一つには、「ＥＵからの主権回復」という考えがある。その意味で、ブレグジットとは直接リンクはしないものの、同条約からの「離脱」も英保守派にとって取り組むべき課題であり、その実現への野心が膨らんでいることは想像に難くない。

英メディアによると、ブレグジットに伴って始まったＥＵとの通商交渉の初期段階で、英国は将来的に欧州人権条約から脱退する可能性を示唆した。『サンデー・テレグラフ』紙は九月、「ジョンソン政権が欧州人権条約の主要部分から脱退する準備をしている」と報道した。英政府はこれまで条約順守を明言しているものの、条約を忌避する動きがうねりとなりつつあるのは明らかで、二〇年三月に出された北アイルランド紛争調査の事実上の「幕引き」と言える方針は、この「うねり」と連動したものであることに疑いはない。将来まで見通すのは難しいが、欧州人権条約脱退という「もう一つの離脱」をめぐるさまざまな交渉や軋轢がさらに表面化する可能性があった。

ところで、二〇年十二月末の移行期間終了を目前に控え、十一月の段階でも自由貿易協定（ＦＴ

A）締結をめざす英国とEUの通商交渉は続き、移行期間終了と同時のFTA発効が危ぶまれていた。
そんなタイミングで、交渉をめぐる別のファクターとして浮上してきたのが、いわゆる「バイデン効果」だった。ブレグジットを後押ししてきたトランプ米大統領と異なり、十一月の米大統領選で勝利を決めた米民主党のバイデン前副大統領は、FTAなしの事実上の「合意なき離脱」も辞さない構えでブレグジット完遂に邁進するジョンソン政権の姿勢には批判的だ。

アイルランド系カトリックの出自に誇りを持っていることもバイデン氏の親EU姿勢に貢献していることが考えられた。バイデン氏がBBCの取材クルーに呼び止められ、「BBC？　私はアイリッシュ（アイルランド人）だ」と唐突な返答をしている映像を見たことがある。英米は強い紐帯でつながった「特別な関係」と言われるが、アイルランド系であることへの誇りを強調するバイデン氏は、英国にとってはなかなか難しい米大統領になるかもしれない、と感じさせられた一幕だった。

バイデン氏は、自身のツイッターで「われわれは北アイルランド和平合意がブレグジットの犠牲となることを看過しない。いかなる米英の貿易協定も和平合意の尊重と、（国境付近に施設を設置して管理する）ハードボーダーを復活させないことが条件だ」と投稿していた。和平合意によって保証された北アイルランドとアイルランドの国境の自由往来や、国境地帯に管理施設を置かない状態が維持できなければ、米英の自由貿易協定交渉は進めないという警告だ。

ハードボーダーが北アイルランドの政情不安につながるのは明らかで、英保守派からもそれを求める声はない。仮に英‐EUのFTA締結が成らずとも物理的なハードボーダーが復活する可能性はきわめて低いと私は思っていたが、どこかに英‐EU間の国境を作るという意味合いから言えば、ハードボーダーの可能性が皆無ではない。ハードボーダーの復活をつぶすため、米英通商交渉を「切り札」として英EUに妥結を迫るバイデン氏の手法は、英国を譲歩に向かわせるきっかけになるかもしれない、と思った。だが、一方で、ここまで見てきたように主権回復への英保守派の思いは強く、簡単には譲歩できない側面もある。

主権をEUから取り戻すとして英国は離脱を果たした。だが、北アイルランドについては紛争と和平の経緯から、EUの関税ルールを適用する一種の「特区」的な扱いをせざるを得ないのが現実だ。だが、「英国の他の地域と北アイルランドが異なる地位に置かれることは英国の統合を阻害する」と考える英保守派は、国際法違反となる離脱協定の一方的変更という「禁じ手」を使ってまでも、北アイルランドをできる限り英国の他の地域と同じ状態に持っていこうとしている。こういった英保守派の思いと行動は理にかなっているのだろうか。

「多くの英国の政治家は和平合意をきちんと理解していません」

そう語るのは、北アイルランドのカトリック穏健派SDLPの元党首で、北アイルランド自治政府の副首相も一時務めたマーク・ダーカン氏だ。和平合意交渉にも携わったダーカン氏は九月下旬、Zoomでの私のインタビューに応じた。

ダーカン氏は、アイルランドが和平合意に伴って国民投票を実施し、憲法も改正した経緯を説明し「和平合意はアイルランドでも承認され、アイルランド憲法に反映されたものです」と述べた。北アイルランド問題は単なる英国の国内問題にはとどまらず、国際問題だという点を強調したのだ。そして、「ブレグジットは英国民に承認されたもの」とする離脱支持者などのなかには、「(北アイルランドの位置づけの持つ特殊性が指摘されると) 英国の一体性を侵害すると言う人がいますが、北アイルランドの位置づけというものは英国だけでなくアイルランドの憲法上でも担保されていることを思い起こす必要があります。北アイルランドは英国の他の地域とは違うのです」と明言した。

ブレグジットが最終的にどう帰結するのか、この段階ではまだ見通せなかった。ただ、欧州人権条約の問題に表れるように、英保守派の「欧州離れ」は減速しそうにないようにも見える。また、北アイルランドの地位をめぐる認識についても、英国とアイルランドの間、英国とＥＵの間で隔たりがあると感じた。英国と欧州の溝を埋めるのは難しく、今後さらに広がる可能性があるのではないか。そんな思いを強くした。

17　議会主権と国制改革

ロンドン（二〇二〇年十二月）

ブレグジットの移行期間終了期限（二〇二〇年十二月三十一日）が迫るなか、難航する英国とEUの自由貿易協定（FTA）交渉が決裂して「協定なし」となれば、英-EU間で新年から関税が発生して経済が混乱する恐れがあった。

最後の難関となっている交渉分野は、主に英国側が主権の確保や行使などの観点から難色を示しているものだった。多くの英国民をブレグジットへと後押ししたのは「EUから主権を回復したい」という思いだったから「主権が取り戻せない」と映る妥協はできない——離脱強硬派にはそんな思いが強い。英国側のこだわりを多面的に見ていくと、英国の持つ独特の「主権」観や、その主権を核とした英国の政体が転換期にあるという現状が浮かび上がってきた。

「英国は自らの漁業水域で主権行使ができない世界でたった一つの国になるべきだと、彼ら（EU）は言う。そんなことはこの国のいかなる首相も受け入れないだろう」。ジョンソン首相は十二月九日、英下院でこう述べ、EUの交渉姿勢を批判した。

十二月に入り、ジョンソン氏とフォンデアライエン欧州委員長の「トップ協議」を重ねても、交渉は妥結に至っていなかった。ジョンソン氏の言葉は、英国側の不満がどういったものかを端的に表現している。

ここまで交渉で折り合えていない分野は三つあった。

一つ目はジョンソン氏が言及した漁業問題。英海域ではこれまでフランスなどEU加盟の沿岸国側の漁業者が操業でき、一定の漁獲量を確保できた。これに対する地域の人びとの不満はこれまで紹介したとおりだ。EU側はできるだけこれを維持したいと考えるが、英国は他国の操業に大幅な制限をかけたいと思っている。

二つ目は「公正な競争条件」の保証。EUは、英国内の環境や労働条件などについて、EUが設けた基準に準拠するよう求める。EUからすれば、英国が独自に「緩い」基準を設定したうえでこれまでのような自由貿易が継続されれば、一方的に英国が有利となり、不公平な競争になる。これはたまらない、ということになる。だが、英国側からすると「離脱したのにEUの基準に従わないといけない、というのはおかしい」となる。

三つ目は第二の分野に関連するが、英国がEUの基準から乖離するなどして自由貿易協定に違反しているとEU側が見なした場合、これをどのように解決するか。EU側は即座に自らの判断で関税をかけるなどの措置を取れるようにしたい考えだが、英国はこれを受け入れていない。

第一、第二の各分野はいずれも英国側からすると、主権の問題から受け入れがたいという主張になっているのがわかると思う。

ひと口に主権といっても、いろいろな意味合いがある。国として独立した存在であり、領土や領海を他国に侵されたり支配されたりしないという対外的な「国家主権」の意味や、国家の統治のあり方を決める最終的な権利を持つのが誰かを指す場合（日本国憲法における「国民主権」）などだ。ジョンソン氏が前述の漁業権の話で持ち出し、「公正な競争条件」でも英側が激しく反発しているのは、対外的な国家主権の話である。だが、国の「意思」を誰が決めるか、というもう一つの主権のほうも、英国とEUの間の「ずれ」や対立をもたらす要因の一つになっていると私は思う。以下、それを考えてみたい。

われわれ日本人は、日本国憲法下の「国民主権」を学校で学び、これが民主主義の根幹の一つと理解している。事実、米国やフランスなど先進民主主義国は「国民主権」「人民主権」であり、この重要性に疑いの余地はないように思える。

だが、英国は違う。「議会主権」なのだ。

日本では憲法が最高法規であり、憲法に反する法律などは無効だ。つまり、日本人にとっては当たり前のようなことだが、国会で成立した法律や行政機関による命令が、憲法違反と判断した裁判所によって「ストップ」をかけられる場合がある。国会も憲法に縛られているのだ。

だが、英国は異なる。これは英国に「憲法がない」ことと関連していると言えるだろう。正確には「憲法がない」というより、「憲法」として一つのかたちにまとめられた成典（文書）がないだけで、過去に作られたさまざまな法や判例などの集積が憲法になっている。不成典憲法と呼ばれるものだ。

ちなみに、日本語で憲法と訳される英語「constitution」は英国でもたいへんよく使う。政府の方針などを批判するときに「constitution の危機だ」などと報じられたりもする。すんなりと「憲法の危機」と訳すことにも納得できず、どう訳したらいいだろうと考え込んでしまうことになるが、

constitution は国家統治のありようを示す言葉で、「国制」とか「政体」「国家構造」のような訳のほうが即しているようにも思える。

要するに議会主権、つまり国の「意思」を決める最高機関が議会であるということは、英国に成典化された「憲法がない」ことと結びついている。成典化された憲法がないから、議会はそれに縛られることもない。議会で議論し決まったことがその都度、国家の決定として更新されていく。議会がさまざまな権力の中で突出しているのだ。議会の意思決定としての法が最高の意思決定であるから、裁判所がその法律をとらえて「憲法違反だ」と判断することは理論上ないことになる。実際、ブレア政権の改革によって独立した現行の最高裁が設置されたのは二〇〇九年と、ついこの間の話で、それまでは最高裁の機能は、上院上訴委員会が有していた。議会の優位が圧倒的なのである。

ここまで書いてきた議会主権の問題を、私はブレグジットをめぐる議会での議論を追ううちに、実感としてつかんできた。ブレグジットのような国論を二分する重要な課題を論じていると、政府側も野党側も自らに有利な展開に運ぼうと、議会内で実にいろいろな行動をとる。

本書の前半で書いたが、二〇一九年八月、ジョンソン首相は突然議会の一時閉会方針を決めた。野党の抵抗を封じようとする政府側による「禁じ手」だと思われた。これに対し、野党は与党の一部も取り込んで閉会前に「離脱延期法案」を一気に可決に持ち込む逆襲に出た。普通に考えたら、ジョンソン氏は法に従い、離脱の延期をせざるを得ないところだが、英メディアはこの際、ジョンソン氏がどんな「次の一手」を繰り出すか、いろいろな案を列挙して推測した。なかには「ジョンソン氏が法案を女王に送らないのでは」というのもあった。女王の承認がなければ最終的に法にならないからだ。

このときは、さすがにジョンソン氏は女王に法案を送らないという「禁じ手」をとることはなく、議会に屈した。だが、仮にそんな「禁じ手」に出ても、議会がこれを封じ込める何らかの、これまた「奇策」のような対抗案を出したのではないかと想像できるし、当時は事実上の少数与党政権なので、最終的には政府が屈せざるを得ない状況に追い込まれるだろうとも推測できた。

議会の強さを表すストレートな事例は、一九年十月、ようやくジョンソン氏がEUとまとめた新たな離脱協定が審議されるようになった際にも表出した。政府が求める下院承認を保留する動議が可決されたり、スピード審議を求める動議が否決されたりと、早期の離脱決定を図ろうとするジョンソン政権に対し、次から次へと議会は「待った」をかけた。ジョンソン氏がEUと新たに結んだ離脱協定については、賛同者が多く、すんなり下院で可決するかと見られたが、「合意なき離脱」の可能性をゼロにするため、協定承認を保留する動議が土壇場になって議員側から出されたのは、まさにこの一例だ。

この間、与野党による長時間の議論の激しさと日々動く展開のめまぐるしさには驚かされ、翻弄された。議会の動きをフォローしながら私が感じたのは、「英国の政治は何でもありなのだな」ということだった。

日本人の感覚からすると、国会や政府のできる範囲はあらかじめかなり明示的なように思う。政治の動きを追う際も、「Aとなれば、次の展開はBもしくはC」のように限定して推測できると思うが、英国の政治においてはその都度、いろいろな可能性が広がっており、政府と議会（野党）との絶え間ない戦いで、可能性が日々さらに広がっていく——そう思えた。だからメディアも想像力を駆使して、次の展開を推測する。議会と政府による「政治」の自由度が大きいのだ。

英国で議会主権が形成されたのは、国王と対立する議会が少しずつ王の権力を削り、自らの権利を拡大してきた長い歴史が背景にある。

古くは一二一五年、英憲法の原点とも言える「マグナカルタ」で、王権が貴族らの会議によって一定の制限を受けることになった。その後、清教徒革命（一六四二～四九年）で絶対王政を打倒し、王政復古後に起きた名誉革命（一六八八年）によって生まれた「権利章典」で議会の権限の王権への優位を明確化し、議会主権の礎が築かれた。

ここでもう一つ付記すると、英国の「議会主権」というときの「議会」とは、庶民院（下院）、貴族院（上院）の二院だけでなく国王も含む。もともとは絶対的だった国王の権限を少しずつ庶民院と貴族院の二院が獲得し、現在では王と二院によって形成される「議会」が最終的な権限を有するということである。

ここからわかるのは、英国がやはり王国であるということだ。他の共和制の欧州の国々などが、革命などの劇的な体制転換によって王制を打倒して一気に「共和国」となったのと比べると、あくまで漸進的に変化してきたことが明らかだ。漸進的な変化の中で近代の民主主義を受け入れて改革したもののの、もともとの王国的な要素を消し去るわけではない。

だから、英国の王は「君臨すれども統治せず」とは言われるものの、政治にまったく不干渉な存在ではない。国王は時の議会で決まった法案を自動的に承認し、政策は政府が実行するわけだが、国王は今も週一回、首相と面会し、政治について報告を受ける。そして、国王は「政府から相談を受け、政府に働きかけ、政府に警告する」権利を有する。

時の政府の施政方針演説を議会の開会日に議会で読み上げるのは国王であり、国王はこの際、「私の政府は○○します」という話し方で政策を述べる。英国政府は今も「王の政府」でもあるわけだ。二院と王による「議会」が統べるのが英国というわけである。

話はやや本論からずれるが、こういった王と二院の関係は、儀礼として今も残っている。あくまで儀礼だが、先述した歴史を踏まえると、議会主権の本質がそこにかたちとして表れているとも言える。

議会の開会日、議会を招集した国王が議会にやってくるわけだが、これまで歴史的に国王と対決してきたことが多かった下院には王は入れない。そこで、黒杖官（Black Rod）と呼ばれる黒い杖を持った役人が王の代理として下院にやってくる。すると、下院議員らは黒杖官の目の前で議場の扉を閉めて、議場内に入るのをいったん拒絶する。黒杖官は扉を杖で三度強く叩く。すると扉が開き、議場に入った黒杖官は下院議員たちを前に「議長閣下、国王陛下が当院議員に貴族院に来るようご命令です」と告げる。これを受けて、下院議員たちが貴族院に向かい、国王による政府の所信表明朗読「キングズ・スピーチ（女王のときはクイーンズ・スピーチ）」を聴く――という流れである。国王と庶民院との長い相克の歴史がしのばれる儀礼と言えよう。

また、この儀礼では、一九年に政界引退した労働党のデニス・スキナー議員が、毎回のように黒杖官の通告に対し「合いの手」を入れるのが名物になっていた。当時はエリザベス女王の御代だが、労働党内の左派で知られるスキナー氏は王室に厳しい姿勢で知られ、「合いの手」も「税金を払えって彼女（女王）に言っておけ」とか「おれは（女王のスピーチを聴きに）行かないぞ」「（王室存続への懐疑論を展開した）『ガーディアン』を読むように彼女（女王）に言ってくれ」など基本的に女王に対する辛辣なものも多かった。だが、時に議場を笑いに包み、英政界の風物詩ともなっていた。古めかしい儀礼を固守するが、堅苦しいだけではなく、時にブラックで意地悪なジョークにも「王党派」「反王党派」の別なくニヤリとするのも、いかにも英国流だと言えるだろう。

閑話休題。話を議会主権に戻す。ただ、こういった議会主権に基づく、他の先進国とはやや異なる英国の独特の民主主義政体は、近年見直しも進んできた。

大きなものは、労働党ブレア政権による改革だ。英国は人口の八割以上を占めるイングランドと、スコットランド、ウェールズ、北アイルランドの計四つの「ネイション」による連合王国だが、スコットランド、ウェールズでは次第に自治意識が高まってきた。両地域の住民の要望に応えながら連合王国を維持するために、ブレア政権は地域への権限移譲に踏み切った。スコットランド、ウェールズに自治議会の設置（九九年）を認め、自治議会での多数派で構成する自治政府がさまざまな分野で行政を執行できるようにした。北アイルランドについては、紛争の和平合意（九八年）をまとめ、自治を復活させた。

権限を地方議会に移譲したとは言っても、ウェストミンスターの英議会は今も議会主権を維持している。「英議会は、少なくとも理論上、（権限移譲などの）変化を生み出すことになった法を廃止することができるため、（権限移譲などの）進展は議会主権の原則を根本的には損ねていない」（英議会ウェブサイトの説明）

だが、「少なくとも理論上」とあるとおり、各地域でいったん自治議会が設立され、住民が選挙で議員を選び、自治政府の統治が定着していけば、現実には英議会が突然「やっぱり自治はストップ」とは言えなくなる。自治議会が決めたことをウェストミンスターが否定すれば、各地域の住民は自治権の侵害だと当然怒りを募らせる。結果的に各地域はウェストミンスターの権力の枠外にある状態が進行していき、金科玉条となってきた議会（ウェストミンスターの英議会）主権と齟齬《そご》が出てくることにもなる。

もう一つは、人権法の制定（九八年）だ。前章で欧州人権条約について触れた。人権法はこの条約を国内法に落とし込んだものだ。

英国は設立時からの欧州評議会メンバーだが、長年この条約に準拠する国内法を制定しなかった。英国憲法の専門家、ロンドン大学キングス・カレッジのバーノン・ボグダノー教授は自著『英国の新たな国制（*The New British Constitution*）』の中で「英国は長年、条約を取り入れないという選択をしていたが、その大きな理由は条約が議会主権の原則に抵触するからだ」と指摘。「議会は、望む法案はいかなるものも法制化することができる。議会の上位に位置する法はない」という原則から、議会が縛られることになる条約の法制化には消極的だったという。

だが、英国で国内法に条約を落とし込んでいないために、人権救済を求める英国の人は救済を英国の裁判所でなく、欧州人権裁判所に持ち込まなければならなくなる。こういった状況の改善を唱える声もあって、ブレア政権での国内法整備に至った。

地方議会への権限移譲を決めた法と人権法について、ボグダノー教授は同書で「（個別の法律に優越する）基本法の性格を持つ。議会主権というウェストミンスターの権利を実際に制限し、事実上、準連邦制という国制を成立させるものだ」と述べ、「古い国制は議会主権を強調する。新たな国制は地域的にも、また政府の中枢においても、権力の分割を強調する」と指摘した。権限移譲と人権法が、議会主権を弱め、英国の統治構造が新たな段階へと移行したというわけだ。

ブレア政権が生み出した改革の流れ。しかし、この流れは今、逆行し始めていると言える。端的な例として表出したのがブレグジットとも言えるだろう。ブレグジットに賛成した多くの人が移民への警戒感をポピュリストに煽られた――との解釈もあるが、多くの離脱派の人びとが主権回復を求めた結果であるのも事実だ。

ブレグジットについて人びとに話を聞くと、「選挙で選べないEU官僚に支配されたくない」などといった声を本当によく聞く。議会主権の伝統ともリンクすると思うが、人びとの中にも自分たちが選挙で選んだ議員によって構成される議会が物事を決するということへの信頼や支持が「血肉化」しているからだろうと、私は思う。議会で決めていないことに強制的に従わせられることには違和感が拭い去れないのだ。

また、EUに参加するということは、各加盟国が主権の一部をプール（移譲）する仕組みである欧州統合に参画していくということでもある。親EU派が多いスコットランドは別だが、とりわけイングランドの人にとっては、こういったEUに対し、やはりなじめないと思う人が多いのだと思う。

前章で触れたが、ジョンソン政権と与党・保守党には欧州人権条約に対する不満が強い。北アイルランド紛争時の殺害事件をめぐり、英政府は欧州人権裁判所に調査が不十分との判断を下されたり、国内のイスラム過激派を強制送還しようとして、欧州人権裁判所から待ったをかけられたりといった事例が積み重なるなかで、欧州人権条約からの脱退を望む声も出ている。

『サンデー・テレグラフ』紙が二〇年九月、「ジョンソン政権が欧州人権条約の主要部分から脱退する準備をしている」と報じたが、英政府はこれまで、人権条約の順守を明言している。しかし、英政府は二〇年十二月、欧州人権条約に準拠する国内法「人権法」の運用状況などを点検するための調査を専門家パネルに委嘱。条約の順守を明言したうえで、調査目的を「(法制化から)二〇年が経過し、法が今も効果的に運用されているか熟考するときだ」(バックランド司法相)と表明した。

だが『ガーディアン』紙によると、保守党のジョンソン政権の動きについて、労働党の「影の司法相」のデイヴィッド・ラミー氏は「新型コロナウイルスのパンデミック(世界的大流行)のさなかに、政府が人権への攻撃開始を優先させることは常軌を逸している」と非難。国際人権団体「アムネスティ・インターナショナル」英国支部のケイト・アレン事務局長も「人権法を反故《ほご》にすることは大きな退化で、英国史上、最も大きな権利の弱体化になるだろう」と批判した。

その後、専門家パネルは二一年十二月に答申を出し、英政府はこれを受けて、人権法の「見直し」について提言を発表。英最高裁の判断が欧州人権裁判所の決定より優越となるようにする新法の制定に向けた動きが出始めている。

また、英政府が法制化をめざした国内市場法案(二〇年十二月成立)に対するスコットランド、ウェールズの反発もすでに指摘した。これは、地域ごとの市場の垣根を取り払う法律だが、ある地域に輸入されたり流通したりしたモノは、別の地域でも基本的に流通・販売が可能になる。このため、すでに自治権限で独自に安全基準などを定めているスコットランドなどは「自治権侵害」「中央集権化」だと批判を強めたのだ。

こうして見ると、現在のジョンソン政権と保守党が、議会主権の回復に向けた「バックラッシュ」に動いているのは明らかなように見える。

『エコノミスト』誌は二〇年十一月、現政権と保守党による「国制改革」について特集記事を組んだ。この中で「ブレグジットは始まりにすぎない」と述べ、保守党と現政権が英政府の力を強化する改革を進めていく可能性を指摘した。この記事では、人権法や権限移譲とともに、議会主権とそれに支えられた英政府の力を弱めてきたものの例として、一九七三年の英国のEC加盟により、「かつてロンドンでコントロールされていた政策の多くの分野がブリュッセルへと移っていった」ことも挙げた。

また、大法官（現在の司法相に相当）も務めた保守党政治家、クインティン・ホッグ上院議員が七六年に、英国の政治システムが「選挙による独裁」に陥る危険があると警鐘を鳴らしたことを紹介し、ホッグ氏が憲法の明文化（成典憲法化）、連邦制への移行などを提唱したことにも言及した。「選挙による独裁」とは、議会主権が生み出す絶対的な力を手に入れた与党によって、非民主的な状況が生まれてしまう可能性を危惧したものだ。国内市場法制定や人権法の見直しといった、ブレグジット後の保守党政権の動きを見ていると、ホッグ氏の警鐘が現実化しないか、懸念を覚えることは否定できない。

EUとのFTA交渉がヤマ場を迎えるなか、英国は新たな試練に襲われていた。新型コロナウイルスの変異株「デルタ株」の発生と蔓延である。ロンドンやイングランド南東部ケント州で最初に確認されたデルタ株は感染力が高く、十二月二十日、ロンドンとイングランド南東部は再びロックダウンに入った。

そして、英国とEUは移行期間終了期限まで一週間となった十二月二十四日、双方の歩み寄りによってようやくFTA交渉で合意に至った。漁業権については英政府が譲歩するかたちとなり、五年半の移行期間を設けて、この間にＥＵが英海域での漁獲量を二五パーセント削減、その後はまた毎年交渉していくことになった。一方、公正な競争条件をめぐる交渉では、英国がＥＵの直接的な規制や欧州司法裁判所の管轄から外れることを勝ち取った。

二〇二〇年十二月三十一日、移行期間は終了し、英国は完全にＥＵから離脱し、英－ＥＵのＦＴＡが発効した。

18 英国のインド太平洋「回帰」

ロンドン（二〇二一年一～二月）

中国と対立を深めた米国のトランプ前政権が去ったが、バイデン新政権も発足直後から、中国政府への厳しい対決姿勢を鮮明にしていた。そんななか、米国と「特別の関係」にあるとされる盟友・英国が、中国を警戒する諸国との連携強化も念頭に、インド洋や太平洋への関与を強める動きを見せ始めていた。本格的なスエズ以東への「回帰」ともとれる英国のそんな動きについて見ていきたい。

バイデン米大統領は二月八日、就任後初めてインドのモディ首相と電話協議をした。米ホワイトハウスの発表によると、両首脳は「自由で開かれたインド太平洋」の促進のために緊密な協力を継続することで合意し、なかでも「クアッド」を通じた地域の連携強化への支持で一致したという。

クアッドとは、日本、米国、オーストラリア、インドの四カ国による非公式な協力の枠組みの通称。四カ国は近年、共有する民主主義的価値観を基盤として安全保障面などで連携を深め、定期的に協議を重ねている。一方、中国はこうした日米豪印の動きを対中包囲網の形成ととらえ、「冷戦思考（の産物）」と評して不快感を隠さない。「インド太平洋版の新たな北大西洋条約機構（NATO）を構築しようとしている」（王毅国務委員兼外相）と警戒感もあらわにする。

米政府はこのころ、日米豪印のオンラインによる初の首脳会談開催も打診した。積極的で矢継ぎ早なバイデン政権の四カ国連携強化の動きだが、これはいったいは何を示すのか。

シンガポールで毎年、アジア安全保障会議（シャングリラ・ダイアローグ）を主催してきた英シンクタンク「国際戦略研究所（ＩＩＳＳ）」の上席研究員で、シンガポールをベースにアジア太平洋の安全保障状況を研究してきたユアン・グラハム氏は、私の電話取材に対し、「クアッドをＮＡＴＯと比較するのは有用ではありません。ＮＡＴＯとは異なり、クアッドは条約に基づいた組織ではありません。緩い連合を形成しようとする試みです」との認識を述べた。そして、「中国は強大で、米国一国のみでアジアにおいて長期的に中国に対抗することはできず、他国の支援を得ねばなりません」と指摘した。

同じ民主党でバイデン政権と政府のスタッフに重なりがあるオバマ政権の対中姿勢については、米中二国間の交渉を進めたが「結果的に米国は利益を得られませんでした」と説明し、「バイデン政権の当局者は、中国と二国間交渉するリスクを理解しており、オバマ政権の間違いは繰り返さないでしょう。バイデン氏が首脳レベルでのクアッド（の協議）に積極的なのは、中国への対抗には諸国連合の形成が必要と認識しているからです」と分析する。

多国間連合で中国に対応しようというバイデン政権の取り組みは、クアッドの枠を超える方向に進む可能性もささやかれる。

政権は対中政策の司令塔とも言える新設のポスト「インド太平洋調整官」に、アジアに明るいカート・キャンベル元国務次官補を任命した。キャンベル氏は政権スタート直前、米外交誌『フォーリンアフェアーズ』への寄稿で、クアッドの枠組み拡大を提唱した。

　キャンベル氏の提唱に呼応するかのような動きを見せているのが英国だった。『デイリー・テレグラフ』紙は一月二十八日、「中国に対抗するため、英国が『アジアのNATO』に参加する可能性」との見出しで、英国のクアッド参加の可能性について報道。翌二十九日、今度は『タイムズ』紙が、ジョンソン英首相が今後インドを訪問する際、クアッドへの参加を提起する可能性があると報じた。

　英国のクアッド参加の可能性が取り沙汰される背景には、悪化の一途をたどる英中関係があるのは言うまでもない。キャメロン政権（二〇一〇～一六年）時に良好だった英中関係が、中国による香港への統制強化で悪化し、二〇年六月の香港への「国家安全維持法」の施行によって、英中対立が決定的になったからだ。

　こんななか、英国内では中国に対抗するため、各国との連携強化をめざす声が強まっていた。冷戦期に反共姿勢で知られた米民主党の上院議員、ヘンリー・ジャクソンの名前を冠した英外交シンクタンク「ヘンリー・ジャクソン協会」は二〇年三月にまとめたリポートで、インド太平洋版NATOとも言える「インド太平洋条約機構」の設立の必要性について言及した。保守党に影響力を持つとされる英シンクタンク「ポリシーエクスチェンジ」は二〇年十一月、インド太平洋地域に関する英国の戦略についてリポートの中で、クアッドへの英国の参加を提言した。

　このリポートをまとめたポリシーエクスチェンジの「インド太平洋委員会」メンバーに名を連ねるのが、キャメロン、メイの両保守党政権で国防相を務めたマイケル・ファロン氏だ。私はファロン氏にZoomで話を聞いた。

ファロン氏は、「われわれは中国と反目していません」と強調したうえで、「しかし、この二、三年の出来事は、中国共産党の価値観がわれわれのそれと敵対するようになったことを示しています」と警戒感をあらわにし、「インド太平洋に包括的な安全保障の枠組みがないのが問題なのです。クアッドや貿易パートナーシップの拡大は地域全体の安全保障に資することになります」と連携強化の必要性を主張した。そして、「トランプ（前）米大統領は同盟国を信頼していなかったようです。（一方）バイデン政権は明らかに他国との協力を望んでいます」と米国との協力の深化にも期待を示した。

ファロン氏が対中協力関係の構築において、安全保障と並ぶ柱として言及したのが貿易で、英国はその分野でもそのころ、インド太平洋への関与の意思を国際社会に明確に示した。

「英国は太平洋のプレーヤーになる用意が整っている」

『デイリー・テレグラフ』紙（電子版）に一月三十一日に掲載されたトラス英国際貿易相の寄稿には、こんな見出しが躍った。翌二月一日、英政府は日本やオーストラリアなど一一カ国が参加する環太平洋パートナーシップ協定（ＴＰＰ）への加入を正式申請したが、トラス氏の寄稿はこれに合わせ、アジア関与の意義について、メディアを通じて訴えたものだ。文中、トラス氏はこう強調した。

「これは『グローバルブリテン』の行動なのだ」

英国をブレグジットに突き動かした英保守派の考えの根底には、欧州の枠内にとどまらず世界各国と新たな協力関係を築き、国際社会でのプレゼンスを高めたいとする「グローバルブリテン」構想がある。ジョンソン氏がブレグジットを進める際のキャッチフレーズの一つとしていた「英国の潜在力を解き放つ」は、まさにこれを表すと言っていいだろう。その意味で、成長著しいアジア太平洋地域との経済関係の緊密化を具体化するＴＰＰへの加盟は、離脱を進めてきた英保守派にとって、ブレグジットがもたらす目に見える成果になり得るわけだ。

グローバルブリテン構想が、英国内で一定の説得力を持つのは、かつて大英帝国が世界各地に植民地を有し、現代も旧植民地を中心とした英連邦諸国や英語圏の各国にネットワークを有するからだ。言うまでもなく、たびたび言及してきた「アングロスフィア（アングロ圏）」がその根幹にはある。

英国は第二次世界大戦で戦勝国となったものの、その後は国力が低下し、大国としての軍事勢力圏を維持するのが困難になった。その結果、六〇年代後半にスエズ運河以東からの英軍撤退を決め、この「スエズ以東からの撤退」戦略が半世紀続いてきた。しかし近年、ブレグジットへの動きと軌を一にするかのように、オマーンやバーレーンで湾岸施設の使用や再開に踏み切るなど、英軍の「東」に向かう動きが活発化してきた。

英海軍は一八年から軍艦をたびたび日本にも寄港させてきているが、新たに、二一年に、最新鋭空母「クイーン・エリザベス」を中心とした空母打撃群（ＣＳＧ）をアジア太平洋に派遣することを決めた。このころ、空母打撃群には米海軍のミサイル駆逐艦や米海兵隊のステルス戦闘機も参加し、シンガポール、韓国、日本などへの寄港や共同演習の実施などが想定された。

ファロン元国防相は私のインタビューに「スエズ以東からの基地撤退は財政面からの決定であって、貿易や安全保障面からの判断ではなかった。この決定をわれわれは後悔し、覆そうとしてきた。（空母打撃群）派遣がスエズ以東からの撤退に終止符を打つ」と明言した。

「グローバルブリテン」構想のもと、英国は大国として今後、本格的・恒久的にアジア関与を強めるのか。また、アジア版NATOは構築されるのか。現実味はどうなのだろう。

英シンクタンク「王立国際問題研究所（チャタムハウス）」のロビン・ニブレット所長は、私のZoomによる取材に応じ、バイデン政権の対中政策について「安定した関係を見いだそうとしています。中国を完全な敵にしたいのではなく、中国の影響など（を食い止めるため）の境界線を設けたいと考えています」と認識を述べた。そういった方向性であれば、米国が「連携を現実的に利用」する可能性があるため、バイデン政権が英国にクアッド参加を打診した場合、英国がこれを承諾するだろうと推測した。一方で、クアッドがNATOのような条約に基づいた集団防衛機構に発展するかについては、冷戦期に非同盟主義を主導したインドが「強い独立の精神」を持っていることなどを指摘して、否定的な考えを示した。

クアッドのような枠組みがアジア版NATOにはならないという見方は、先述のIISSのグラハム氏も同意見で、二人ともこの枠組みは「緩い連携」にとどまるとの分析で一致する。

ニブレット氏はまた、西側各国と経済的に強く結びついている現状の中国は「（NATOが対峙した）ソ連とは異なる」とも述べた。そして、「英国はかつてのようなグローバルな軍事大国ではありません。突如インド太平洋で大国となるような能力はありません」と明言し、「日本にとっての控えめな同盟国や米国による『航行の自由』作戦の仲間に英国はなるでしょう」としたうえで、それ以上のNATO型の同盟関係への参画には否定的な見方を示す。

そのうえで、ニブレット氏は「ブレグジット後」の英国について、気候変動などを含めた世界的な課題の解決のために各国をつなぐ「仲介者」の役割を担うべきだとの持論を強調。英国が主要国（G7）首脳会議と国連気候変動枠組条約締約国会議（COP）の議長国を務める二一年が「英国の試金石の年になる」と主張し、「ミニ『大国』になるとか、新たに軍事同盟を形成する」という考えについては「ノスタルジックな見方」と述べて、時代錯誤だとの認識を示した。

ただ、私自身は、英国も加わったアジアにおける対中包囲網の強化がノスタルジーにすぎず、まったく現実離れしている、と断じるのにはややためらいがある。

英国の著名なジャーナリストで『フィナンシャル・タイムズ』紙の外交主任コメンテーターのギデオン・ラックマン氏は二一年二月九日付の同紙で、アングロスフィアという考え方は大英帝国などへのノスタルジーだと一般的にとらえられてきたが、「予期しなかった、現代への適用の可能性を持つようになっている。引き金は増大する独断的な中国の振る舞いにある」と指摘。「米国が中国と対抗しようとする同盟国を求めるとき、アングロスフィア＋アジアの民主主義大国は最も有望な連合に見える」と記した。

香港での国家安全維持法の施行の後、アングロスフィアに関する共著書のあるケンブリッジ大学のマイケル・ケニー教授は、アングロスフィア連携について「勢いが予測しなかったかたちで強くなっている」と私に話した。合理的かどうかとは別に、ある種の「弾み」がついているのは間違いない。そして歴史は弾みによって予測とは異なる方向に動いていく場合もあるとも思うのだ。

英政府は二一年三月十六日、東西冷戦終結後の外交・安全保障政策を包括的に見直す「統合レビュー」を発表。この中で、核弾頭の保有上限数を現行の一八〇発から二六〇発に引き上げる方針を示したほか、インド太平洋地域への関与強化を正式に打ち出した。

また、イングランド南西部コーンウォールで六月に開かれた主要七カ国首脳会議（G7サミット）

では、ジョンソン首相が議長を務め、中国の「ワクチン外交」の向こうを張った途上国などへの「一〇億回分のワクチン提供」や、中国の巨大経済圏構想「一帯一路」を意識した新たなインフラ支援の枠組み創設など中国への対抗策を打ち出した。

また、サミット前日にバイデン氏とジョンソン氏は、世界的課題の解決に米英が協力して取り組むことを謳う「新大西洋憲章」に署名した。これは、第二次大戦中の一九四一年八月にローズヴェルトとチャーチルが大西洋上で合意し、戦後の国際秩序を方向づけた「大西洋憲章」を「再活性化」(ホワイトハウス)させたものとの位置づけで、「民主主義VS専制主義」の構図が固まるなか、米英はそろって中国や専制主義に対抗する姿勢を鮮明にしたのだった。

英国は再び、国際秩序形成に関与する「大国」の地位に就こうとする意思表示を見せているのである。二〇二三年三月末、TPP加盟一一カ国は英国の新加盟を承認した。

19　暴動噴き出す北アイルランド

ロンドン（二〇二一年二月）

移行期間が終わりブレグジットは完遂した。案の定というべきか、北アイルランドとグレートブリテン島との間でブレグジットに伴って新たに発生した「境界」が問題として現実に浮上してきた。二〇二〇年十二月三十一日に離脱移行期間が終了し、翌二一年一月一日から新たに生まれた通関業務に伴って、北アイルランドのスーパーなどで一時的に生鮮食品などの品不足が発生したのだ。

煩雑な通関業務が突然発生することによる混乱を防ぐため、一～二月の間は猶予期間とされ、実際には多くの通関業務が一時的に免除されている。それでも、グレートブリテン島から北アイルランドへと物資を運び、販売する業者のなかには北アイルランドへの輸送を控える動きが出たことなどが、品不足につながったと見られている。

こういった状況下、北アイルランドの最大都市ベルファストや、北アイルランドとグレートブリテン島とを船で結ぶ港町ラーンの街中で、「アイリッシュ海のボーダー（境界）に『ノー』」「アルスター（北アイルランドの別称）は英国だ」などと書かれた看板や落書きが散見されるようになった。英国統治の継続を望み、英国の他の地域と北アイルランドの間に「壁」ができることに反対するプロテスタント・ユニオニスト側の不満表明と考えられている。

実際にユニオニストはどう感じているのだろう。

ユニオニスト政党のなかで九八年の和平合意を主導したのは「アルスター統一党（UUP）」だ。和平に尽力し、和平後の二〇〇五～一〇年にUUP党首を務め、一時は北アイルランド自治政府首相代理の地位にもあったレッグ・エンピー英上院議員にインタビューした。コロナ禍で移動や対面取材が難しく、やはりZoomでの取材となった。

エンピー氏はまず、「あなたは島国の出身。もし国内の島の間にボーダーができて、一部の島は（日本から切り離されて）『東アジア貿易ブロック』とリンクしているということになれば、日本の人はどう思うでしょうか。これが実際に起きていることなのです」と、日本人の私に理解を求めようと、こう切り出した。

そして、「この一月一日の段階では、英国の（農産物などの）ルールや規制はEUと同じですが、将来、北アイルランド以外の英国の地域が異なる規制に動いた場合、北アイルランドはブリュッセル（EU本部）が規制しているままなので、国の中でギャップが大きくなります。しかし、われわれ（北アイルランドの人びと）はブリュッセルに代表者を送っていないため、どんなルールが望ましいか声を上げるすべもありません。われわれの経済生活の大部分を管理しているのはロンドンでなくブリュッセル。根本的に非民主的で間違ったことであり、ほとんど植民地の状況を思い起こさせます」と語気を強めた。

ユニオニストの人びとの雰囲気については、「北アイルランドのほとんどの人びとの生活は（ブレグジット後も）これまでどおりです。しかし、入手したい物がないとか好きなものが手に入らないなどといった状況は、人びとを不愉快にさせます。また、英政府は『（アイリッシュ海に）境界はない』と言っていますが、境界があるのは明白で（こういう言い方も）人びとをいら立たせるのです。英政府は正直であるべきです。彼らが何をし、なぜそうしたか、隠すことなく人びとに説明しなければなりません」と述べた。

では、不満を抱いたユニオニストの過激派などが、再び暴力に訴える恐れはないのか。「暴力（再燃）の段階にはないと思います。ただし、コロナ禍がそういった試みを抑えていることを心に留めるべきです。過去には抗議デモや集会などから暴力があふれ出ました。そういった活動が（コロナ禍に伴う行動規制で）いま直ちには行えないというだけのことなのです」と話した。

今すぐには暴動などが起こる状況ではない。しかし、ユニオニスト側の不満や怒りが緩和されず、コロナ禍が落ち着いて抗議デモなどが行える状態になった場合はどうなのか。何かのはずみに不穏な情勢にならないとは限らない、そう私は感じた。

私がエンピー氏に話を聞いたのは二月中旬、その二週間後の三月三日、北アイルランド紛争時にテロ活動を行い、その後、武装解除を宣言した主要なユニオニストの過激派組織（ロイヤリストと呼ばれる）で構成される「ロイヤリスト・コミュニティ評議会（ＬＣＣ）」が、ジョンソン首相らに対し、書簡を送った。

この中でＬＣＣは、「アイルランド島内に（検問などを設置する）ハードボーダーがあるべきでないというナショナリストの強い意志表明を理解するが、同等に、北アイルランドと英国の他の地域の間にハードボーダーがあるべきでないのも自明である。しかるに（今の状況を生んだ）離脱協定の条項は、ユニオニストの立場を犠牲にしてナショナリストの立場をとっている」と批判し、アイリッシュ海の「境界」をなくすように求めた。

そして、「離脱協定条項に対するユニオニストの反対は平和で民主的なものであるべきだと決意しているが、ユニオニストに広がるこの問題についての強い感情を過小評価しないでほしい」と述べ、北アイルランドとグレートブリテン島との間で物流などの支障がなくなるまでは、過激派組織は九八年の紛争和平合意への支持を取り下げると表明した。

書簡を作成したLCCのデイヴィッド・キャンベル議長は『タイムズ』紙に「若者は（境界を作った）条項に対して本当に頭にきている。危険なのは、平和な手段に基づかない運動を始めたがっている過激分子だ」と警告した。

LCCに加わる過激派組織の元戦闘員、ジム・ウィルソン氏はアイルランド紙『アイリッシュ・タイムズ』に対して、「ぐつぐつと煮えており、今にも沸騰しそうな状況」との表現で、感情が高ぶるユニオニストのコミュニティの雰囲気を表した。

ユニオニストが募らせる怒りは、アイリッシュ海の「境界」に対してばかりではなさそうだ。

EU離脱を問う国民投票では、ナショナリストは総じてEU残留に票を投じたのに対し、ユニオニスト側は、最大政党「民主統一党（DUP）」が離脱支持を表明するなど、離脱支持の傾向が目立った。

北アイルランド第二の都市ロンドンデリーで、両コミュニティの和解促進に取り組んできた五十代のプロテスタント住民、ブライアン・ドハーティーさんは一九年七月、私のインタビューに対し、国民投票以降、メディアなどを通じて「離脱派は差別主義者。（離脱支持が多い）プロテスタントは狭量な頑固者」といったレッテル貼りが広がり、「プロテスタントの若者は悪者扱いされることにうんざりしている」と指摘した。

久しぶりに一月中旬、ドハーティーさんに電話をすると、そういったユニオニストへの「レッテル貼り」への不満を再び口にし、「フラストレーションや怒りが膨らみ、ユニオニストの中に国家に対する誇りや英国人というアイデンティティを具現化し、守りたいという感覚が強くなっています」と述べた。

一方、ナショナリストの側はどうなのだろう。

ブレグジット完遂の一週間前に当たる二〇年十二月二十三日は、英国が植民地のアイルランドを、カトリックが多数派の南アイルランドとプロテスタントが多数派の北アイルランドとに分割したうえで、それぞれに自治権を付与した「アイルランド統治法」が成立して一〇〇年の節目に当たった。

南北アイルランドで活動する左派政党「シン・フェイン党」は、北アイルランドではナショナリストの最大政党。同党副党首で北アイルランド自治政府のミシェル・オニール副首相はこの日、九八年の紛争和平合意について「アイルランド統一への平和で民主的な道筋をつけた」と評価し、「今こそアイルランド再統一に向けた計画的移行に着手するときだ」と述べた。

北アイルランド－アイルランド国境での検問復活を阻止し、代わりにアイリッシュ海に「境界」線を引いたかたちでのブレグジット実現は、ユニオニスト側が懸念するように、北アイルランドの「英国離れ」とアイルランドへの「接近」の可能性をはらんでおり、ナショナリストの中にアイルランドへの併合（アイルランド統一）実現への好機ととらえる声が一定数あるのは事実だ。

ずっと少数派だったカトリックが近い将来、プロテスタントを人口で上回るとの予測もあった。北アイルランドの帰属は住民の意思に委ねられるため、カトリックが多数派になれば、将来、帰属を問う住民投票を行った場合、「アイルランド統一支持」側が優位になる可能性が出てくる。実際に二二年、最新の国勢調査の結果、カトリックが多数派となったことが判明した。

「アイルランド統一への支持は以前に比べれば増えていますが、多数派とは言えません。帰属を問う住民投票を行う状況には、ほど遠いと思います」。北アイルランドの政情に詳しいクイーンズ大学ベルファストの政治学者、デイヴィッド・フィネモア教授は一月中旬、私の電話インタビューにそう答えた。

ただ、アイリッシュ海に「境界」ができたことで「ユニオニストの立場をとる多くの人がロンドン（英政府）に完全に裏切られたと感じています」と指摘。一方、「シン・フェイン党、リパブリカン（ナショナリストの過激派）運動側にとって、ブレグジットが英国に問題を引き起こすことは、統一アイルランドという考え方をより魅力的にしてくれるので喜ばしいことなのです」と分析する。また、ナショナリストの大多数はＥＵ残留希望だったため、ナショナリスト側にはＥＵ離脱に向けた動きなど英政府のやり方そのものへの不満が鬱積しているとの見方も示した。

結局のところ、ブレグジットで最も大きなつけを押しつけられたのは北アイルランドだったのではなかったか。

ここまで書いてきたとおり、アイリッシュ海に「境界」ができた現段階では、ユニオニスト側の不満が募っており、英政府がユニオニストの心情をくむ何らかの対応策をとらなければ、事態が悪化する可能性がある。一方、ブレグジットの流れが強まるなかで、アイルランド島内の国境が「復活」するのを案じていたナショナリスト側は、その不安が払拭できて胸をなで下ろし、アイルランド統一に向けた希望を感じる人もいるかもしれない。

だが、英政府がユニオニストの不満払拭を図るため、何かを変えるとしたら、今度はその変化がナショナリストにとって不満となる状況を生む可能性が大いにあり、そうなれば、ナショナリストの過激派の動向が懸念材料として新たに浮上する。

一方で、こんなこともあった。新型コロナワクチン確保に難渋したEUが一月下旬、EU内から域外へのワクチン輸送を規制する一環として、アイルランドから北アイルランドへの輸送を制限する方針をいったん表明。しかし、英政府やユニオニストからだけでなくナショナリストや加盟国アイルランドからも批判がわき上がり、直後に撤回を余儀なくされた。

この事例は、和平合意の尊重を繰り返し強調し、アイルランド島内の国境「復活」に反対してきたEUが、状況次第で国境「復活」に乗り出しかねないことを印象づけ、北アイルランドにおけるEUのイメージを傷つけたと言える。

英国やEUといった「大きなもの」の意向に振り回される北アイルランド。私が感じる北アイルランドの悲哀は、こういうところにある。

英政府は三月上旬、アイリッシュ海の「境界」問題で、多くの通関業務が免除される猶予期間の期限を三月末から十月まで延期することを一方的に決めた。これに対し、EUは英政府を国際法違反と非難し、法的措置で対抗すると表明している。「境界」問題の決着は本当に読みにくい。

ベルファスト、キャリックファーガス（二〇二一年四月）

北アイルランドで英国の統治継続を願うプロテスタント系住民のユニオニストの間に募った不満は、残念なことに、暴動というかたちで噴き出してしまった。三月末から四月上旬、各地で主に若いユニオニストらが路上で警官隊と衝突し、火炎瓶を投じてバスなどに火を放ったりしたのだ。

私は暴動発生の報を受け、ベルファストへ向かった。コロナ禍で移動が難しくなり、ロンドンからだと飛行機を使う北アイルランドへは到着時にこれまではなかったさまざまな手続きがあるとされ、二の足を踏んでいた。この間、Ｚｏｏｍを使ってばかりの取材で嫌気も差してきていた。まだロンドンも事実上のロックダウン状態が続いていたが、思い切って行くことにした。

一九年総選挙時に取材に訪れたベルファスト西部のユニオニスト集住地域、シャンキル・ロードに四月八日朝、足を運ぶと、一台の路線バスが黒焦げになって焼け落ちていた。車輪の奥から、まだ煙がうっすらと立ち上っている。地元メディアの報道によると、暴徒らは前日の夜、路線バスを無理矢理停車させ、ドライバーや乗客を降ろして車両をハイジャックし、火炎瓶を投げ込んで炎上させた。

この現場から数百メートル南に下ると、ユニオニストが多く住む北側エリアと、ナショナリストが住む南側エリアを隔ててきた長い壁、通称「ピースライン（平和の壁）」がある。その壁の前でも七日夜、ユニオニストの若者らが火炎瓶などを路上や壁に向かって投げるなどして暴れた。

ナショナリストへの意図的な攻撃と言えるかどうかわからないが、壁の向こう側では挑発と受け止められたのは想像に難くない。この後、八日夜には、今度はナショナリストの若者が南側のエリアで暴徒化し、警察車両に投石などを行う事態となった。

ブレグジットに伴い、北アイルランドとグレートブリテン島の間で「境界」ができたことで、英政府に「裏切られた」「見捨てられた」といった疎外感や不満を抱くようになったユニオニストたち。ユニオニスト政党「アルスター統一党（UUP）」の元党首、レッグ・エンピー英上院議員は私に、現段階ではコロナ禍による外出規制が暴動の発生を抑えていることを忘れるべきではないと「忠告」したが、エンピー氏の予想を超え、ロックダウン状態が継続する段階でも、暴力が噴出してしまった。

こうなるにはまた、別の要素があった。

二〇年六月、ナショナリストの過激武装組織「アイルランド共和軍（IRA）」の大物幹部だったボビー・ストーリー氏の葬儀がベルファストで執り行われた。コロナ対策による厳しい外出・集会規制が敷かれていたのに、葬儀には約二〇〇〇人が参列したとされ、参列者のなかには、シン・フェイン党副党首のオニール北アイルランド自治政府副首相を含め、同党の政治家が多数含まれていた。現職の副首相や自治政府に加わる公党関係者が、自治政府の定めた外出規制を公然と破ったとして批判を浴びた。

警察は規制違反の疑いで捜査を行ったが、三月三十日、検察は規制自体に不明確な部分があったことなどを指摘して証拠不十分と判断、シン・フェイン党関係者の訴追を見送った。これが、ユニオニストの怒りに火をつけたのだ。

私がユニオニストの市民たちに話を聞いても、暴動発生の理由として「アイリッシュ海の境界」より先にまず「シン・フェイン党関係者の訴追見送り」を挙げる人が多かった。「アイリッシュ海の境界」によって醸成された不満や怒りに、党関係者の葬儀参列と「訴追見送り」という顛末が油を注ぐかたちになり、ロックダウンという重石をはねのけてしまったように見える。

路線バスの残骸

ピースラインの暴動現場

ＢＢＣによると、最初の暴動は「訴追見送り」の前日の三月二十九日に北アイルランド第二の都市ロンドンデリーで起きた。だから厳密にはシン・フェイン党関係者の葬儀参列がきっかけとは言えないと思うが、暴動が各地で多発するようになったのは、訴追見送り発表の後であり、暴動拡大の駆動力になったのは間違いない。

路上に焼け焦げた跡が生々しく残る北アイルランド東部のキャリックファーガス。現場近くで話を聞いたプロテスタント男性、アレン・バックさん（54）は「ユニオニストの過激派の仕業ですよ。シン・フェイン党の葬儀の問題への怒り、ブレグジットでアイリッシュ海に境界ができたことへの不満などが複合し、（ユニオニストの）人びとは気持ちのやり場がない状態になっています」と述べた。

キャリックファーガスの街中には「プロトコル（アイリッシュ海に境界を定めた英-ＥＵ離脱協定の条項）＝戦争」と書かれた落書きもあり、ユニオニスト側の怒りの強さが見て取れる。東ベルファストのユニオニスト集住地域の男性（37）は「こんな状態が続けば、二〇年、三〇年前の（紛争）状態に戻るのは簡単」と紛争再燃を憂慮した。

シン・フェイン党側にはいろいろ言い分はあるだろうが、葬儀への多数の出席は不見識だったと私は思う。紛争が終わってまもなく四半世紀。公党として自治政府の一翼を担うシン・フェイン党はもうナショナリストのみの利益代弁者ではないはずだ。

全体への奉仕者であるということを不断の努力によって市民全体に示していくことが、さらなる和解促進のために重要であり、それこそが北アイルランドにおける政治や行政への信頼を担保する。これはシン・フェイン党だけでなく、当然ユニオニスト側の政党にも求められる。シン・フェイン党はこの葬儀の件で政治や行政への責任でなく、党派を優先させた。思慮の足らない行動だったと断じざるを得ない。

では、暴れているのはいったい誰なのか。

暴動には大人も参加しているが、主体は十代を含む若者と見られた。警察に逮捕された暴徒のなかには十三歳や十四歳の少年たちが含まれているという。攻撃の矛先は路上の車や先述のバスなどのほか、主に警察に向けられている。警察の車両や対峙する警官隊に対し、火炎瓶や石などを投げ、合計で警官約九〇人が負傷した。不幸中の幸いは死者が出ていないことだ。

北アイルランド紛争時、ユニオニスト、ナショナリスト双方の過激派による暴力が路上にあふれた。このため、今回の若者らの暴徒化についても、裏で大人が糸を引いているのではとの憶測を呼んだ。

アイリッシュ海の「境界」問題を受け、ユニオニストの主要な過激派で構成する「ロイヤリスト・コミュニティ評議会（LCC）」は三月三日、境界問題が解消されるまで、傘下の過激派組織は九八年の和平合意への支持を取り下げると、ジョンソン英首相に対し書簡で通告し、LCCのキャンベル議長は『タイムズ』紙に、過激分子が暴発しかねないとの懸念を表明した。

そのLCCは暴動発生後、しばらく事態を静観した。なぜ見解を示さないのか地元のメディアから意図をいぶかしがられ、英政府のルイス北アイルランド相はLCCに対し、暴力を非難するよう要求。LCCは四月九日になってようやく、傘下の過激派組織のいずれもが今回の暴動には関わっていないと表明した。

私はこの声明が出る前日の八日、LCCに加わるユニオニスト過激派の一つ、「アルスター義勇軍

（ＵＶＦ）」の元戦闘員で現在はユニオニストの小政党「進歩統一党」党首としてベルファスト市会議員を務めるビリー・ハッチンソン氏に会った。

ＵＶＦは武装解除を表明しているが、紛争時には別の主要過激派「アルスター防衛協会（ＵＤＡ）」と並び、ナショナリストに対するテロ攻撃などを繰り返した集団だ。ハッチンソン氏自身、十八歳のときに関与したナショナリストに対する襲撃殺害事件により刑務所に収監された過去を持つ。ハッチンソン氏は獄中で学び、武装闘争でなく政治を通じたユニオニストコミュニティへの奉仕の方向に転向したと表明している。

ハッチンソン氏は私に「私にはＵＶＦのことしか言えませんが、ＵＶＦ指導部は（暴動煽動を）望んでいませんし、そんなことはしていません。他の組織も望んでいないと思います。彼らの実際の動きを私は知りませんが」と述べ、「平和的な手段より路上での暴力を選ぶというようなことを若者にしてほしくありません」と話した。

私が紛争再発の恐れについて水を向けると「紛争再発を防ぐため、われわれはできることをすべてするつもりです。他のユニオニスト政党もそうすることを期待しています。将来を予測するのは難しいことですが、われわれは紛争に反対しますし、再発してほしくありません」と述べた。

これだけでは正直、主要過激派の関与の有無について判断するのは難しい。だが、ＬＣＣが傘下の過激派による暴動関与を否定した直後、北アイルランド警察が、主要過激派組織と関係があるかもしれない複数の人物が暴動の現場にいた可能性について指摘する一方で、主要過激派による暴動への組織的な関与はないとの見方を公表した。ＬＣＣの声明と歩調を合わせた格好だが、過激派の組織的関与がないとなれば、まずは朗報とは言える。

だが、本当に過激派は関与していないのだろうか。

主要過激派から分離したと見られる、ある武装組織の関与の可能性が、地元メディアなどによって繰り返し話題に上っていた。ベルファストの北方にあるアントリム地方を主に勢力圏としている武装組織「南東アントリムＵＤＡ」だ。

南東アントリムＵＤＡはＵＤＡ本体とたもとを分かち、麻薬取引に関与するなど犯罪組織・マフィア化が進んだと報じられており、北アイルランド警察のケン・ペニントン元本部長はＢＢＣに対し、「旗で身を包んだ（ユニオニストの大義を隠れみのにした）犯罪カルテルだ」と断じていた。

暴動の直前の三月下旬、北アイルランド警察などは麻薬取引摘発を目的とする家宅捜索を行い、検察は南東アントリムＵＤＡの幹部を含む容疑者四人を訴追。その約一週間後、大規模な暴動がキャリックファーガスとニュータウンアビーで発生した。いずれもアントリム地方の町で、南東アントリムＵＤＡの浸透が指摘されている。このため、これらの暴動については、南東アントリムＵＤＡによる警察への報復との見方も強い。

アーリーン・フォスター北アイルランド自治政府首相は「特定の地域で悪意ある犯罪分子が若者を煽っている」と、南東アントリムＵＤＡを念頭に煽動を批判した。ＢＢＣなども何カ所かでの暴動が、南東アントリムＵＤＡに対する家宅捜索とリンクしているとの見方を報道。犯罪組織をめぐる調査報道で一定の評価があるアイルランド紙『サンデーワールド』は、南東アントリムＵＤＡ関係者の話などをもとに、同グループが「アイリッシュ海の境界」や「シン・フェイン党の葬儀」で募るユニオニストの怒りを利用し、混乱を引き起こすよう画策した可能性を報じた。

今回の暴動について、私はアフリカで取材してきた民族紛争を重ね合わせていた。

アフリカ特派員時代、私はそれまで平和的に共存してきた民族的あるいは宗教的に違う二つのコミュニティがある時点を境に相手に対して激しい怒りと憎しみを抱き、相手の集団を壊滅させる勢いで、激しい攻撃や襲撃を繰り返すようになる例をいくつか見てきた。

これは一般的には「民族対立」「宗教対立」などの言葉で語られるし、実際に大規模な紛争に発展してしまえば、様相はまさに民族や宗教という大きな「塊」同士がぶつかり合う図式になる。一人ひとりの人格や行動とは関係なく、どちらのコミュニティに属しているかによって攻撃の対象になるか否かが決まる。

だが、「民族対立」「宗教対立」のくくりだけで見ると、見落としてしまうことがある。あたかも最初から違う民族・宗教同士の対立が常態化しているようだが、私が知る限り、そういう例は少ない。逆に隣り合うコミュニティ同士が違いを超えて平和裏に共存している時間のほうが長いのである。

それを強く感じた一つの例が南スーダンの内戦だった。十三年十二月に政府軍と反乱軍の戦闘が始まり、各地に拡大した。これは「政府軍＝ディンカ人」と「反乱軍＝ヌエル人」の民族対立と国際社会には受け入れられた。たしかに両民族同士の血で血を洗う凄惨な戦いになったのだが、現地入りした私には違和感が拭えなかった。

「ディンカとヌエルが家畜などをめぐって、たびたび衝突してきたのは事実だが、今回の対立では政府軍と反乱軍の双方に両民族が交ざり合っている。構図は単純ではない」。取材の水先案内をしてくれた地元記者は私にそう言った。

内戦に発展する以前、与党内で大統領（ディンカ人）と副大統領（ヌエル人）による激しい主導権争いが繰り広げられていた。次期大統領選に出馬意欲を見せていた副大統領を大統領が突然解任、両陣営の話し合いが決裂して戦闘に至った。

この際、ディンカ人主体の治安当局や大統領警護隊がヌエル人を次々襲撃。これに対し、ヌエル人側の民兵がディンカ人を殺害し、報復の連鎖が広がった。副大統領側は反乱軍と民兵との関係を否定していたが、大統領側への対抗のため出身民族のヌエル人を利用しているのは状況から明らかだった。

当時の南スーダン政権中枢に多数の知己を有し内情に精通していた栗本英世・大阪大学大学院教授（社会人類学）はそのころ、私の取材に「大統領側が副大統領との対立を政治問題として解決できなくなったため、ヌエル人を虐殺して民族問題化した」との見方を解説してくれた。つまり、権力争いの当事者とそのグループが、争いを民族問題にすり替え、自分の属する民族という大きな集団を丸々、自らの地位や利益を守るための暴力装置に転化し、敵対する勢力をつぶしにかかるということだ。

〇七年の大統領選の直後に暴動が発生し、候補の出身民族同士の襲撃や報復で一〇〇〇人以上が死亡したケニアで、その六年後に経過を取材した際にも、権力闘争の当事者らが争いを有利にするため民族対立を煽った可能性を強く感じた。

私がアフリカの紛争取材で得た自分なりの一つの結論は、紛争の多くが自分たちをそれで有利にしようとする者の私利私欲によって煽動され、つくり出されるということである。

話を北アイルランドに戻す。

今回の暴動では根っこにブレグジットの問題があり、不満が蓄積されていた。加えて、ブレグジットをめぐり、ナショナリストに比べて離脱支持派の多かったユニオニスト側に対する「離脱派は（移民排斥などを唱える）差別主義者で狭量という言説ばかりがメディアなどを通じて広げられ、（ユニオニストの）若者は悪者扱いされることにうんざりしている」（ロンドンデリーのユニオニスト住民、ブライアン・ドハーティーさん）状況もあった。

北アイルランド紛争自体も抑圧者であるユニオニストと被抑圧者のナショナリストという構図で（実際にそうであったから仕方ないのだが）語られることが多い。ユニオニスト側には積年の不満が鬱積していると言ってもいい。

そこに、シン・フェイン党の葬儀の問題がわいて出た。南東アントリムＵＤＡの暴動煽動関与が仮にあったとすれば、犯罪集団が私利私欲のために若者を煽ったことで暴動の勢いに弾みがつき、その後は、別の場所に波及して暴動が激化・拡大したという可能性が考えられないだろうか。実際、紛争時の対立の「最前線」とも言えた西ベルファストでバスが焼け落ちたり、「平和の壁」の周りで騒乱が起きたりしたのは、アントリム地方で派手に暴動が起きた後のことだったのだ。

北アイルランドでは四半世紀近く、平和が維持されてきた。北アイルランドの多くの人びとは今、ユニオニストであれ、ナショナリストであれ、相手のコミュニティに対する露骨な憎悪を表したりはしない。それは今のところ暴動の現場であってもそうだ。

だが、いったんどちらかの火炎瓶が相手側の命を奪うような事態になればどうだろう。相手側を集団として丸ごと敵視し、攻撃し報復する負のスパイラルに入らないだろうか。そうなると火を消すのは至難の業となる。そして、仮に「紛争化」が犯罪組織の煽動が端緒だった、ということにでもなったなら、これほど情けなく、腹立たしいことはない。

北アイルランドで暴動が続くなか、四月九日にエリザベス女王の夫、エディンバラ公フィリップ殿下が九十九歳で亡くなった。ユニオニストのコミュニティでは喪に服す動きが広がり、これをきっかけに暴動は収束した。王室の「力」をまざまざと見せつけられた気がした。

とはいえ、その後も英国とEUとの間では、アイリッシュ海の「境界」の問題をめぐり、交渉が難航した。

北アイルランド紛争の和平合意（九八年）の立役者の一人となったジョナサン・パウエル元首相首席補佐官に二一年十月、私はZoomでインタビューした。「私は北アイルランド和平に一〇年を費やしました。和平が壊れるのを見たくないが、今はそれを恐れています」と述べたパウエル氏は、ブレグジット批判を展開した。

「ブレグジットは北アイルランドにとって解決できない問題を常に引き起こしてきました。EUの単一市場と関税同盟から離脱すれば、境界がどこかに必要になります。メイ前首相は問題を認識していました。だから問題を回避するため、北アイルランドも含めた英全土をEUの関税同盟に残すことを考えたわけです。しかし、ジョンソン首相は関税同盟に残りたくないので、境界を置くことに同意しました」

「そもそも北アイルランド和平合意の基礎は、アイデンティティの問題に取り組むことでした。一九二一年に北アイルランドができた際、（アイルランドとの）境界を作ることでカトリック教徒はアイルランドから切り離されました。その後、英・アイルランド両国のEU加盟と和平合意によって基本的に境界が取り除かれ、北アイルランドの住民は自分を英国人ともアイルランド人とも、そして両方だとも感じられるようになったのです」

「どこかに境界を作れば、誰かのアイデンティティを脅かすことになるのです。ジョンソン首相はアイリッシュ海に境界を置くことで、（英国の統治継続を望む）ユニオニストのアイデンティティを脅かしました」

「（EU交渉担当の）フロスト国務相は、（ユニオニスト政党の）DUPのドナルドソン党首をけしかけ、北アイルランドの政治体制を崩壊させると脅させています。政治体制が崩壊すれば、強い緊迫感が生まれます。紛争に戻るとは思いませんが、ナショナリストやユニオニストの過激派による暴動がおそらく起きるでしょう」

「重要なのは、政治的な動きをやめることです。北アイルランド和平はとても脆弱で、壊れるのは簡単です。ブレグジットは保守党にとって重要かもしれません。しかし、それは実現しました。（その後もEUとの）戦いを継続し、戦いに用いる具として北アイルランド和平を利用するのはとても危険です。すべてを壊してしまうかもしれません」

英国人ともアイルランド人とも感じられるような状態、二重のアイデンティティを許容あるいは促進する環境をつくり出し、平和を維持してきた北アイルランド。イングランド人が民族主義というアイデンティティに目覚め、活性化させるとき、「衝突」は避けられなかったのかもしれない。パウエル氏の話を聞きながら、そんな思いが頭をよぎった。

二三年二月末、リシ・スナク英首相とフォンデアライエン欧州委員長は、英本土と北アイルランドの間の通関手続きの簡素化で合意した。この合意が北アイルランドの政情安定化につながるか注視していく必要がある。

20 二つのナショナリズム

グラスゴー（二〇二一年五月）

スコットランドで五月六日、自治議会選が行われた。議会は小選挙区七三、比例代表五六の定数一二九。改選前六一議席で少数与党政権を運営してきた独立志向の地域政党「スコットランド民族党（SNP）」が今回の選挙では過半数に一議席及ばない六四議席を獲得して、引き続き第一党となった。また、同じく独立をめざす環境政党「緑の党」も改選前の五議席から八議席へと伸ばし、両党を合わせて過半数となった。

この結果を受け、SNP党首のスタージョン自治政府首相は「これは国（スコットランド）の意思だ」と述べて、独立の是非を問う住民投票の実施が支持されたとの認識を示し、新型コロナウイルス感染の終息後、二〇二三年末ごろまでに住民投票を実施することをめざすという。

私は、投票直前にスコットランドの最大都市グラスゴーとその周辺の町を歩き、大勢の市民と直接話した。市民が望むものとして印象づけられたのは、スコットランド人による自己決定権の回復だった。

「ロンドン（の英政府）によってではなく、自分たちで（政策を）決めたい」（グラスゴー大学の女子学生、カーラ・マクリーンさん、二十一歳）、「自分たちの未来は自分たちで決めたい。ウェストミンスター（英議会・政府）は遠く、われわれ（の生活）に関係ない」（生花店勤務の女性、ジェマさん、四十一歳）という声が頻繁に聞こえてくる。

彼らが「自分たちで決めたい」と考えるのは、「決められる」という自信の裏づけがあるようなのだ。「もう長いことスコットランドは（国政与党の）保守党の支配下にない。環境に配慮した、より平等な社会をつくっていきたい。SNPのコロナ対応は英政府と比べると拙速でなく慎重で、とてもいい」（マクリーンさん）、「テレビで語りかけるスタージョン氏のコロナ対応の説明は正直でいい。（英政府の）ジョンソン首相は正直ではない」（ジェマさん）と言うのである。

スコットランドでは一九九九年に自治議会が設立され、英議会が広範な権限を移譲。自治政府が教育や保健医療など生活に直結した分野の行政を行っている。北欧の福祉国家をリードしてきた社会民主主義政党に政策が似たSNPは、二〇〇七年から与党として自治政府を担う。一年前に取材をした際にも、SNPと英政府を担う中道右派の保守党との政治路線の違いに触れて「スコットランドとイングランドでは、政治的なカルチャーが今や大きくかけ離れてしまっている」という若者の声を聞いた。

独立をめざす左派政党SNPによる長期政権運営への好評価、それに伴うイングランドとの政治的雰囲気の違いへの意識などが相乗効果となって、住民の独立志向をより高めているとも言えそうだ。

そして、この政権への信頼性は、最近のコロナ禍への対応をめぐってより強化されてもいる。店内でのマスク着用義務化を英政府の決定に先駆けて実施するなどしてきた自治政府独自の対応や、頻繁にテレビを通じて住民に説明するスタージョン氏の語り口などが、英政府に比べてポジティブに受け止められている。

こういった背景に加え、ブレグジットも独立への「追い風」だ。グラスゴーの工業デザイナー、ニール・シェパードさん（50）は以前独立に反対だったが、ブレグジットによって考えが変わりつつある。まだ「独立賛成」とまでは言い切れないが、「EUの中にスコットランドはあるべき」との思いから、「独立後のEU再加盟」をめざすSNPや緑の党の主張に傾き、今回の選挙では両党のどちらかに入れるつもりだと投票前に私に明かした。

一四年の住民投票ではスコットランド独立に反対し、一六年の国民投票ではEU残留に投じた「ユニオニスト・リメイナー（英国との統一維持とEU残留を支持する有権者）」が、ブレグジットによって「スコットランド独立」に心変わりする可能性が指摘されてきたが、彼らはシェパードさんのように、今回の議会選で独立派の政党に投じたのかもしれない。だとすれば、次にスコットランド独立を問う住民投票が行われた場合、独立派の勢いが多数派となる可能性もある。

実はSNPの党勢がここまで拡大したのはそれほど昔のことではない。スコットランドは長い間、労働党が強い土地柄だった。産業革命を経て、スコットランドは重工業が活発化し、グラスゴーなどの工業地帯は大英帝国の勢力拡大を屋台骨として支えた。一九二〇年代になると、多くの労働者らが労働者の権利保護に熱心な新興政党の労働党の支持に回り、グラスゴー周辺は労働党の金城湯池となった。それ以前の「保守党VS自由党」の二大政党体制が現在の「保守党VS労働党」へと変わった要因の一つは、スコットランドで労働党が進歩的な自由党を圧倒したことと言っても過言ではない。

このスコットランドの労働党支持者に近年、変化が生まれている。自治議会・政府が置かれる行政都市エディンバラ在住で、スコットランドにおける世論調査分析の専門家として著名なマーク・ディフリー氏は、私の取材に「SNPの近年の隆盛は、多くの労働党支持者がSNP支持に移ったためだ。彼ら（労働党支持者）とSNPは独立支持で一致している」と言う。

実際に町で中年以上の人に話を聞くと、労働党からSNPに「乗り換えた」人や「乗り換え」を考えている人に多く出会う。グラスゴー南郊ギフノックで話を聞いた元教師のケネス・エルダーズさんは「以前はずっと労働党支持だったが、独立支持だからSNPか緑の党に票を入れる」と教えてくれた。同じくギフノックのエンジニア、アラステア・コージーさん（67）も長年の労働党支持者だったが、今は「政権運営がいいことと独立支持だから」とSNPを支持している。グラスゴー西郊ダンバートンの看護師、ドナ・ウィルソンさん（51）は「うちの家系は労働者階級だから労働党に投票してきた。でも犯罪やドラッグ蔓延など地域の課題は改善していない」と述べ、今回はSNPへの投票を考えていると明かした。

国政の最大野党である労働党はスコットランド独立に反対だ。労働党はもともとの党支持者の間に強まってきた独立を求めるナショナリズム意識をすくいきれず、後退している印象だ。

ここまではスコットランドの話だが、「以前は労働党だったが……」というのは、スコットランド自治議会選と同日に行われたイングランドにおける地方選・英下院補欠選でも同じだった。

今回のイングランド地方選では改選が行われた一四三自治体での合計で、BBCによると保守党の当選者が二三五議席増の二三四五人である一方、労働党は三二七議席減の一三四五人と、労働党が保守党に大きく水をあけられる結果となった。

さらに注目されたのは、イングランド北東部のハートルプールで行われた英下院補欠選だった。ハートルプールと言えば、本書の前半ですでに詳述したが、私が英国赴任後、最初に取材したEU離脱支持派の多かった地方都市だ。ハートルプールを含むイングランド北部一帯はかつて炭鉱業などで栄えた地域で、スコットランド同様、労働党の伝統的な支持基盤だ。ハートルプールでは現在の選挙区になった七四年以降、ずっと労働党が議席を獲得してきたが、この補欠選で労働党候補は保守党候補に大差で敗れた。

かつて炭鉱や造船などで景気がよかった町が衰退し、地域の状況悪化の中で、ブレグジットを求める多くの市民の姿が表面化したハートルプール。

「中央」から見捨てられたという不満を募らせた「地方」の人びとは、「EU内で自決権を欠いた政府が移民を優遇し、自分たちには予算を十分分配もせず、無駄な分担金をEUに払い続ける。その結果、移民増で『国のかたち』まで変容しようとしている」といった思いを抱く。

ブレグジットを牽引する大きな力になったのは「イングリッシュ・ナショナリズム」だったと見られるが、このナショナリズムをかき立てた背景には、こういった怒りもあったと私は思う。結果的に「主権をEUから取り戻す」というブレグジットへの運動になっていったわけだが、この思いは対象こそ違うが「ロンドンに決められるのではなく、自分たちで決めたい」というスコティッシュ・ナショナリズムのロジックと重なる。SNPがブレグジットをめぐって離脱を推進した保守党を批判してきたことを考えると、皮肉な感じは否めないのだが。

怒りの矛先は、イングランド北部の人びとが長年支持してきた労働党に向けられた。労働党は、一九年の下院総選挙で、離脱か残留か党としての方針を結局決められず、離脱か残留かを再度国民投票で問うとの姿勢を打ち出した。EU残留を望む都市部の中間層と離脱を求める地方の労働者層という二つの支持層に挟まれ、方針を明確化できなかったのだ。

この結果、総選挙では長年の労働党の牙城で「レッド・ウォール（赤い壁）」と呼ばれてきたイングランド北部で軒並み労働党候補が保守党候補に敗れ、これが勝敗の決め手となってブレグジット実現に道筋がついた。

ハートルプールではこの際、労働党が議席を守ったが、これは離脱票が保守党候補と新興勢力ブレグジット党候補とに割れ、「漁夫の利」を得たかたちとなったためで、両党の得票を合わせると労働党候補の得票を上回っていた。この労働党への厳しい姿勢が引き続き今回の補欠選にもつながり、とうとう労働党はハートルプールで議席を失うことになったと見られる。

スコットランドと、ハートルプールを含むイングランド北部で起きている「労働党離れ」。スコットランドではSNPが、イングランド北部では保守党がその受け皿となっている。SNPと保守党では政策路線は大きく異なるが、両党とも「ナショナリズム」の吸い上げに成功していると言えるのではないか。逆に、労働党の衰退はナショナリズムを吸収できないからだとも言える。

実際にスコットランドが独立するかどうかは別として、独立問題が政治的課題として挙がっている限り、「自分たちで決めたい」という民衆のナショナリズムを吸い上げるSNPへの支持が一定程度の大きな層を形成するのは間違いない。左派として政策でSNPと重なる労働党が今のままで、支持層をSNPから奪還するのは至難の業だ。イングランド南部を強固な地盤とする保守党に対し、労働党はイングランド北部やスコットランドでの支持を議席につなげて政権を取ってきたことを考えると、ナショナリズムをめぐる問題が争点化している限り、国政における政権奪還もおぼつかないことになる。

『フィナンシャル・タイムズ』紙の週末版雑誌によると、離脱派の労働者層を多く抱えるロンドン東部の選挙区から選出されている労働党下院議員、ジョン・クルッダス氏はハートルプールの補欠選に先立ち、労働党が都市部の知識層寄りの党へと変化してきたことを指摘したうえで、労働者層に訴えかける路線へと「修正しなければ、われわれはイングランドで二度と勝てないだろう」と指摘した。

労働者層の支持回復のために路線を修正するのか、それとも都市型の中間層の取り込みを重視するのか。労働党が今後、どのような路線をとるつもりかは現状ではわからない。仮に、中間層への支持拡大をより重視するとしても、党勢回復は容易ではない。緑の党への支持が急速に広がっているからだ。緑の党はスコットランド議会選での議席増に加え、イングランド地方選でも八八議席増となり、一五一人の議員が誕生した。議席増の数で言えば保守党に次いで多い。環境問題への意識が強い都市の知識層やリベラル派が労働党を見限って、緑の党へと移っていく可能性は否定できない。いずれにせよ現行の二大政党体制が曲がり角に来ているのは確かだろう。

21 重い二十一世紀の「革命」

ボストン、ドーバー（二〇二一年六〜七月）

ブレグジットを導いた大きな要因の一つであり、離脱派の人びとが自らの不満や反発を表す際の「記号」のようにもなっている移民問題。欧州で、この問題に新たな動きが出始めた。デンマークと英国の両政府が二〇二一年六月以降、アフリカなどからの亡命希望者を自国内にとどめず、第三国に移送して審査する方向性を相次いで打ち出した。亡命希望者の保護などの観点から、第三国への移送には反対の声が根強い。

だが一年間に一〇〇万人以上の難民・移民が流入した一五年の「欧州難民危機」を経て、欧州では難民・移民の受け入れについて厳しい目が向けられるようになっており、ブレグジットのみならず「反移民」を掲げる右派ポピュリストらも勢いを増してきた。難民・移民の流入に歯止めをかけようとするデンマークと英国の新政策は、欧州の難民・移民政策が「包摂」から「排除」へと転換することを示すのか。

まずデンマークの現状とその背景を見てみる。

デンマーク議会は六月三日、亡命希望者の移送を可能にする法案を賛成多数で可決した。実際に移送先の第三国がどこになるかこの段階では定かではない。しかし、デンマークのテスファイ移民・統合相が四月下旬にアフリカ中部ルワンダを訪問し、難民・移民問題での協力に関する覚書をルワンダ政府と交わしたことから、移送先がルワンダになるのではないかとの憶測が広がった。ロイター通信によると、デンマークでの法案可決についてEUの行政執行機関「欧州委員会」の報道官は、亡命希望者の保護などの面で「根本的な問題がある」と疑問を呈した。

デンマーク政府が難民・移民に対して打ち出した新たな方針は、これだけではない。二一年に入ってデンマーク政府は、欧州の国では初めて、国内に暮らす一部のシリア難民について定住資格を取り消す決定を下した。「首都ダマスカスの治安状況がもはやそれほど深刻ではない」との判断からだというが、人権団体からは「条件は改善していない。シリアは安全に帰還できる場所でない」とデンマーク政府の状況認識を批判する声が上がる。

また、デンマーク政府は、「非西洋」出身の移民とその子孫が人口の過半数を占め、失業率が高いなどのいくつかの基準を満たした地域を「ゲットー」に指定。デンマーク人と移民との異なる「並行社会」を国内に生み出さないよう、移民のデンマーク社会への統合を図るため、「ゲットー」に住む一歳以上の移民家庭の子供たちは週二五時間以上、保育施設に預けて「デンマークの価値観」を学ばなければならないと定めたほか、ゲットー内での犯罪に対して他地区より重い罰則を科したり、ゲットー内の公営住宅の戸数を減らす計画を立てたりした。

中世の欧州で差別されたユダヤ人を押し込めた地域に由来するゲットーという名前や、住民を「非西洋」「西洋」に区別したうえで、結果的に「非西洋」住民に対してより厳しい制限や義務を課すことになるやり方に対しては、「人種的偏見や外国人憎悪、不寛容を煽る危険を冒す」（ザイド・フセイン国連人権高等弁務官）との批判が上がる。デンマーク政府は二一年に入って示した対策見直しの法案では「ゲットー」という呼称を使わないことにした一方、各地域における「非西洋」住民の割合を一〇年以内に最大三〇パーセントに抑える方針を示した。

なぜデンマーク政府は、難民や移民に対する厳しい政策を矢継ぎ早に実施するのか。

北欧の福祉大国として有名で、国連の「世界幸福度報告」では世界の最上位級に位置づけられるデンマークだが、近年は財政支出削減などに伴う公的サービスの低下に対し、国民の不安が強まっているとも言われる。

デンマークの人口は約五八〇万人。国外で生まれた住民は全体の約一一パーセントで、そのうちの約五八パーセントが「非西洋」出身だ。移民や難民に対しては、デンマーク社会が長年にわたって維持してきた高福祉社会への貢献が十分でなく、逆に高福祉に「ただ乗り」しているのではないかと批判的に見る人たちもいる。

高福祉社会を実現してきたデンマーク政治では長年政権を率いてきた中道左派の社会民主党の存在が大きかったが、一五年の総選挙では「反移民」を掲げる極右の国民党が第二党に躍進する事態となった。選挙結果を受け、中道右派の野党連合（国民党は閣外協力）が政権を奪取。先述した「ゲットー」をめぐる法案など厳しい移民政策が具現化した。

一方、第一党は維持したものの下野した社民党は捲土重来を期した一九年の総選挙で、厳しい移民規制への政策転換を有権者にアピール。この結果、「反移民」のお株を奪われた格好の国民党は大幅に議席数を減らし、社民党は政権を奪還した。
選挙時、社民党の移民問題担当報道官だったのが、ルワンダとの覚書を交わした移民・統合相のテスファイ氏だ。自身、父親がエチオピア移民であるテスファイ氏は当時、『フィナンシャル・タイムズ』紙に「極右だけがこの問題を語るのであれば、人びとは極右にのみ解決策を探すことになる」と述べ、左派リベラルが移民規制を進めることへの理解を有権者に求めた。

同じく難民・移民問題が国内政治を左右するファクターとなった英国。英政府は七月六日、デンマークと同様、亡命希望者の第三国への移送を可能にする内容を含む法案を議会に提出した。法案ではほかに、難民らを英国内に運ぼうとする疑いのある車や船に対して、国境警備隊が臨検したり、退去させたりできるようにし、許可を得ずに英国に入国した者に対しては最長で禁固四年の刑罰を科すことも盛り込まれた。

デンマーク、英国とも第三国への移送のねらいは、デンマークや英国にやってこようとする亡命希望者たちのインセンティブを失わせ、自国への難民申請者を減らすことにあるのは明らかだ。

英政府の方針について、国連難民高等弁務官事務所（UNHCR）の報道官はBBCに「責任の共有ではなく、負担を（他の国に）移動するものだ」と批判。英国の野党からも移送について「きわめて非人道的だ」（スコットランド民族党のブラックフォード下院議員団長）と反対の声が上がった。

ブレグジットを後押しした英国での「反移民」感情。国民投票で離脱支持の割合が六九パーセント以上だったイングランド北東部ハートルプールで、難民・移民の人口比率が全国平均より低いにもかかわらず、「反移民」感情が強かった。身近に難民や移民がいないのに多くの人がなぜ「反移民」となるのか。ロンドン大学バークベック・カレッジのエリック・カウフマン教授は、報道などを通じて得た情報をもとに「(自分たちが住む)地域の問題よりも、おのおのがイメージする国家像に沿って意思を決めた」と分析した。どこか他の地域で起きている移民との軋轢が、情報として拡散し、回り回って増幅し、「反移民」の大きなうねりになっている可能性がある。

では実際に移民が急増した地域ではどうなのだろう。ブレグジットを決めた国民投票からちょうど五年に当たる二一年六月二十三日、イングランド中部ボストンを訪れた。投票で離脱支持の割合が七五・六パーセントと全国トップになった町だ。農業地帯のボストンには、EUの東欧拡大(〇四年)以降、東欧からの移民労働者が急増。一七年の統計では人口七万人弱に占める国外生まれの住民は全国平均の約一四パーセントの二倍となる二九パーセントだった。

「ここはスモールタウン。ロンドンじゃない。二万人もの外国人を抱えるのは無理だ」。町のメインストリートで出会った、五年前の投票で離脱を支持したという男性(72)はそう話し、「街中で聞こえてくるのは英語以外の言葉ばかりじゃないか」と、苦々しげな表情で言った。「私はレイシスト(人種差別主義者)じゃない」と強調しながら、東欧からの移民流入に伴い、家賃や物の値段が上がったと力説し、一方で地元の若者には職を得る機会がないと嘆いた。そして、移民の多い具体的な通りの名前を挙げて「犯罪が多い」などと指摘し、「町が乗っ取られた」ときつい表現を使った。「政治家は農場主の支持が欲しいから、(農場で働く)移民の制限なんて言い出さないよ」と吐き捨てるように言った。

一方、同じく街中で出会ったバルト三国のラトビア出身で工場に勤務しているという移民女性(34)に尋ねてみると、「犯罪がないわけではないが多いとは思わない。移民が職を奪っていると思う人もいるようだけど、そんなことはない」と反論した。「移民に『国へ帰れ』とか叫んだりする人を見たこともあるけど」と困惑した様子で肩をすくめ、「自分たちは地域に貢献している」と述べた。二〇一〇年から英国に住むこの女性は、投票後の五年で移民をめぐる状況がとくに変わったとは思っていないという。今後移民を見る目がよくなると思うか尋ねると「hopefully（だといいのだけれど）」とひと言だけ答えた。平穏な町の水面下に存在する住民間の思いや認識のギャップを垣間見た気がした。移民が多くない地域にも「反移民」意識が拡散されていく根っこには、こうしたギャップがあるのではないかと思った。

十七世紀にこの町から新大陸に渡った清教徒らが建設したのが、今の米東海岸のボストンだ。移民大国アメリカの礎を築いた人びとを生んだ町が今、移民をめぐって軋轢を深めるのは、歴史の皮肉としか言いようがない。

一五年に「欧州難民危機」のかたちで表出した難民・移民の欧州流入は、今後も欧州の政治に大きな影響を与えるのは間違いない。東欧ブルガリア出身の政治学者、イワン・クラステフ氏は著書『アフター・ヨーロッパ』の中で、移民問題を二十一世紀における「革命」と位置づけた。

この新たな革命は、自分たちの生活様式が外国人によって脅かされ、国が乗っ取られるとの恐れを感じる欧州の多数派市民を一大政治勢力へと押し上げたと分析。また、欧州難民危機は国際主義のエリートたちと民族集団的な移民たちとの「共謀」によってもたらされたものだと、この多数派市民たちは確信しているとも論評し、「移民の時代、民主主義は『包摂』ではなく『排除』の具として作動し始めた」と指摘した。移民問題をめぐって露呈した移民とエリート両方への反発と、それが勢いを吹き込む「排除の論理」が、欧州政治を左右する重要なファクターとなっているとの見方である。

私には実際に「奔流」となって欧州に向かう移民たちを取材した経験がある。欧州難民危機のピーク時の一五年九月、アフリカ特派員だった私は、サハラ砂漠の中継地、ニジェールのアガデスに入った。

アフリカ各地から多くの人びとが、サハラ砂漠を越えて北アフリカからボートで地中海に乗り出し、欧州入りしようとしていた。荷台に若い黒人たちをすし詰め状態に乗せたピックアップトラックが次々に砂ぼこりを巻き上げ、砂漠を走り抜けていった。めざすのは北アフリカのリビア。途中で車が故障して暑さと渇きで息絶える者、地中海でボートの転覆事故によって命を落とす者もいる。それでも多くの若者らが欧州をめざしていた。

この時期、欧州に多数たどり着いたのは、シリアやイラク、アフガニスタンといった中東・南西アジアの紛争地や、アフリカでも内戦やテロが激化するソマリアや独裁体制下のエリトリアなどからの人びとだった。ただ、アガデスで出会った人のほとんどは、政治的な迫害を逃れてきた難民というよりも、自国での苦しい暮らしを逃れて経済的な機会を得ようとする移民たちだった。尋ねれば、みな一様に「母国では食っていけない」と言う。「不法入国」という罪の意識は希薄だった。

正直、こういう状況を見ると、難民の保護はともかくとして、欧州の人たちが域外からの移民に対して反発する気持ちは理解できる。カメルーン出身のロボストさん(21)は私に対してこうも言い切った。「欧州はアフリカから資源などを盗んできた。アフリカ人は今、それを取り戻そうとしているのさ」。英仏をはじめとする西欧列強が植民地主義に基づいてアフリカなどで行った侵略行為や搾取、地元住民への弾圧などの歴史は当然批判されるべきだ。だが、だからと言って、虐げられてきた途上国の人たちが、経済的な利益の享受を求めて無制限かつ大量に、法を犯して欧州に渡ることは、看過できるものではない。「復讐」という理屈も是認はできない。

移民の流入の問題や規制の程度の是非について、私は確信をもって「こうあるべきだ」と断じることができない。移民の側にも移民を忌避する側にも、出会ったいろいろな人の具体的な顔が浮かぶので、迷いばかりが心に広がる。

ギニア出身のセフラエさん（24）は、自分の暮らしを支えてくれたおじが〇九年、当時の軍政によると見られる市民弾圧事件で命を落とし、生活がいっそう苦しくなった。溶接工などをしてきたが、権力に近い「一部の民族でないと職もない」先の見えない生活に見切りをつけ、欧州行きを決意した。帯同していた弟アマドゥさんは通っていた大学医学部の授業料が払えなくなった。「フランスで医学の資格を取り、将来はギニアで医師として働きたい」という。こんな話を聞くと、事実なら同情を禁じ得ないし、彼らがなんとか人生を切り開く機会を手に入れられないか、とも思う。

二一年七月、私はアフリカ東部エリトリアから英国に到達したある亡命希望者と接触した。渡航経路などはここでは伏せるが、難民と認定されないとしても、話してくれた内容が事実なら相当に過酷な状況をくぐり抜けてきたことは確かだ。この人物は、欧州の中でも自由な英国にとりわけ「機会がある」と感じ、それが英国行きを選んだ決め手だった。難民と移民との間の「グレーゾーン」には、希望の見えない過酷な現実に耐えきれず、それを逃れる道を選んだ人たちが大勢いる。

当然のことだが、紛争や迫害から逃れるため、国を出ざるを得なかった明らかな難民がいるのは言うまでもない。私は十三年九月、ヨルダンでシリア難民を取材した。首都アンマンで取材に応じてくれた難民家庭の小学生ぐらいの少年が、別れ際にアラビア語の通訳をしてくれた現地助手の若者のところに駆け寄って、名残を惜しむように「僕のことを忘れないでください」と言った光景は今も忘れられない。その年にして喪失感を重ねた少年の気持ちを想像すると、言葉にならない。似たような境遇の人たちは、現に欧州に何人もいるだろう。

一方で、大量の難民・移民の流入に不満を募らせる欧州の人びとがいる。故郷や自分たちの生活圏の急激な変化に戸惑い、反発しているというだけで、これらの人たちを、単純に「排外主義者」とか「レイシスト」といったレッテルを貼って切り捨てることも、私にはできない。豊かな国に住む人がみな豊かなわけではない。それほど恵まれておらず、住む場所の移動もままならない人たちが、自分の町に難民・移民の流入という負担を強いられて腹を立てるのは、当然だとも思う。

欧州が直面する二十一世紀の新たな「革命」は、誠に厄介なものである。

二二年四月、ジョンソン首相は難民・移民をルワンダに移送する計画を正式に発表。二二年六月に最初の移送を行おうとしたところ、欧州人権裁判所が差し止め命令を出した。デンマークも英国と同様、ルワンダへの移送を計画。英国、デンマークともまだ実際の移送には踏み切ってはいないが、計画は人道的な見地から国際的な批判にさらされている。

22 移民とLGBTを「敵」とするロジック

ブダペスト（二〇二一年十二月）

現代のナショナリズムの勃興を考えるとき、欧州で最もそれが鮮明な国の一つが中欧のハンガリーだ。

強権的な政治手法が欧州内でも批判を集めてきたビクトル・オルバン首相率いる右派政権はこのころ、「反LGBT」の傾向を鮮明にしていた。二〇二一年十一月末、オルバン氏率いる右派政党フィデス・ハンガリー市民連盟など与党連合が約三分の二の議席を占めるハンガリー議会は、性的少数者をめぐる国民投票の実施に関する案を採択した。投票では、公教育の場で親の同意なしに未成年が性的指向について学ぶ機会を持つことや、性的指向に影響を与えるメディア情報を未成年に対して制限なしに与えることなどについて、国民に是非を問うという。

国民投票は二二年春に予定されている総選挙と同日に実施するとの観測が強まり、反LGBT的な保守層を刺激し、そうした層の票の積み上げによって選挙戦も有利に運びたいという政権の思惑を指摘する声もあった。

オルバン政権はなぜ今、性的少数者をねらい撃ちにするのか。毎日新聞はこのころ、世界各国の少子化の状況をつぶさに報じるキャンペーン報道を行っており、この取材のために私はハンガリーに行くことになった。少子化問題に加え、反LGBTの背景を現場で探り、学者の論考を参照すると、ハンガリーだけでなく、中・東欧各国に広がる「反グローバリゼーション」とナショナリズムの意識が見えてきた。

欧州メディアによると、バラージュ・オルバン首相府副大臣は議会で「ハンガリー政府は、ジェンダー・プロパガンダの問題に対して意思を表明するための機会を市民に提案する。われわれは、親の同意なく、NGOやメディアの支援によって行われる学校でのLGBTプロパガンダに『ノー』を言わねばならない」と述べた。国民投票を通じてLGBTなどの権利擁護や性的少数者に対する理解を広げようとする市民グループやメディアに打撃を与えたい意向は明らかだ。

なぜこのような投票が行われることになったのか。

「ハンガリーは西側の左派の攻撃から自衛する。彼らは家族という概念を相対化しようとすることで伝統的家族を攻撃しており、その際のツールがLGBTやジェンダーのロビー団体だ。彼ら（LGBTなどの団体）はとくに子供たちを標的にしている」。二一年九月、首都ブダペストで開かれた国際会議「ブダペスト人口問題サミット」の席上、オルバン氏は自身の考えをこう披歴した。西欧型の自由民主主義（リベラリズム）に対抗し、「非自由民主主義（イリベラリズム）」を標榜し、シンガポールやロシアをモデルにした国家建設をめざすとも語るオルバン氏は、性的少数者をリベラリズムの価値観が具現化した「敵」と認識しているようだ。

オルバン政権は近年、矢継ぎ早に性的少数者への圧力を強めている。二〇年五月には、心と体の性が一致しないトランスジェンダーの人びとについて、誕生時に公的書類に明記した性別からの変更を許さない法を成立させ、同年十二月には、同性カップルが養子を持つことを事実上禁じる法を通した。さらに二一年六月、未成年向けの教材や広告、映画などで同性愛の描写などを禁じる法案が議会で可決された。

この法に対して、EU加盟国からは批判が相次いだ。欧州メディアによると、フォンデアライエン欧州委員長は新法を「恥ずべきもの」と呼び、「新法は明らかに性的指向をもとに人びとを差別しており、EUの根本的な価値観に反している」と非難。オランダのルッテ首相はEU首脳会議の席上、オルバン氏に対し、「(欧州の価値観が)嫌いならEUを去るべきだ」と発言した。同性愛者であることを公言しているルクセンブルクのベッテル首相は「EUにはヘイト(憎悪)、非寛容、差別の余地はない」とツイートした。

一方、ハンガリー政府はこういった批判に対し「法は子供の権利を守り、親の権利を保障するもので、十八歳以上の性的指向の権利には適用しない。いかなる差別的要素も含んでいない」と反論した。だが、「性的指向で差別するために子供の保護を口実に用いている」(フォンデアライエン氏)との批判的な見方は西欧で根強い。

二一年十二月初旬のブダペスト滞在中、私は二人のLGBT活動家と話をする機会があった。

ドロッチャ・レダイさん(48)は、苦境に立つハンガリーのLGBTコミュニティの状況を象徴する人物として、おそらくいま世界で最も著名な人物だ。米誌『タイム』が選ぶ恒例の「最も影響力のある一〇〇人」に二一年、選ばれた。

レダイさんが広く知られるようになったのは、二〇年に出版された一冊の本を監修したためだった。本は、シンデレラやギリシャ神話などを換骨奪胎し、キャラクターを性的少数者や差別対象となる少数民族ロマなどにしてストーリー展開していく短編集だ。

この本は出版直後から、ハンガリーの極右などを憤激させることになった。ある極右政党は記者会見の席上でこの本を「ホモセクシュアルのプロパガンダだ」として、びりびりに引き裂くデモンストレーションを行った。また『タイム』誌によると、オルバン氏はラジオのインタビューでこの本について聞かれ「ハンガリーはホモセクシュアルについて寛大で寛容だが、越えてはいけない一線がある。私の意見を要約するならこうだ。子供から手を引け」と述べた。

カフェで会ったレダイさんは、「活動家」という私の勝手な先入観を覆す、小さな声でとつとつと話す人だった。

「この本を出版したのは、子供たちと多様性や寛容といった問題に取り組み、彼らと社会的疎外とか差別などの難しいテーマについて話をしてみようと思ったからです。というのはこの五〜一〇年、社会がどんどん二極化していって、憎悪に満ちたヘイトメッセージが広がり、子供たちがそれに影響を受けていると考えたからです」と述べ、「子供にはおとぎ話（という形式）が適しているだろうと思いました。幅広い課題を扱う本にしたかったので、LGBTだけでなくさまざまな社会グループを含め、親や教師が子供と話すのが難しい議論を呼ぶテーマが多いです」などと意図を説明した。

オルバン政権は、一五年の欧州難民危機の際、国境にフェンスを設置して難民らの国内流入を拒み、西欧から非難を浴びた一方で、中・東欧諸国からは一定の支持を受け、結果的に存在感を高めた。

レダイさんはオルバン政権のやり方について「歴史を見れば、専制的な政権が常に敵を生み出そうとしていることがわかるでしょう。オルバン氏はこれまでも難民と移民を攻撃し、政府に批判的なNGOを攻撃してきました。移民問題は一八、一九年ごろに消え去り、彼らは新たな敵を見つけるべきだと考えたのです。しかし、出任せに敵を選んでいるわけではありません。彼らは女性の権利やLGBTの権利を奪いたいと考えています。彼らはこういったグループが伝統的なジェンダーの役割を脅威にさらすと感じているのです」と述べた。

私が会ったもう一人の活動家は、LGBTの人たちによる一大イベント「ブダペスト・プライド」の組織メンバー、ヴィクトリア・ラドバニさん(26)だ。ラドバニさんは「オルバン氏と彼の党を動かしているのは政治的リアリズムとご都合主義です」と断じ、もともとはリベラルなスタンスだったオルバン氏が、ライバル関係にある他のリベラル政党と「差をつけないといけなかった。それで彼らは右に、保守に寄り始めた」と指摘。「彼らを動かしているのは世論調査と政治戦略のみで、オルバン氏にとって重要なのは権力の座を獲得し居座り続けることだけです。世論調査が『同性婚を支持したらずっと権力の座に居続けられる』という結果となったら、明日にでも彼は(翻意して)同性婚を支持するでしょう」と推測した。

オルバン政権は、新憲法の制定によって憲法裁判所の権限を弱めるのに成功し、政権提

ドロッチャ・レダイさん

出の法案が通りやすくなった。また、メディア法を改正し、公共メディアの編集権を政権が事実上握る体制をつくるなどして公共メディアを政権の支配下に置いた。独立系メディアの弱体化は著しく、強権支配体制が強化されている。

ラドバニさんは「法の支配と民主主義が少しずつ、ゆっくりと、戦略的に破壊されています。そしてこの状況が少数派を攻撃する情勢をつくり出しているのです。ハンガリーには独立した憲法裁も最高裁もありません。かろうじてアクセスできる独立メディアはありますが、(自由な) 市民社会の領域は縮小しています」と説明し、「こういう状況は与党によるヘイトキャンペーンの展開を容易にしたと思います」と述べた。

「反移民」「反LGBT」の動きはハンガリーだけにとどまらない。近隣のポーランドでも、右派与党「法と正義」が同様に、移民や性的少数者を敵視する姿勢を打ち出している。移民や性的少数者への敵視へと導く何か共通のロジックが中・東欧に存在するのだろうか。

読み解くためのヒントを与えてくれたのは、ここまでたびたび触れてきたブルガリアの政治学者、イワン・クラステフ氏の著書『アフター・ヨーロッパ』である。

クラステフ氏はこの中で、移民問題を二十一世紀における「革命」と位置づけ、自分たちの生活様式が外国人によって脅かされ、国が乗っ取られると恐れを感じる欧州の多数派市民が、一大政治勢力になったと指摘した。

クラステフ氏は、中・東欧で移民に対するネガティブな感情が広がることは、以下の三点を考慮すれば本来「奇妙」な現象だと指摘した。その三点とは①二十世紀、中・東欧の人びとは自分たちが海外に移り住むことにも、流入してくる移民の世話をすることにも相当な経験を有していた、②実際には中・東欧に定住する難民は少ない、③冷戦崩壊後、中・東欧諸国から海外に渡る人が多く、人口減が進んでいるため、中・東欧諸国は経済的に外からの移民を必要としている——というものである。

ではなぜ、中・東欧の人びとに移民を忌避する傾向が生まれるのか。

クラステフ氏は、中・東欧の現在の国々には、ドイツ、オーストリア＝ハンガリー、ロシアといった欧州大陸の帝国の崩壊に伴って生まれたという共通の「出自」があると指摘。もともと西欧では多民族が調和的だったが、中・東欧では多民族の帝国の崩壊に続いて、民族性が均質な国家が形成されたと説明した。このため、中・東欧の人びとにとって民族多様性の回復は、過去の混沌とした時代に戻ることと解されるのだという。

また「難民危機によって東欧の人びとはEUが基本に据えるコスモポリタン的価値観を脅威として見るようになった」とし、中・東欧に広がる難民敵視は「中欧版のグローバリゼーションへの大衆の反抗」の表れだと分析した。

さらにクラステフ氏は帝国の崩壊などの歴史的要因だけでなく、冷戦崩壊と自由化・民主化の過程を経て中・東欧の人びとが抱え込むことになった不信感なども要因に挙げる。移民流入や不安定な経済状況の中で、多くの東欧人が豊かさや社会の安定といった「EU加盟がもたらすと思った願いが、裏切られたと感じたのだ」と言う。そして、東欧人のグローバリゼーションへの反応はトランプ前米大統領を支持した米国の労働者らのそれと同じで「両者とも自分たちが忘れられた敗者だと思っている」と断じた。

クラステフ氏の論考は、以前に私がハンガリー出身の英ジャーナリスト・歴史家、ヴィクター・セベスチェン氏から聞いた話と重なる。セベスチェン氏はこう語った。

「東欧では冷戦終結後の最初の二〇年、人びとは望んだものを手に入れた。欧州に再び合流し、自由市場を手に入れ、資本主義世界に加わった。だが、(世界に金融危機が広がった)〇八年以降、大きく変わった。(それまでも)自由主義経済を至上とする米国やロンドンの銀行家などへの憤りはあったが、それが膨れ上がった」

クラステフ氏はまた、「人口減へのパニック」が、東欧の難民への反応を形成するファクターとして重要との認識を示す。民族的に消滅してしまうのではないかという潜在的な恐れを抱く中・東欧の人にとって、大量にやってくる難民や移民は「彼ら(中・東欧の人びと)の歴史からの退場を示唆する」ものと受け取られるのだという。

そしてクラステフ氏は、ここから議論を移民から性的少数者へと敷衍する。「人口問題への想像力は、外国人に対する社会の敵意だけでなく、同性婚のような社会の変化に対する否定的な反応を形成しても驚くことではない」「保守派の多くにとって、同性婚は少ない子供やさらなる人口減を示すもので、低い出生率と移民に悩まされている東欧諸国にとって、ゲイ文化を承認することは自分たちの『消滅』を認めるようなものとなる」と中・東欧のロジックを説明する。

クラステフ氏はまた、多様性と移民をめぐって見られる西洋と中・東欧の分断は、実は西欧の都市部と地方での分断と類似しているとも指摘する。この点は、英国の都市部の中間層と地方の労働者階級とのブレグジットをめぐる断絶にまさに表れていることだと言ってもいいだろう。トランプ現象やブレグジットの根底にある反グローバル主義やナショナリズムが、中・東欧では反LGBTにつながっているのかもしれない。

二二年四月のハンガリー総選挙では与党側が圧勝し、オルバン氏の政権が継続することになった。一方、総選挙と同時に行われたＬＧＢＴをめぐる国民投票では、ＬＧＢＴをめぐる教育や情報提供などに制限を加えようとする政府の方針を是とする票が有効な投票の中では圧倒的に多かったものの、有効投票数は有権者の五〇パーセントを超えなかったため、投票結果自体が無効となった。投票を無効に追い込もうとしたリベラル市民グループのキャンペーンが奏功したかたちだ。

23 血の日曜日、ソウェト蜂起、国家の暴力

ロンドンデリー／デリー（二〇二二年一月）

二〇二二年一月三十日で、北アイルランド紛争時の惨劇として語り継がれる血の日曜日事件からちょうど五〇年となった。北アイルランドのロンドンデリーで、英軍部隊がデモ行進中のカトリック系住民に発砲し、一四人が死亡したこの事件は、紛争のターニングポイントともなった。北アイルランドのカトリック住民のナショナリズムを理解するため、この事件について考察してみたい。

血の日曜日事件の当時、北アイルランドの少数派のカトリック系住民は雇用などの面で差別的な待遇を受け、「二級市民」的な扱いを受けていた。カトリック系の間では、一九六〇年代に米国で盛んになった黒人らによる公民権運動に刺激を受け、差別撤廃を求める機運が高まった。

一方で、プロテスタント系とカトリック系の住民間の断絶と対立は、双方の武装組織のテロや攻撃の活発化にもつながっていた。英当局はテロなどの取り締まりの一環として、カトリック系武装組織との関連が疑われた住民などを裁判なしに長期勾留する措置を導入。この措置にもカトリック系住民の反発が強まっていた。

こういった状況下の七二年一月三十日、ロンドンデリーで差別撤廃や長期勾留への抗議のためのデモ行進が行われた。この日は日曜日で、町の中心部、ボグサイド地区に入ったデモ隊に対し、英軍部隊が発砲したのが、血の日曜日事件だ。

英軍は事件後、発砲について正当防衛を主張してきた。しかし、紛争終結後の二〇一〇年に公表された調査結果は、デモ隊に参加した人びとが兵士らを脅かすような行為をしていなかったにもかかわらず、警告もなしに兵士が発砲したと結論づけた。これを受けて、当時のキャメロン首相が下院で、英軍の行為について「不当なものだった」と認め、謝罪した。

英国に赴任した直後、私はロンドンデリーを訪れ、血の日曜日事件を記念するボグサイド地区の「フリー・デリー博物館」に足を運んだ。この際、館内で、事件や紛争に至る歴史などを物語る展示の数々を見るうちに、南アフリカ・ヨハネスブルク郊外のタウンシップ（旧黒人居住区）ソウェトの「ヘクター・ピーターソン博物館」に迷い込んだような気がして、「ソウェトと同じだな」という言葉が口をついて出た。

実際に血の日曜日事件と、ヘクター・ピーターソン博物館が伝える、一九七六年に南アの黒人たちと白人らの警官隊が衝突した「ソウェト蜂起」にはいくつもの共通点がある。

まず、ソウェト蜂起は「蜂起」とあるが、最初の段階は平和裏に行われたデモ行進であり、それに対して警官隊が発砲した。市民に対する官憲側の一方的な攻撃という事件の形態が共通している。

南アでは人口の圧倒的多数を黒人が占め、白人は当時、人口の約二割（現在は一割以下）だった。しかし、アパルトヘイト体制を推し進めた南アの当時の白人政権は、指定した狭い居住区に黒人を押し込め、異人種間の婚姻も禁止、差別を合法化して黒人らを抑圧した。

南アの白人は主にオランダ系などの「アフリカーナー」と英国系とに大別され、政治はアフリカーナー白人が主導した。

蜂起のきっかけは、アフリカーナーが日常話しているオランダ語に近い言語で、黒人にとっては「抑圧者の言葉」と認識されるアフリカーンス語を、強制的に黒人たちが通う学校で使うように政府が押しつけたことだった。七六年六月十六日、ソウェトで高校生や中学生らが抗議の行進を行い、これに対して警官隊がむき出しの暴力で応じたのだ。多数の死傷者が出たことで黒人たちの怒りに火がつき、大規模な蜂起に発展して、抗議行動は南ア全土にまで広がった。

共通点の二つ目は、両事件ともメディアに大きく報じられ、世界中に問題が知られることになった点だ。血の日曜日事件は、英国が抱える北アイルランド問題の深刻さを世界に向けて可視化した。とくに衝撃を受けたのはアイルランド系米国人たちだ。この事件で英政府への反発が強まり、アイルランド系米国人社会からカトリック系過激派組織ＩＲＡへの資金提供などが増えていったとも言われる。

撃たれたヘクター・ピーターソン少年が男性に抱えられて搬送されるソウェト蜂起の写真は、世界にアパルトヘイトの過酷さを知らしめた。各国はアパルトヘイトへの批判を強め、最終的に南アに体制転換を余儀なくさせる大きな要因となった経済制裁へとつながっていく。

そして三つ目だが、事件がその後の紛争や抵抗闘争を、より激化させる転換点となったことだ。

「あの子は面白そうだから行っただけなのです」

血の日曜日事件の犠牲者の一人、ジャッキー・ダディさん（当時17）があの日、デモ行進に参加した理由について、姉のケイ・ダディさん（75）が私にそう語った。事件から五〇年の記念式典の前

血の日曜日事件から 50 年の日、事件の犠牲者の写真パネルを持って行進する人たち。（ロンドンデリー／デリー）

日、私の取材に応えてくれたのだ。

「当時では普通でしたがうちは一五人もの家族で、政治とサッカーと宗教の話は禁句でした。それだけ人数が多いと、この三つの話はけんかの元ですからね。だから全然、政治的な家ではなかったのですよ」

ジャッキーさんはアマチュアのボクサーだった。「オリンピックに行けたかな、プロボクサーになれたかな、結婚して子供ができて、私にも、もっと甥や姪がいたかなとか、たくさんの答えのない問いが残りました。弟を亡くしただけでなく、丸々ひと世代を失った感じがします」。そう言うケイさんに事件が北アイルランドに与えたその後の影響について訊くと、「裁判なしの勾留とか、あの当時もよくないことはありましたが、血の日曜日は状況を完全に悪化させ、（状況の悪化という）影響は津波のように広がりました」と述べた。

五〇年の記念式典にはカトリック系を中心に多数の市民が参列していた。その中の一人の男性（60）は、事件の影響を問う私に「この残虐行為は紛争を激化させ、残念ながら多くの人に暴力以外に（対抗する）手立てがないと思わせることになった」と述べた。

ＢＢＣなどの記者として長年北アイルランド紛争を取材したピーター・テイラー氏は著書『プロボ――ＩＲＡとシン・フェイン党（*Provos: The IRA and Sinn Fein*）』の中で、血の日曜日事件の結果、数百人の若者らが復讐のためにＩＲＡに加わったと指摘し、「血の日曜日は長く保たれていた（カトリック系の若者らの）自制心を取り払ってしまった」と記した。血の日曜日は「ＩＲＡにとって歴史上、最も大きな後押しとなった」（テイラー氏）のだ。

私は二〇一二年にソウェト蜂起の参加者に話を聞いたことがある。

ムジ・ヌドロブさん（52）は、当時高校生でデモ行進に加わった。アパルトヘイトの圧制下で抗議行動することに怖さはなかったか訊くと、「最初は平気だった。平和的な行進だったからね。でも、警官が撃ってきた。それで、急に怖くなったよ」。逃げるヌドロブさんの目の前で、他の生徒が撃たれて倒れたという。

印象的だったのは、ヌドロブさんの口から出た白人に対する感情の変化だった。「でも翌日からもう恐怖は感じなかったね。怒りがわき上がったから。それまでは白人に敬意を払ってきたけれど、その日からは、彼らのことを倒すべき敵だと思うようになったんだ」

ネルソン・マンデラらが率いた「アフリカ民族会議（ＡＮＣ）」などの黒人解放運動組織による反アパルトヘイト闘争のイメージが強いため、南アフリカに来るまで私はなんとなく、抑圧からの解放を黒人側は常に希求し、白人はそれを弾圧するという対立がずっと続いているようなイメージにとらわれてきた。もちろん、大きな構図で見ればそのとおりなのだが、日常はそれだけではない。

長い間、白人政権の警察力、軍事力は強く、差別構造は堅固だった。そして、歴然とした経済格差の中、黒人は白人の下で働くことを余儀なくされており、多くの黒人は、固定してしまった一種の階級社会の中で、好むと好まざるとにかかわらず、日常的に白人を「主人」として見上げて暮らさなければならなかった。そんな状況が何世代にもわたって続けば、白人に対する反発だけでなく、自然に白人を見上げる心情もまた、一定程度形成されるようになった面も否定できない。

ヌドロブさんの話から私は、そういった被支配の中で仰ぎ見るようにしていた白人に対する感情が、国家の生々しい暴力に直面する中で崩れ去る――そんな瞬間に触れたような気がした。

国家が自国民に暴力の刃を向けるのはけっして許されるものではない。だが、こういった露骨な国家の暴力は世界でこの先もあるだろう。この二つの事件は、国家の暴力が、いかに深い傷を被抑圧側の市民に残すのかを具体的に示すとともに、被抑圧側の怒りの火に油を注ぐことで国家の思惑とは逆に抵抗運動をより活性化させるという事実を物語っていると思うのだ。

エピローグ

二〇二二年三月いっぱいで、欧州総局長の任を離れ、東京に戻る内示が出た直後、ロシアがウクライナに侵攻した。三月末の帰国までロンドン生活の最後はウクライナ報道に費やされることになった。

英国滞在中、ブレグジットから新型コロナ問題まで意見を拝聴した老政治家、元外相のデイヴィッド・オーウェン卿に二月二十四日の開戦数時間後、電話で話を聞いた。

「ハワユー?」という私のあいさつに、沈鬱な声で「いい気分じゃないね」と返したオーウェン卿は、「プーチンは完全に制御不能で、政治勢力であれ軍であれ、(ロシア国内の)誰も抑えることはできない。世界にとってたいへん危険だ。NATO部隊がウクライナでロシアと戦うのは論外ではあるが、まずウクライナを、そしてロシアに近く潜在的に攻撃を受けやすいNATO加盟国を全力で支援しなければならない」と述べた。

また、自身が外相を務めた一九七七年にモスクワを訪問した際のことに触れ、「グロムイコ(ソ連外相)とブレジネフ(ソ連共産党書記長)に会った際、(併合されてソ連に組み込まれていた)バルト三国はロシアの影響圏の一部であり続けると主張され、これを拒絶したことがある」と振り返った。そのうえで、プーチン政権の野望について「ウクライナで成功すれば、バルト三国に対して同じことをしようとするのは疑いない」とまで述べて、警戒心と不信感をあらわにした。

オーウェン卿はさらにプーチン氏の「結末」も予測した。

「今のプーチンを制約するものは（ロシア国内に）ないが、彼の責任を問うべきだとやがてはロシア人が気づくのではないか。多くのロシア人はウクライナ人に一体感を持ち、ウクライナに親戚もいる。ロシアはウクライナを自分たちに近づけるのでなく、敵に回してしまった。これはロシア人の望むことではないだろう。私にはプーチンが持続可能なコースをたどっているとは思えない。ひっくり返されるのではないか。そうなることを願う」

さらに「もし彼（プーチン氏）がウクライナの件で面目を失えば、彼は（権力の座から）追われることになるだろう」と、ロシア国内の反発が強まり、それがプーチン氏失脚につながることに期待を込めた。

オーウェン卿は二一年、『不可解、神秘、謎――英露関係の二〇〇年（*Riddle, Mystery, and Enigma: Two Hundred Years of British-Russian Relations*）』という近代英露関係史を著した。この中でオーウェン卿は、冷戦期にソ連に対する「封じ込め政策」を提唱した米外交界の大物、ジョージ・ケナンが冷戦終結後、ＮＡＴＯの東方拡大に反対していたことに言及した。

この本の記述を足がかりにケナンの発言を追っていくと、ケナンは一九九七年、『ニューヨーク・タイムズ』紙への寄稿で、当時のクリントン政権が進めようとしていたＮＡＴＯ拡大の動きを「冷戦終結後の米国の政策の中で最も致命的な誤り」と厳しく批判した。拡大によって「ナショナリスティックで反西側的で軍国主義的」な思想がロシア国内でわき上がることを懸念したのだ。

そして翌九八年、同紙の著名な外交問題コラムニスト、トーマス・フリードマン記者のインタビューに答え「新たな冷戦の幕開けとなるだろう。ロシア人は次第に敵対的な反応になり、それは彼らの政策に影響するだろう。悲劇的な間違いだ」と警告した。

ケナンの主張は、プーチン露大統領がＮＡＴＯ不拡大を求めてきたこと、そしてこれをめぐる西側との対立の帰結が現在のウクライナへの侵攻につながったことを考えると、慧眼とも言える。だが一方で現実を踏まえると、ソ連崩壊後にそれまでソ連の影響下にあった中・東欧を放置して、パワーの真空地帯にしておくことができたのか、という疑問も浮かぶ。また、ケナンはＮＡＴＯの設立そのものにも反対だったとの指摘もある。

結果的にケナンの「警告」は受け入れられることはなく、クリントン政権はＮＡＴＯ拡大に踏み切った。

オーウェン卿は私に「ベルリンの壁の崩壊後、ロシアに近接する小国にＮＡＴＯを拡大することでわれわれは不要な危険を冒したと思う」と、ケナンの「ＮＡＴＯ拡大反対」に賛意を示し、ウクライナに対してＮＡＴＯ加盟を求めないように西側が呼びかけていくべきだったとの考えも示した。

プーチン政権を弁護するつもりはまったくないが、今回のロシアの動きは、長い期間をかけて醸成されたロシアの新たなナショナリズムが「駆動力」の一つになっていることは間違いないだろう。ケナンはＮＡＴＯ拡大がロシアのナショナリズムを刺激することを気づいていたのだ。

英国でブレグジットにつながり、米国でトランプ政権の誕生を生み、フランスで勝利までは至らなかったが極右のルペン候補を大統領選決選投票まで押し上げ、中・東欧では「非自由民主主義」を活性化させ、ロシアにウクライナ侵攻を決意させる——。乱暴なまとめ方かもしれないが、これはみな、程度の差はあれ、ナショナリズムが作用しているだろう。ナショナリズムはいつの時代もあるが、これほど各国の国内政治や国際政治に影響を及ぼすのは、平時にあっては珍しいのではないだろうか。

一方で、ナショナリズムそのものが前面に出てきているのかというと、そうは思えない。思想としては右派ポピュリズムや権威主義のかたちをとって、また、ブレグジットにおいては移民という「記号」が表に出るかたちで、ナショナリズムはもちろん透けて見えるのだが、一歩下がって姿を隠しているようにも映る。

オランダのジャーナリスト、ヘルト・マクは二〇一九年に出版した、二十一世紀の欧州各地の現状をまとめたルポルタージュ『ヨーロッパの夢——二十一世紀の旅路（*The Dream of Europe: Travels in the Twenty-First Century*）』の中で、このように書いている。

西側から見れば、ベルリンの壁の崩壊は第一にリベラリズムの勝利であり『歴史の終わり』だった。だが、多くの東側の人びと、とりわけポーランド人やハンガリー人にとっては、ソヴィエト帝国の崩壊はナショナリズムの勝利だったのだ。多くの中欧諸国が一九一八年までオーストリア゠ハンガリー帝国かオスマン帝国か、どちらかの一部だったことを忘れてはならない。その後、彼らはナチス第三帝国に組み込まれ、第二次世界大戦後はソ連に支配された。彼らはたった一〇年かそこらしか本当の意味で自由な主権国家を経験していなかったのだ。（中略）ソ連（崩壊）後、（東側の）人びとは二度と囚われの身にはなりたくないと思った。旧共産圏諸国の人びとは自由な主権国家を運営するという夢がついに現実のものとなったと確信した。しかし、この感情は西側での政治的・公的な意見の中では見落とされているのである。

東側の庶民が抱くナショナリズムという「熱情」を、「民主主義VS共産主義」の図式で見がちな西側は見落としているというのである。おそらくこれは「民主主義VS権威主義」の図式で見る今日の国際秩序の中でも見落とされがちなのではあるまいか。

それがいいか悪いか、あるいは肯定すべきか否定すべきかとは別にして、ナショナリズムの「うねり」が世界各地で同時多発的に動きを表出させているのは確かだろう。ブレグジット、ハンガリーの権威主義、ロシアのウクライナ侵攻――その行き着く先はまだ見えないが、ナショナリズムから目をそらさないことが肝要であることは間違いない。

あとがき

英国を離れ日本に戻ったばかりのころ、最新刊の米誌『フォーリン・アフェアーズ』(二〇二二年五月・六月号）を手に取ると、米政治哲学者のフランシス・フクヤマの論考が載っていた。サブタイトルには「リベラリズムはネイションを必要としている」とある。リベラル・デモクラシー（自由民主主義）の勝利が「歴史の終わり」だと主張したフクヤマだが、世界各地で起きているリベラリズムの退潮やロシアによるウクライナ侵攻などを受けて、国内秩序を維持し外敵を排除できる「力」を持ち、かつ法の支配が確立した「ネイション・ステイツ（国民国家）」によってこそ、リベラリズムは成立するのだと力説していた。

フクヤマは二〇二二年五月に日本で出版された『「歴史の終わり」の後で』の中では次のように語る。

民主的な諸価値に基づいたナショナル・アイデンティティが必要です。つまり、ひらかれていて、寛容で、ある国に国民として暮らす人がみなアクセスできるものでなければなりません。

ヨーロッパが抱えている大きな問題のひとつは、多くの人が、とりわけ左派の多くの人が、この種の共通の民主的なナショナル・アイデンティティがありうるという考えを受け入れられないことです。「国民《ネイション》」ということばが入ったものはすべて、二十世紀はじめの攻撃的で不寛容な時代遅れのナショナリズムと結びつけられる。これは大きなまちがいです。ナショナル・アイデンティティの感覚がなければ民主主義は成立しないからです。つまり、自分たちの民主的な制度と諸価値の正統性をみんなが信じていないといけない。この愛着心は単に知的なものではなく感情的なものである必要があります。

（山田文訳）

フクヤマは、寛容なナショナリズムがなければ民主主義は成立しないとして、ナショナリズムの必要性を訴え、ナショナリズムそのものを忌避する左派を批判する。

一方、社会民主主義者であり、欧州現代史の泰斗として知られ、二〇一〇年に六十二歳で亡くなった英国出身の歴史家、トニー・ジャットは一九九六年に発表した論考の中で、欧州統合が進むなかで、スペインのカタルーニャやイタリアのロンバルディアなど豊かな地域では「欧州人」の意識が高まって、同じ国内でも貧しい地域「南部」と自分たちを区別し、マドリードやローマよりもEUの首都ブリュッセルの権威を求めていく傾向があると指摘したうえで、こう語っていた。

もし「ヨーロッパ」が勝ち組を代表しているのだとすれば、一体誰が負け組、つまり「南部」や貧民、また言語・教育・文化のうえで恵まれておらず、権利を奪われた（中略）ヨーロッパ人を代表するのか？　危険なのは、こういったヨーロッパ人に残されたのは「国民国家《ネイション》」、もしくはより正確にはナショナリズムだ、ということである。

もし私たちがすべての解決策として欧州連合に期待を向け、お経のように「ヨーロッパ」と唱え続け、「ヨーロッパ」の旗を頑強な「ナショナリズム」の異端者たちの目の前にはためかせるのなら、ある日気づいてみれば、「ヨーロッパ」の神話は、私たちの大陸の問題を解決するどころか、そういった問題を認識することの障害になっているであろうから。

（河野真太郎訳）

ジャットはナショナリズムのとらえ方が懐疑的で警戒を強めているように見えるので、フクヤマとは逆の立場だと言えるが、状況認識や未来予測という意味では一致しているのではないだろうか。ジャットが警鐘を鳴らしてからちょうど二〇年後、英国は国民投票でＥＵに「ノー」を突きつけた。フクヤマ、ジャットの論を読むほどに、地域統合が容易ならざるものだという事実と、ナショナリズムの強さを確認させられる。

本書の各所で触れたが私はそもそも第三世界の紛争地などでの取材を本分としてきた記者であり、これまでに単独で著した本は、アフリカ特派員時代にジハーディスト（イスラム過激主義者）のテロを追った『ジハード大陸――テロ「最前線」のアフリカを行く』（白水社）である。文化や思想を語れる能力はない。そんな自分がなぜ英国でナショナリズムに着目して取材を重ねてきたかは自分でもわからなかった。ただただ、関心が赴くままに現場を歩き、会う人に「なぜ？」と質問を繰り返してきただけである。

だが、フクヤマの著書『IDENTITY《アイデンティティ》』を読んで、合点がいった部分もあった。フクヤマは、二十世紀には経済問題を軸に政治が展開していたが、二〇一〇年代以降、「政治の軸はアイデンティティをめぐるものに変わる」としたうえで、「ナショナリズムとイスラム主義は、いずれも『アイデンティティの政治』の一種だと言える」と述べた。私は知らず知らずのうちに、「アイデンティティの政治」という深い森に迷い込んでしまったのかもしれない。

奇しくも本書の原稿の第一稿を脱稿した同じ日に、ジョンソン首相が辞意を表明した。ジョンソン氏は、人びとを魅了するカリスマ性を備える一方で、以前から不誠実な言動などでたびたび批判を浴びてきた。コロナ禍のロックダウン下でパーティーを行っていた一連の「パーティーゲート」騒動とそれへの対応は、彼の後者の面をクローズアップさせ、多くの人びとに愛想を尽かされた要因とも言える。しかし同時に、もしジョンソン氏が首相にならなかったら、ブレグジットはどうなっただろうかと想像する。彼の魅力《チャーム》がなければ、ブレグジットは実現しなかったかもしれない。そして、あの段階でブレグジットが実現しなかったら、ファラージ氏に代表されるような排外主義的な右派ポピュリストが伸長して、英国の混乱がより深まった可能性も否定できないと思う。ブレグジットの完遂は彼の功績だろう。ただ、首相として「功」と「罪」のどちらが大きかったのか、これはブレグジット自体が本当に英国にとってよかったかどうかが今の段階では明確にはわからないのと同様に、わからない。ジョンソン氏の功罪もブレグジットの評価も、歴史に委ねられると思う。

また、二〇二二年九月にはエリザベス女王が亡くなった。ばらばらになりかねない連合王国の紐帯だった女王陛下の逝去が英国にどのような影響を与えるかも今後注視する必要があるだろう。

＊

本書は毎日新聞の紙上とウェブサイト上に掲載した記事をもととし、これに大幅に加筆した。本書を著すにあたり、まずは実名で登場してくれた取材相手の方々、そして理由があって匿名で取材を受けてくれた方たちに感謝を申し上げる。

また、私の取材に理解を示してくれた岩佐淳士、宮川裕章の両欧州担当デスク、澤田克己、草野和彦の両外信部長に感謝したい。

欧州総局（ロンドン）の同僚だった三沢耕平、横山三加子両特派員とジェレミー・ゴードン、アリ・イブラヒムの両助手には日々助けられ、知的な刺激を受けたことが本書に生かされた。あらためて感謝を伝えたい。

前著『ジハード大陸』に続き、本書は白水社の阿部唯史氏のご理解と力添え、助言をいただいた。心から感謝申し上げたい。

最後になるが、アフリカ、英国とともに海外に暮らし、日々私を支えてくれた妻奈緒子と息子正庸に本書を捧げる。

服部正法

二〇二三年四月　埼玉県さいたま市にて

参考・引用文献

和文

アン・アプルボーム『権威主義の誘惑――民主主義の黄昏』三浦元博訳、白水社、二〇二一年
ベネディクト・アンダーソン『定本 想像の共同体――ナショナリズムの起源と流行』白石隆、白石さや訳、書籍工房早山、二〇〇七年
ジョージ・オーウェル『オーウェル評論集』小野寺健訳、岩波文庫、一九八二年
――『ウィガン波止場への道』土屋宏之、上野勇訳、ちくま学芸文庫、一九九六年
イアン・カーショー『分断と統合への試練――ヨーロッパ史1950-2017』三浦元博訳、白水社、二〇一九年
君塚直隆『立憲君主制の現在――日本人は「象徴天皇」を維持できるか』新潮選書、二〇一八年
木村正俊編『スコットランドを知るための65章』明石書店、二〇一五年
イワン・クラステフ『アフター・ヨーロッパ――ポピュリズムという妖怪にどう向きあうか』庄司克宏訳、岩波書店、二〇一八年
イワン・クラステフ、スティーヴン・ホームズ『模倣の罠――自由主義の没落』立石洋子訳、中央公論新社、二〇二一年
倉田徹、張彧暋『香港――中国と向き合う自由都市』岩波新書、二〇一五年
アーネスト・ゲルナー『民族とナショナリズム』加藤節監訳、岩波書店、二〇〇〇年
ウィリアム・シェイクスピア『新訳 十二夜』河合祥一郎訳、角川文庫、二〇一一年

トニー・ジャット『ヨーロッパ戦後史（上）１９４５–１９７１』森本醇訳、みすず書房、二〇〇八年
――『ヨーロッパ戦後史（下）１９７１–２００５』浅沼澄訳、みすず書房、二〇〇八年
――『真実が揺らぐ時――ベルリンの壁崩壊から９・11まで』ジェニファー・ホーマンズ編、河野真太郎・西亮太・星野真志・田尻歩訳、慶應義塾大学出版会、二〇一九年
ボリス・ジョンソン『チャーチル・ファクター――たった一人で歴史と世界を変える力』石塚雅彦・小林恭子訳、プレジデント社、二〇一六年
ヴィクター・セベスチェン『東欧革命１９８９――ソ連帝国の崩壊』三浦元博、山崎博康訳、白水社、二〇一七年
エマニュエル・トッド『問題は英国ではない、ＥＵなのだ――21世紀の新・国家論』堀茂樹訳、文春新書、二〇一六年
ウォルター・バジョット『イギリス憲政論』小松春雄訳、中公クラシックス、二〇一一年
ヨラム・ハゾニー『ナショナリズムの美徳』庭田よう子訳、東洋経済新報社、二〇二一年
服部正法『ジハード大陸――「テロ最前線」のアフリカを行く』白水社、二〇一八年
フランシス・フクヤマ『ＩＤＥＮＴＩＴＹ――尊厳の欲求と憤りの政治』山田文訳、朝日新聞出版、二〇一九年
――『「歴史の終わり」の後で』マチルデ・ファスティング編、山田文訳、中央公論新社、二〇二二年
Ａ・Ｒ・ホックシールド『壁の向こうの住人たち――アメリカの右派を覆う怒りと嘆き』布施由紀子訳、岩波書店、二〇一八年
ダグラス・マレー『西洋の自死――移民・アイデンティティ・イスラム』町田敦夫訳、東洋経済新報社、二〇一八年

英文

Bogdanor, Vernon. *The New British Constitution*. Hart Publishing, 2009.
———. *Beyond Brexit: Towards a British Constitution*. I.B. Tauris, 2019.

Brown, Gordon. *My Scotland, Our Britain: A Future Worth Sharing*. Simon & Schuster, 2014.
Campbell, Julieann. *On Bloody Sunday: A New History of The Day and Its Aftermath by Those Who Were There*. Monoray, 2022.
Cobain, Ian. *The History Thieves: Secrets, Lies and The Shaping of a Modern Nation*. Portobello Books, 2016.
________. *Anatomy of a Killing: Life and Death on a Divided Island*. Granta Publications, 2020.
Colley, Linda. *Acts of Union and Disunion*. Profile Books, 2014.
Corthorn, Paul. *Enoch Powell: Politics and Ideas in Modern Britain*. Oxford University Press, 2019.
Dale, Iain. *The Prime Ministers: 55 Leaders, 55 Authors, 300 Years of History*. Hodder & Stoughton, 2020.
Davies, Norman. *The Isles: A History*. Macmillan, 1999.
Devine, T. M. *The Scottish Nation: A Modern History*. Penguin, 2012.
________. *Independence or Union: Scotland's Past and Scotland's Present*. Allen Lane, 2016.
Edwards, Aaron. *Agents of Influence: Britain's Secret Intelligence War Against The IRA*. Merrion Press, 2021.
Gaddis, John Lewis. *George F. Kennan: An American Life*. Penguin, 2012.
Goodhart, David. *The Road to Somewhere: The Populist Revolt and the Future of Politics*. C Hurst & Co Publishers, 2017.
Herman, Arthur. *The Scottish Enlightenment: The Scot's Invention of The Modern World*. Harper Perennial, 2006.
Hobsbawm, Eric (edited by Donald Sassoon). *On Nationalism*. Little, Brown, 2021.
Hutchinson, Billy (with Gareth Mulvenna). *My Life in Loyalism*. Merrion Press, 2020.
Hurd, Douglas. Young, Edward. *Disraeli: or, The Two Lives*. W&N, 2013.
Jackson, Dan. *The Northumbrians: North-East England and Its People/A New History*. C. Hurst & Co., 2019.
Jenkins, Roy. *Churchill*. Pan Books, 2017.
Kaufmann, Eric. *Whiteshift: Populism, Immigration and the Future of White Majorities*. Allen Lane, 2018.
Kenny, Michael. Pearce, Nick. *Shadows of Empire: The Anglosphere in British Politics*. Polity, 2018.
Keefe, Patrick Radden. *Say Nothing: A True Story of Murder and Memory in Northern Ireland*. William Collins, 2018.

Mak, Geert. *The Dream of Europe: Travels in the Twenty-First Century*. Harvill Secker, 2021.

Mckay, Susan. *Northern Protestants on Shifting Ground*. Blackstaff Press, 2021.

Melding, David. *The Reformed Union: Britain as a Federation*. Institute of Welsh Affairs, 2013.

Orwell, George. *Orwell and Politics*. Penguin Classics, 2020.

Owen, David. *Riddle, Mystery, and Enigma: Two Hundred Years of British-Russian Relations*. Haus Publishing, 2021.

Paxman, Jeremy. *Black Gold: The History of How Coal Made Britain*. William Collins, 2021.

Payne, Sebastian. *Broken Heartlands: A Journey Through Labour's Lost England*. Macmillan, 2021.

Powell, Jonathan. *Great Hatred, Little Room: Making Peace in Northern Ireland*. Bodley Head, 2008.

Rifkind, Malcolm. *Power and Pragmatism*. Biteback Publishing, 2016.

Seldon, Anthony. *Blair*. The Free Press, 2004.

Taylor, Peter. *Provos: The IRA & Sinn Fein*. Bloomsbury Publishing, 1997.

________. *Brits: The War Against The IRA*. Bloomsbury Publishing, 2001.

________. *Loyalists*. Bloomsbury Publishing, 1999.

Tombs, Robert. *The English and Their History*. Allen Lane, 2014.

________. *This Sovereign Isle: Britain In and Out of Europe*. Allen Lane, 2021.

Toolis, Kevin. *Rebel Hearts: Journeys Within the IRA's Soul*. Picador, 1995.

Williamson, Adrian. *Europe and the Decline of Social Democracy in Britain: From Attlee to Brexit*. Boydell Press, 2019.

*

著者
服部正法
はっとり・まさのり

毎日新聞編集長補佐。1970 年、愛知県生まれ。早稲田大学第一文学部史学科卒業（東洋史学専修）。NHK ディレクター、テレビ番組制作会社契約社員を経て、99 年、毎日新聞入社。奈良支局、大阪社会部、大津支局などを経て、2012 年 4 月～16 年 3 月、ヨハネスブルク支局長。2019 年 4 月～ 22 年 3 月、欧州総局長。著書に『ジハード大陸――「テロ最前線」のアフリカを行く』（白水社）がある。

裏切りの王国
ルポ・英国のナショナリズム

二〇二三年 六 月 五 日 印刷
二〇二三年 六 月三〇日 発行

著者 服部正法
装幀 谷中英之
組版 閏月社
発行者 岩堀雅己
印刷所 株式会社三陽社
発行所 株式会社白水社
東京都千代田区神田小川町三の二四
電話 営業部〇三（三二九一）七八一一
編集部〇三（三二九一）七八二一
振替 〇〇一九〇-五-三三二二八
郵便番号 一〇一-〇〇五二
www.hakusuisha.co.jp
乱丁・落丁本は、送料小社負担にて
お取り替えいたします。

株式会社松岳社

ISBN978-4-560-09485-3
Printed in Japan

分断と統合への試練

ヨーロッパ史 1950 － 2017

イアン・カーショー　三浦元博 訳

冷戦による東西分断、グローバル化、格差や貧困、移民などの危機と不安。欧州のほぼ70年間の紆余曲折を多面的に詳解する。

運命の選択 1940-41 （上下）

世界を変えた10の決断

イアン・カーショー　河内隆弥 訳

第二次大戦の趨勢と戦後の支配と構造を決めた、米英ソ、日独伊の首脳たちが下した決断に至る道程を詳説。英国の権威が、錯綜する動向と相関性を究明する大著。

第三帝国の到来 （上下）

リチャード・J・エヴァンズ　大木毅 監修　山本孝二 訳

ビスマルク帝国から、第一次世界大戦、ヴァイマール共和国、ナチが権力の座に就く1933年まで、総合的に物語る通史の決定版。